Sauer macht lustig!?

Alltagsweisheiten hinterfragt

Christa Pöppelmann

Compact Verlag

© 2008 Compact Verlag München
Alle Rechte vorbehalten. Nachdruck, auch auszugsweise,
nur mit ausdrücklicher Genehmigung des Verlages gestattet.
Chefredaktion: Dr. Angela Sendlinger
Redaktion: Alice Hassel
Produktion: Wolfram Friedrich
Illustrationen: Doris Oppenauer
Titelabbildung: IFA-Bilderteam, München
Gestaltung: textum GmbH, München
Umschlaggestaltung: Axel Ganguin

ISBN: 978-3-8174-6602-3
5466021

Besuchen Sie uns im Internet: www.compactverlag.de

Inhalt

Gesundheit und Ernährung

Rostige Nägel können Tetanus verursachen

✗ Nicht direkt. Tetanus wird durch ein Bakterium namens Clostridium tetani hervorgerufen, das sich im Boden, vor allem aber im Kot von Menschen und Tieren befindet. Da man sich an normaler Erde aber nicht verletzt, braucht es erst einen scharfkantigen Gegenstand, der die Haut aufreißt. Kommt dann Erde in die Wunde, kann das zu Tetanus führen. Mit dem Rost jedoch hat die Infektion nichts zu tun. Da Tetanus lebensgefährlich werden kann, vor allem bei älteren Leuten, sollte jeder geimpft sein und die Impfung alle zehn Jahre auffrischen lassen.

Kirschkerne können zu Blinddarmentzündungen führen

✗ Der Blinddarm, oder genauer gesagt sein Wurmfortsatz (Appendix), ist sehr anfällig für Entzündungen. Die Ursachen – so z. B. nachzulesen in den Patienteninformationen auf der Internetseite der Berliner Charité – sind noch nicht vollständig geklärt. Die Verstopfung durch Fremdkörper gilt aber als eine Ursache. Dies können verschluckte Obstkerne sein, viel häufiger aber Kotsteine, die sich im Darm bilden. Insgesamt wird das Risiko, dass verschluckte Kerne zu einer Blinddarmentzündung führen, von den meisten Medizinern als eher gering eingestuft.

Blutvergiftung äußert sich durch einen roten Strich

✗ Ein roter Strich auf der Haut, der sich Richtung Herz hin ausdehnt, ist das Anzeichen für eine Entzündung der Lymphbahnen. Da diese zu einer Blutvergiftung führen kann, sollte man damit auf jeden Fall zum Arzt gehen. Auch wenn die Behauptung, der rote Strich würde irgendwann das Herz erreichen und dann sterbe man, nicht stimmt. Eine Blutvergiftung (Sepsis) ist eine außer Kontrolle geratene Infektion, die äußerst gefährlich ist. In Deutschland sterben daran jährlich etwa 90.000 Menschen.

Bei Nasenbluten soll man den Kopf in den Nacken legen

✗ Dieser Ratschlag resultiert vermutlich aus der Angst, es könne Blut auf die Kleidung oder den Boden tropfen. Stattdessen rinnt es in den Rachen, wo es bei einer starken Blutung Brechreiz und Erstickungsanfälle auslösen kann. Medizinisch ist es deshalb ratsamer, etwas Watte in das blutende Nasenloch zu stecken, den Nasenflügel leicht anzudrücken und den Kopf nach vorne zu beugen. Auch eine kalte Kompresse im Nacken kann helfen, die Blutung zu stillen. Bei extrem heftigem Bluten muss ein Arzt geholt werden, denn die Verletzung einer Arterie im hinteren Nasenbereich kann zum Verbluten führen. Auch bei häufigem Nasenbluten sollte man einen Arzt aufsuchen. Erstens können Tumore zu Blutungen führen, zweitens lassen sich kleine Adern, die harmlos, aber häufig bluten, veröden, was dem lästigen Leiden ein Ende bereitet.

Wunden heilen besser, wenn Luft daran kommt

✗ Manche glauben, Pflaster seien nur etwas für Memmen. Eine Wunde, die nicht abgedeckt werde, heile viel besser. Die Natur ist jedoch durchaus auch an schneller Abdeckung interessiert. Auf der Wunde bildet sich Schorf, der Keime abhält. Darunter kann dann der Heilungsprozess ablaufen. Doch inzwischen haben die Mediziner Wege gefunden, eine Wunde noch besser heilen zu lassen. Unter sauberen, aber stets feuchten Verbänden läuft der Heilungsprozess schneller ab und hinterlässt auch meistens weniger Narben.

Mit Sekundenkleber kann man Wunden kleben

✗ Sekundenkleber (Cyanacrylat) klebt auch Haut sehr gut, wie jeder weiß, der ihn schon mal an die Finger bekommen hat. Die Sache funktioniert sogar bei Wunden, vor allem bei klaffenden Schnittwunden. In den USA ist der Kleber deshalb seit 1998 offiziell zur Wundbehandlung zugelassen. In die Augen sollte man den Kleber aber keinesfalls bekommen, dort richtet er Schäden an. Unbeabsichtigte Verklebungen der Haut löst man am besten mit warmem Seifenwasser. Außerdem gilt das Ganze auch nur für Cyanacrylat und nicht für andere Super- oder Kraftkleber.

Meerwasser ist gut für Wunden

✗ Angeblich hat das Salz eine positive Wirkung, indem es desinfiziert. Doch das stimmt nicht. Beobachtungen zeigen, dass etwa Wunden von Tauchern, die immer wieder mit Meerwasser in Kontakt kommen, ziemlich schlecht heilen. Vor allem aber hat Meerwasser keinerlei desinfizierende Wirkung, sondern enthält eine Menge Mikroorganismen, die richtig gefährlich werden können. Es haben sich schon wiederholt Menschen beim Bad im Meer ernste Infektionen von Wunden zugezogen.

Bazillen sind Krankheitserreger

✗ Umgangssprachlich werden oft alle Mikroorganismen, die Krankheiten hervorrufen, als Bazillen bezeichnet. Doch wissenschaftlich gesehen nennt man nur eine bestimmte Sorte von Bakterien so. Es gibt 48 Arten, von denen nur einige Krankheiten hervorrufen, z. B. das Bacillus anthracis, das für den gefährlichen Milzbrand verantwortlich ist. Andere Bazillen sind dagegen ausgesprochen nützlich. Bacillus subtilis z. B. dient zur Herstellung von Antibiotika, als Medikament gegen verschiedene Haut- und Verdauungskrankheiten und als Fungizid gegen schädliche Pilze.

Herpes bekommt man nie wieder los

✗ Herpesviren nisten sich in den Zellkernen ihrer „Wirte" ein und sind dort vor der Immunabwehr des Körpers geschützt. Hat man sie sich einmal eingefangen, bekommt man sie tatsächlich nicht mehr los. Solange sie sich in den Zellkernen verstecken, sorgen die Viren allerdings auch nicht für Krankheitssymptome. Bei Stress oder anderen Krankheiten kann die Infektion jedoch jederzeit ausbrechen. Alle Medikamente helfen dann nur, diese Ausbrüche einzudämmen, können den Virus aber nicht wirklich aus dem Körper vertreiben.

Kinderkrankheiten bekommt man nur einmal

✗ In der Regel ja. Deshalb heißen diese Krankheiten ja Kinderkrankheiten. Nach überstandener Erstinfektion, die meist in der Kindheit stattfindet, hat der Körper genügend Antikörper gebildet, um die Erreger in Zukunft sofort auszuschalten, sodass es zu keiner weiteren Infektion kommt. Doch der Schutz ist nicht hundertprozentig: So treten in seltenen Fällen Zweitinfektionen auf und auch geimpfte Menschen erkranken. Dies gilt besonders für Krankheiten, die nicht durch Viren, sondern durch Bakterien ausgelöst werden wie Scharlach und Keuchhusten. Sie werden deshalb von Wissenschaftlern meist gar nicht zu den Kinderkrankheiten gezählt.

Vitamin C schützt vor Erkältungen

✗ Ja, natürlich. Vitamin C stärkt das körpereigene Immunsystem. Bei einem Mangel würden wir mit Sicherheit an einer Reihe von Beschwerden leiden, zu denen häufigere Infektionen, aber auch schlecht heilende Wunden, geringere Leistungsfähigkeit, Müdigkeit und Depressionen gehören. Die eigentliche Frage jedoch ist: Sind wir, wenn wir mehr Vitamin C als normal (die Deutsche Gesellschaft für Ernährung empfiehlt 100 Milligramm am Tag) zu uns nehmen, noch besser gegen Erkältungen geschützt? Die Cochrane Collaboration hat 2005 mehrere Studien ausgewertet und keinen derartigen Effekt feststellen können. In einigen Studien wurden Patienten, die höhere Dosen (etwa 200 Milligramm) Vitamin C zu sich nahmen, aber etwas schneller wieder gesund. Es kann also auf jeden Fall nicht schaden, den kranken Körper mit zusätzlichen Vitaminen bei der Heilung zu unterstützen.

*E*rkältungen entstehen durch Kälte

✗ Erkältungen bzw. grippale Infekte werden immer durch Viren ausgelöst. Möglicherweise begünstigt Kälte den Ausbruch der Krankheit. Denn wenn die Schleimhäute in den Atemwegen ausgekühlt sind, werden sie weniger gut durchblutet. Das schwächt ihre Abwehrkräfte gegenüber Krankheitserregern. Aber es ist nicht einmal geklärt, ob es deshalb im Winter häufiger zu Erkältungen kommt oder ob das daran liegt, dass man sich öfter mit vielen anderen Menschen in engen, geschlossenen Räumen, z. B. öffentlichen Verkehrsmitteln, aufhält. Andererseits galt Kälte schon in der Antike als Auslöser einer Erkältung. Das könnte auch daran liegen, dass eine Infektion meist mit einem ausgeprägten Frösteln einhergeht.

*B*eim Husten und Niesen sollte man die Hand vorhalten

✗ Das gilt als höflich. Medizinisch empfehlenswert ist es nicht. Denn die warme, manchmal auch noch feuchte Handfläche ist eine ideale Brutstätte für Bakterien, die auf alles verteilt werden, was der Betreffende nachher anfasst. Auf einem Türgriff z. B. überleben Krankheitserreger etwa drei Stunden und können so an viele Personen weitergegeben werden. Natürlich sollte man deswegen auch niemanden anniesen, sondern beim Niesen oder Husten etwa den Unterarm oder ein Taschentuch vorhalten.

*H*ochziehen ist besser als Schnäuzen

✗ Da wird den Kindern mühsam beigebracht, bei Erkältungen nicht zu schniefen, sondern ein Taschentuch zu benutzen, und dann melden sich immer wieder Mediziner zu Wort, die erklären, es wäre gesünder, bei einer Erkältung den Rotz in der Nase hochzuziehen und dann über den Rachenraum in den Magen abfließen zu lassen. Erstens würden die enthaltenen Krankheitserreger in der Magensäure wirksam vernichtet, zweitens – und das ist wichtiger – besteht nicht die Gefahr, das Sekret durch den Druck beim

Schnäuzen in die Nasennebenhöhlen zu pressen, wo es dann für eine weitere Entzündung sorgt. In China beispielsweise, wo Hochziehen nicht gesellschaftlich verpönt ist, scheinen Nasennebenhöhlenentzündungen seltener zu sein. Viele Anhänger haben diese Plädoyers fürs Hochziehen noch nicht gefunden, doch die Gefahr durch starkes Schnäuzen die Nasennebenhöhlen zu infizieren, ist erwiesen. Deshalb wird empfohlen, sich mit möglichst wenig Druck und am besten jedes Nasenloch getrennt zu schnäuzen.

Über benutzte Taschentücher kann man sich anstecken

Für den Kranken selbst ist es kein Problem, wenn er sich bei einer Erkältung zweimal in dasselbe Taschentuch schnäuzt. Die Krankheitserreger auf dem Taschentuch befinden sich schließlich auch im Organismus und werden dort gerade bekämpft. Da stellen die paar Erreger auf dem Tuch keine zusätzliche Gefahr dar. Anders sieht es für noch Gesunde aus. Viren können auf gebrauchten Taschentüchern bis zu zwölf Stunden überleben und es ist durchaus möglich, sich bei der Entsorgung gebrauchter Taschentücher anzustecken. Doch auch hier sind Taschentücher nicht das größte Problem. Auf Metall oder Plastik können die Krankheitserreger bis zu zwei Tage alt werden – etwa, wenn sich der Kranke, nachdem er seine verrotzten Taschentücher in den Müll getragen hat, nicht die Hände wäscht, bevor er eine Türklinke anfasst.

Bei 42 Grad Fieber stirbt man

Irgendwo zwischen 42 und 43 Grad liegt der tödliche Bereich, in dem die Eiweißstoffe in unserem Körper denaturieren. Aber ein so hohes Fieber kommt praktisch nicht vor. Denn Fieber ist ja im Prinzip keine Krankheit, sondern ein Versuch des Körpers, sich selbst zu heilen. Der beschleunigte Stoffwechsel soll Krankheitserreger bekämpfen. Eine Selbstzerstörung ist nicht vorgesehen und kommt auch selten vor. Gefährlicher ist da schon ein Hitzschlag, eine Überhitzung von außen. Dazu kommt es, wenn ein Mensch seine Körpertemperatur nicht mehr – etwa durch Schwitzen – in ungefährliche Bereiche herunterkühlen kann. Gefährdet sind besonders ältere, immobile Menschen in heißen Sommern oder kleine Kinder, die länger allein in sich aufheizenden Autos zurückgelassen werden.

Lachen ist gesund

Das ist es, und zwar gleich in mehrerlei Hinsicht. Zum einen werden Endorphine ausgeschüttet, die auch Glückshormone genannt werden, weil sie eine euphorisierende Wirkung haben und Schmerzen dämpfen. Zum anderen lockert ein herzhaftes Lachen den ganzen Oberkörper. Die Muskulatur wird entkrampft, die Atmung, das Immunsystem und der Herzschlag werden angeregt. Man kann Lachen deshalb als eine Art innere Massage ansehen. Schlussendlich ist Lachen auch eine wirksame Therapie gegen innere Ängste und seelische Verspannungen. Manche Krankenhäuser arbeiten deshalb – vor allem bei Kindern und dementen Personen – mit einer Clown-Therapie.

Wenn man absichtlich schielt, können die Augen stehen bleiben

✗ Dies ist eine Warnung, die schon so manches Kind erhalten hat, wenn es versucht hat, möglichst stark die Augen zu verdrehen und zu schielen. Eine Gefahr, dass ein Verdrehen der Augen zu tatsächlichem Schielen führen kann, ist bislang noch nie nachgewiesen worden. Allerdings kann es natürlich vorgekommen sein, dass den Eltern erst nach einem solchen Grimassenspiel ihres Kindes aufgefallen ist, dass dieses tatsächlich leicht schielt.

Bei Schluckauf soll man die Luft anhalten und bis 100 zählen

✗ Oder so lange, bis einem sieben Glatzköpfe eingefallen sind. Oder ein Glas kaltes Wasser trinken. Oder einen Löffel Zucker essen. All diese alten Hausmittel helfen tatsächlich oft. Denn bei einem Schluckauf ist der Nervus phrenicus aus dem Takt gekommen, der die Bewegungen des Zwerchfells beim Atmen steuert. Um den Schluckauf zu beenden, muss man deshalb diesen Nerv erneut reizen, um ihn aus dem „Schluckauf-Takt" zu bringen. Das kann durch kaltes Wasser oder Luftanhalten geschehen.

Allerdings sind diese Mittel nicht unfehlbar. Wer seinen Schluckauf gar nicht mehr losbekommt, der sollte einen Arzt aufsuchen.

Zucker macht die Zähne kaputt

✗ Es ist nicht der Zucker, sondern es sind Säuren, die den Zahnschmelz schädigen. Doch Zucker kann zur Bildung dieser Säuren beitragen. Dies geht so vor sich: Klebrige Nahrungsmittel setzen sich auf den Zähnen fest, werden nicht weggeputzt und bilden zusammen mit Bakterien und deren Stoffwechselprodukten hartnäckige Plaque (Zahnbelag). Die Bakterien, die sich in der Plaque auf den Zähnen festsetzen, haben jedoch die Fähigkeit, aus einfachen Kohlenhydraten, wie sie in Zucker, weißem Mehl oder Kartoffeln enthalten sind, Säuren zu bilden, die dann den Zahnschmelz angreifen. Für die Zähne kann es deshalb schädlicher sein, wenn sie den ganzen Tag über immer mal wieder mit einem Schluck gesunden Apfelsaft gefüttert werden, als wenn jemand eine ganze Tafel Schokolade auf einmal isst. Besonders schädlich sind Bonbons, die über längere Zeit gelutscht werden und zudem noch klebrig sind.

Nach dem Essen sollte man sofort die Zähne putzen

✗ Putzen ja, aber lieber nicht sofort: Denn die meisten Nahrungsmittel enthalten Säuren, die den Zahnschmelz angreifen. Diesen Schaden jedoch kann der Körper selbst reparieren, da sich im Speichel Mineralstoffe befinden, die den Zahnschmelz wieder festigen. Deshalb ist es besser, nicht gleich nach dem Essen an dem angegriffenen Zahn herumzuschrubben, sondern erst mal nur mit einem Glas Wasser auszuspülen und etwa eine halbe Stunde später zu putzen. Ist dies nicht möglich – etwa wenn Kinder morgens zur Schule müssen –, dann ist es dennoch besser, gleich anstatt gar nicht zu putzen.

Karies ist ansteckend

✗ Nicht wirklich. Aber die Bakterien, die an der Entstehung von Karies beteiligt sind, werden von Mensch zu Mensch übertragen. Unter Erwachsenen gibt es kaum einen, der diese Bakterien nicht im Mund hat, sodass Küssen kein Problem ist. Anders sieht es jedoch bei kleinen Kindern aus, die zunächst noch nicht mit Kariesbakterien infiziert sind. Deshalb warnen Ärzte häufig davor, Schnuller von Babys abzulecken oder den Brei mit demselben Löffel vorzukosten, damit die Kleinen möglichst lange von diesen Bakterien verschont bleiben. Dagegen infiziert sich ein heruntergefallener Schnuller, auch wenn man ihn nicht an Ort und Stelle abwaschen kann, nicht gleich mit gefährlichen Keimen.

Küssen ist gesund

✗ Das ist es tatsächlich. Jegliche Befürchtungen, beim Küssen würden gefährliche Keime ausgetauscht, ist zwischen gesunden Menschen unbegründet. Leidet jemand gerade an oral übertragbaren Krankheiten wie einer Virusinfektion oder TBC, ist das natürlich etwas anderes. Ansonsten tragen die Glückshormone, die beim Küssen freigesetzt werden, entscheidend zu Gesundheit und Wohlbefinden bei. Auch der Speichelfluss wird angeregt, was gut für die Zähne ist, da er für eine Remineralisierung des durch Säuren angegriffenen Zahnschmelzes sorgt.

Elektrische Zahnbürsten sind gründlicher als manuelle

✗ Nein, der elektrische Antrieb bringt keinen Vorteil beim Putzen. Die Zähne lassen sich von Hand mindestens genauso gut schrubben. Aber wenn Kinder sich mit der elektrischen Zahnbürste dazu bewegen lassen länger zu putzen, dann lohnt sich die Anschaffung für die Zähne. Denn gründliches Bürsten ist das A und O beim Zähneputzen. Es reicht nicht, wenn die Zahnpasta überall hinkommt. Denn diese erfüllt nur eine Zusatzfunktion. Deshalb genügt es auch nicht, die engen Zwischenräume zwischen den Zähnen mit Zahnpastaschaum oder einer Gurgellösung auszuspülen. Auch sie müssen mit Zahnseide oder einer Interdentalbürste geschrubbt werden, damit sich dort keine gefährliche Plaque bildet.

Rein pflanzliche Medikamente sind harmlos

Von wegen: Digitalis (Fingerhut) oder Belladonna (Tollkirsche) etwa sind in winzigen Dosen wirksame Medikamente, können bei einer Überdosierung aber leicht zu tödlichen Vergiftungen führen. Selbst Hausmittel wie Salbeitee sollte man nicht über lange Zeit täglich trinken, da er sonst zu Darmstörungen beitragen kann. Prinzipiell kann man sagen, dass alles, was wirkt, auch negativ wirken kann, wenn man zu viel davon einnimmt. Allerdings ist es im Schnitt tatsächlich so, dass rein pflanzliche Arzneimittel sanfter wirken und deshalb auch weniger leicht zu Nebenwirkungen führen.

Grapefruit beeinflusst die Wirkung von Medikamenten

Wer Medikamente nehmen muss, sollte mit Grapefruit oder Pampelmusen vorsichtig sein und gegebenenfalls mit seinem Arzt sprechen. Denn die Früchte enthalten zwei Flavonoide, die den Abbau des Medikaments im Körper hemmen und damit seine Wirkung verstärken. Dieser Effekt kann sogar mehrere Tage nach dem Genuss einer Grapefruit anhalten. Betroffen sind Antihistaminika gegen Allergien, manche Schmerz- und Schlafmittel sowie Medikamente gegen Aids, erhöhten Blutdruck und hohe Blutfettwerte. Milchprodukte dagegen können die Wirkung einiger Antibiotika vermindern. Andere Medikamente sollten nicht zusammen mit koffeinhaltigen Getränken oder Alkohol eingenommen werden.

Bei Vergiftungen soll man Milch trinken

Milch gilt als uraltes Hausmittel bei Vergiftungen. Doch es wirkt nur begrenzt. Säuren und Laugen, die die Speiseröhre und den Magen angreifen, können durch Milcheiweiß teilweise neutralisiert werden. Andererseits besteht die Gefahr, dass sich Klumpen aus Gift und Milcheiweiß in den Darmfalten ablagern. Andere Gifte dagegen können sogar leichter in den Organismus eindringen, wenn Milch getrunken wird. Deshalb wird heute allgemein von der „Milchkur" abgeraten. Stattdessen sollte man umgehend den Notarzt rufen. Wenn der Vergiftete bei Bewusstsein ist und nicht Schaum bildende Substanzen (z. B. kein Spülmittel) geschluckt hat, kann man das Gift allerdings durch das Trinken von Wasser verdünnen.

Bei Vergiftungen sollte man sofort ein Erbrechen herbeiführen

Auch dieses Gegenmittel hilft nur bei manchen Giften, während es bei anderen schädlich ist. Säuren und Laugen etwa erhalten auf diese Weise ein zweites Mal die Gelegenheit, die Speiseröhre zu verätzen, anstatt im widerstandsfähigeren Magen zu verbleiben. Andere Flüssigkeiten (etwa Lampenöl oder Spülmittel) können beim

Erbrechen in die Luftröhre geraten und dort weiteren Schaden anrichten. Deshalb gilt auch hier: lieber sofort den Notarzt rufen und diesem alle weiteren Maßnahmen überlassen. Bei einer giftigen Pilzmahlzeit allerdings kann ein schnelles Erbrechen (wenn die Mahlzeit noch keine vier Stunden zurückliegt und der Betroffene bei Bewusstsein ist) hilfreich sein.

Zecken soll man vor dem Entfernen betäuben

✗ Zecken haben Mundwerkzeuge mit Widerhaken, mit denen sie sich in der Haut festbeißen, weshalb sie nur schwer entfernt werden können. Deshalb gibt es diverse alte Hausmittel, die dazu raten, die Zecke mit Öl, Klebstoff oder anderen Substanzen zu betäuben. Dann würden sie loslassen und könnten leicht herausgezogen werden. Mediziner raten jedoch eindringlich von solchen Methoden ab. Denn es besteht die Gefahr, dass die Zecke dann noch vor dem Bewusstsein ihren gesamten Mageninhalt verliert – in die Wunde. Das erhöht die Gefahr, die berüchtigten Krankheitserreger für Borreliose oder Hirnhautentzündung abzubekommen. Deshalb sollte man die Zecke unbetäubt aus der Haut ziehen. Manchmal wird empfohlen, die Zecke dabei zu drehen, weil die Widerhaken in der Haut so leichter zu lösen sind. Dabei muss man allerdings aufpassen, die Zecke nicht zu zerquetschen, weil sonst die Krankheitserreger doch noch in die Wunde kommen können. Viele Experten raten deshalb zu einem geraden Ziehen. Dabei kann zwar der Rüssel der Zecke abreißen und eine kleine Entzündung verursachen. Doch der Rüssel wird meist sehr schnell abgestoßen. Es gibt auch spezielle Werkzeuge wie Zeckenzangen oder Zeckenkarten zum Entfernen. Übrigens: Wenn die Zecke innerhalb von 24 Stunden entdeckt und entfernt wird, ist das Risiko der Krankheitsübertragung auch bei infizierten Tieren recht gering.

Schlangenbisse sollte man aussaugen

✗ Die Wahrscheinlichkeit, das Opfer eines Schlangenbisses behandeln zu müssen, ist in unseren Breiten relativ klein. Doch fast jeder kennt die Heldengeschichten, in denen der Held die Wunde aufschneidet und dann aussaugt. Tests haben ergeben, dass durch Aussaugen nur so minimale Giftspuren aus der Wunde gesogen werden können, dass es zwecklos ist. Jegliche Bewegung des gebissenen Gliedes und jede Manipulation der Wunde, ob Quetschen, Aufschneiden oder auch Auswaschen, sind eher kontraproduktiv. Deshalb sollte man im Falle eines Falles die Wunde in Ruhe lassen und auch das gebissene Glied möglichst wenig bewegen. Allenfalls ein nicht zu fester Druckverband oberhalb der Bissstelle ist sinnvoll. Wichtig sind auch Erste-Hilfe-Maßnahmen, falls der Gebissene einen Schock erleidet.

*B*ei Insektenstichen lindert Spucke den Juckreiz

✕ Oder kaltes Wasser. Der menschliche Speichel enthält keine speziellen Wirkstoffe, die gegen den Juckreiz helfen, den Mückenstiche verursachen. Kälte jedoch bewirkt eine gewisse Linderung. Deshalb hilft es, die juckende Stelle zu befeuchten, denn die Verdunstung der Flüssigkeit hat einen kühlenden Effekt. Andere alte Hausmittel wie etwa Honig sind auf ihre Wirksamkeit hin noch nicht untersucht worden .

*W*er mit dem Rauchen aufhört, nimmt zu

✕ Diese Gefahr besteht tatsächlich. Dafür gibt es mehrere Gründe. Zum einen senkt Nikotin den Insulinspiegel, was den Appetit dämpft. Zum anderen kurbelt es den Stoffwechsel an, was bedeutet, dass für die gleichen Vorgänge im Organismus mehr Energie verbraucht wird. Dazu kommt noch, dass manche Ex-Raucher statt zur Zigarette nun vermehrt zu Essbarem greifen.

*F*ilterzigaretten sind gesünder als filterlose

✕ Zigarettenfilter wurden eingeführt, um einen Teil der Schadstoffe zurückzuhalten. Tatsächlich können die mit chemisch behandelter Zellulose oder Aktivkohle gefüllten Filter Partikel, die größer als 0,2 Mikrometer sind, zurückhalten. Doch

ob sie deswegen wirklich weniger schädlich sind, wird diskutiert. Denn zum einen können die Raucher feine Faserteilchen aus den Filtern mit einsaugen, an denen dann teilweise die eben herausgefilterten Giftstoffe hängen. Zum anderen scheinen viele Raucher an Filterzigaretten intensiver zu ziehen als an filterlosen und den Rauch damit tiefer einzuatmen. Gerade in neueren Untersuchungen war das Risiko, Lungenkrebs zu bekommen, in beiden Gruppen gleich.

*W*asserpfeifen sind harmloser als Zigaretten

✕ Sie seien weniger schädlich, weil die Schadstoffe im Wasser herausgefiltert würden, lautet eine oft gehörte Begründung. Doch Untersuchungen haben ergeben, dass nur ein kleiner Teil der Schadstoffe gefiltert wird. Dafür ist der Gehalt an Teer und Kohlenmonoxid oft sehr viel höher als bei Zigaretten. Aufdrucke auf den Tabaksorten „enthält 0 Prozent Teer" sind dabei irreführend, weil der Teer erst bei der Verbrennung entsteht. Auch Blei, Chrom und Arsen kommen oft in hoher Konzentration vor. Außerdem kratzt der Rauch der Wasserpfeife weniger im Hals, sodass er oft tiefer eingeatmet wird. Insgesamt sind sich die

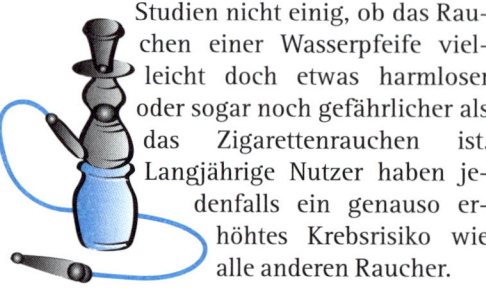

Studien nicht einig, ob das Rauchen einer Wasserpfeife vielleicht doch etwas harmloser oder sogar noch gefährlicher als das Zigarettenrauchen ist. Langjährige Nutzer haben jedenfalls ein genauso erhöhtes Krebsrisiko wie alle anderen Raucher.

Nikotin fördert Krebs

Nikotin ist nicht das einzige Gift, das eine Zigarette enthält. Für die erhöhte Krebsgefahr sind andere Inhaltsstoffe wie Benzpyrene, Nitrosamine, Teer und Schwermetalle verantwortlich. Nikotin dagegen beschleunigt die Verengung der Blutadern, was einen Herzinfarkt, einen Schlaganfall, Thrombosen, Potenzstörungen, Blindheit, verlangsamte Wundheilung und eine frühzeitige Alterung der Haut nach sich ziehen kann. Außerdem ist es der Stoff, der süchtig nach Tabak mit all seinen schädlichen Inhaltsstoffen macht.

Ein Kleinkind kann sterben, wenn es eine Zigarette verschluckt

Agatha-Christie-Leser wissen Bescheid: Nikotin gehört zu den giftigsten Substanzen, die es gibt. Die tödliche Dosis liegt etwa bei 1 Milligramm pro Kilo Körpergewicht, während es bei Arsen etwa 1,4 Milligramm sind. Die Inhaltsdeklarationen der Zigarettenpackungen scheinen da Entwarnung zu geben. Sie verraten meist, dass der Rauch einer Zigarette weniger als 1 Milligramm Nikotin enthält. Doch Rauch und Zigarette sind zwei Paar Stiefel. Der Nikotingehalt des Glimmstängels an sich liegt meist bei etwa 15 Milligramm. Das kann Kleinkindern gefährlich werden. In der Praxis jedoch hat sich gezeigt, dass auch bis zu zwei Zigaretten meist nur zu Übelkeit und Erbrechen führen, da nicht alles Nikotin aus dem Tabak resorbiert wird. Gefährlicher ist es nach Aussage des Schweizer Toxikologischen Zentrums, wenn ein Kind aus einem Gefäß trinkt, in dem mehrere Kippen schwimmen. Auch Kautabak und Nikotinkaugummis sind eine Gefahr.

Der Marlboro-Mann starb an Lungenkrebs

Nicht nur ein, sondern gleich zwei Schauspieler, die als Werbe-Cowboy durchs Marlboro-Land ritten, sind an Lungenkrebs gestorben. Wayne McLaren, ein ehemaliger Rodeoreiter, der nur ein kurzes Zwischenspiel in der Marlboro-Werbung gab, starb 1992 im Alter von 51 Jahren. David McLean, der lange Jahre den Marlboro-Mann verkörperte, starb 1995 im Alter von 73 Jahren. Beide hatten mit Nichtraucherkampagnen begonnen, nachdem ihre Krankheit diagnostiziert worden war. McLeans Hinterbliebene strengten sogar eine Klage gegen den Konzern Philipp Morris an, da McLean, der allerdings schon vorher ein starker Raucher war, für die Dreharbeiten viel habe rauchen müssen.

*K*ummer und Stress machen graue Haare

✗ Dieser Effekt kann tatsächlich auftreten. Psychischer Stress kann zu verstärktem Haarausfall führen, der die pigmentierten Haare stärker betrifft als die, die bereits weniger Farbe enthalten. Wer unter dieser Krankheit leidet, kann relativ schnell grau werden, weil er plötzlich nur noch die mehr oder weniger ausgebleichten Haare auf dem Kopf hat. Definitiv falsch ist dagegen der Glaube, man könne nach einem starken seelischen Schock über Nacht graue oder gar schlohweiße Haare bekommen.

*A*n Schlafentzug kann man sterben

✗ Ende des 19. Jahrhunderts probierte eine russische Wissenschaftlerin die Sache mit Hunden aus, die gnadenlos am Schlafen gehindert wurden. Der erste starb nach 96 Stunden, der letzte nach 143. Auch Hunde, bei denen der Test nach 100 Stunden abgebrochen wurde, erholten sich nicht mehr und starben schließlich doch. Bei ähnlichen Experimenten mit Menschen ließ man es natürlich nicht zum Äußersten

kommen, doch es zeigten sich nach etwa 50 Stunden Schlafentzug schwere Halluzinationen.

*H*erzinfarkt ist eine Managerkrankheit

✗ Nein, denn Menschen mit geringem sozialem Status bekommen häufiger Infarkte als Manager. Die Gründe sind zahlreich: eine ungesunde Lebensweise, eine billige, vitaminarme Ernährung, Rauchen und Bewegungsmangel. Es stimmt nicht einmal, dass diese Menschen weniger Stress als Manager hätten. Denn der schlimmste Stress entsteht nicht, wenn man viel zu tun hat, sondern durch existenzielle Ängste. Die aber hat der Hartz-IV-Empfänger in der Regel stärker als der gut abgesicherte Manager. Dessen Stress ist vielleicht augenfälliger, aber meist auch oberflächlicher und weniger krank machend. Viele Manager empfinden den beruflichen Druck, der auf ihnen lastet, sogar als stimulierend.

*D*iabetes ist Zuckerkrankheit

✗ Nicht nur. Als Diabetes werden verschiedene Krankheiten bezeichnet, die alle mit gesteigertem Harndrang einhergehen. Die bekannte „Zuckerkrankheit" wird Diabetes mellitus genannt. Dabei kann der Körper entweder – Typ 1 – nicht genug Insulin erzeugen, um den Blutzucker abzubauen, oder – Typ 2 – das gebildete Insulin nicht mehr richtig nutzen. Daneben gibt es z. B. Diabetes renales, die auf einer Nierenstörung beruht, oder Diabetes insipidus, bei der die Hypophyse nicht genügend Hormone erzeugt.

Altersdiabetes bekommen nur alte Menschen

✗ Bei manchen Diabetikern ist der Körper von Geburt an nicht in der Lage, Insulin zu produzieren. Häufiger ist aber der Typ 2 der Diabetes mellitus. Bei der sogenannten Altersdiabetes bekommt der Organismus im Lauf der Zeit Probleme, Insulin zu verwerten. Früher trat dieser Typ meist erst im Alter, frühestens ab dem 30. Lebensjahr auf. Inzwischen gibt es zahlreiche Kinder im Grundschulalter, die die sogenannte Altersdiabetes bekommen. Die Hauptgründe sind vermutlich Bewegungsmangel und falsche Ernährung.

Vom Ablecken der Joghurtdeckel bekommt man Alzheimer

✗ Schließlich sind sie aus Aluminium, und Aluminium wird als ein Risikofaktor für eine Alzheimer-Erkrankung diskutiert. Wahrscheinlich haben Eltern diese Geschichte erfunden, die ihre Kinder vom „unfeinen" Ablecken der Joghurtdeckel abhalten wollten. Früher, als Alzheimer noch kein Thema war, aber der Aluminiumdeckel im Allgemeinen noch dicker, wurde davor gewarnt, man könne sich beim Ablecken die Zunge aufschneiden. Und was soll am Joghurtdeckel gefährlich

sein, wenn Getränkedosen aus Alu, Tuben, Verpackungen für Fertiggerichte, Aluminiumtöpfe und Alufolie in der Küche gang und gäbe sind und Aluminium in Kosmetika und Medikamenten enthalten ist? Sicher ist, dass Aluminium in größeren Dosen, auch wenn nach Einschätzung des Bundesamtes für Risikobewertung keine Alzheimergefahr droht, nicht gesund ist. Als bedenklich sehen es Experten aber an, wenn stark säure- und salzhaltige Lebensmittel wie Rhabarber, Apfelmus, Sauerkraut, Salzgurken oder Pökelware in Alugeschirr aufbewahrt werden, da sie Aluminiumsalze lösen können.

Kreuzworträtsellösen hilft gegen Alzheimer

✗ Gegen die Alzheimerkrankheit hat man bislang noch kein Mittel gefunden. Sie entsteht durch Eiweißablagerungen, die nach und nach unweigerlich das Gehirn zerstören. Je älter man wird, desto mehr ist man gefährdet. Etwa 1 Prozent aller Menschen zwischen 65 und 69 Jahren erkrankt an Alzheimer, während 20 Prozent aller 85-jährigen daran leiden. Möglich ist, dass die charakteristischen Eiweißablagerungen zum natürlichen Alterungsprozess eines Gehirns gehören und bei jedermann irgendwann auftreten würden – wenn er nicht vorher an anderen Dingen stirbt. Allerdings gibt es Hinweise, dass Menschen, die sowohl körperlich als auch geistig beweglich sind, Sport treiben, sich gesund ernähren, nicht rauchen und auch ihr Gehirn regelmäßig fordern, tendenziell später erkranken.

Nur Frauen bekommen Brustkrebs

✗ Brustkrebs ist die häufigste Krebserkrankung bei Frauen, aber auch Männer werden nicht ganz verschont. Schließlich verfügen auch sie über Brustdrüsen und die können ebenfalls erkranken. In Deutschland passiert dies etwa 500 Männern im Jahr, das entspricht 1 Prozent aller Brustkrebsfälle. Die Ursache sind wohl hormonelle Störungen.

Zu enge Büstenhalter fördern die Entstehung von Brustkrebs

✗ Vermutlich ist es etwas anders: Frauen, die Brustkrebs bekommen, tragen öfter enge Büstenhalter. Denn große Brüste bringen ein höheres Krebsrisiko mit sich. Erstens haben die Frauen häufig auch Übergewicht, was die Entstehung von Brustkrebs zu begünstigen scheint, zweitens lassen sich Krebsknoten bei der Früherkennung schwerer ertasten. Mit Sicherheit aber tragen Frauen mit viel Oberweite häufiger enge, einschnürende BHs als solche mit flachen oder kleinen Brüsten.

Hohe Absätze schädigen die Füße

✗ Es müssen keine schwindelerregenden High Heels von über 10 Zentimetern sein: Jeder, der häufig Absätze von über 4 Zentimeter Höhe oder auch schiefe, schlecht passende Absätze trägt, läuft große Gefahr, seine Füße dauerhaft zu schädigen. Der Fuß rutscht nach vorne und die Zehen müssen das Körpergewicht auffangen. Dafür sind sie aber nicht ausgelegt. Es kann zu Durchblutungsstörungen, Skelettdeformationen, Muskel- und Sehnenverkürzungen sowie Haltungsschäden kommen. Frauen sind nicht nur deshalb häufiger betroffen, weil sie häufiger hohe Schuhe tragen, sondern auch, weil ihr Bindegewebe schwächer und damit anfälliger ist. Versicherungsdaten belegen, dass Frauen doppelt so viele Unfälle pro gelaufenem Kilometer haben wie Männer.

Splitter können im Körper umherwandern

✗ Es ist schon passiert, dass Kriegsverwundete erst einige Zeit später gestorben sind, weil verbliebene Granatsplitter in ihrem Körper plötzlich lebenswichtige Organe verletzt haben. Die Gefahr droht aber nur, wenn scharfe Splitter tief in den Körperhöhlen wie Brustkorb und Bauchraum eingedrungen sind. Ein Fremdkörper, der im Fleisch steckt, wird entweder mithilfe von Eiter nach außen befördert oder eingekapselt. Dann bleibt er meist dort, wo er ist, oder wandert nur sehr wenig. Dass irgendwelche Holzsplitter oder Dornen, die nicht herausgezogen worden sind, ein Wanderleben beginnen und irgendwann die Herzwand durchbohren könnten, ist ein Ammenmärchen.

Helle Flecken auf den Fingernägeln deuten auf einen Mangel hin

Im Gespräch sind vor allem Eiweiß- oder Calciummangel. In der Regel sind die verschiedenen Lagen des Fingernagels an den hellen Stellen aber nur mangelhaft verwachsen, sodass es zu Lufteinschlüssen kommt. Auch der halbmondförmige weiße Bereich an der Basis der Nägel entsteht, weil hier die Schichten noch nicht verwachsen sind. Zwar zeigen sich verschiedene Krankheiten auch an den Fingernägeln, etwa durch Querrillen oder brüchige oder gar zerbröselnde Nägel. Doch als Krankheitsindikator taugen die Nägel wenig, da alle fraglichen Krankheiten auch noch von anderen, schwereren und deutlicheren Symptomen begleitet werden. Sind nur die Nägel brüchig, dann kann ein Biotinmangel vorliegen. Ein solcher Mangel wirkt sich aber nur auf Nägel und Haare aus und macht nicht krank.

Brennnesseln helfen gegen Rheuma

Das kommt darauf an, welchen Arzt man fragt. Einige lehnen Pflanzenpräparate vehement ab, andere setzen Brennnesselpräparate bei entzündlichen Gelenkerkrankungen wie Gelenkrheuma ein. Denn sie enthält Säuren, die die Botenstoffe hemmen, die für die Entzündungen mitverantwortlich sind. Der Volksbrauch, sich mit Brennnesselzweigen auf die schmerzenden Körperteile zu schlagen, bewirkte dagegen eher eine Betäubung, brachte mit Sicherheit aber auch eine gute Durchblutung der Haut mit sich.

Dreck reinigt den Magen

Dreck nicht gerade, aber Erde gilt seit der Antike als Heilmittel für innere und äußere Krankheiten. Äußerlich aufgetragen wird sie gegen Prellungen und alle möglichen juckenden Hautkrankheiten verwendet, innerlich vor allem bei Magenproblemen. Dabei benutzt man sogenannte Heilerde, besonders feine Erde mit vielen Tonmineralen. Sie lindert alle säurebedingten Magenbeschwerden wie z. B. Sodbrennen, indem sie die überschüssige Magensäure bindet. Inwieweit sie dem Mageninhalt auch belastende Giftstoffe entzieht, ist umstritten. Jedenfalls wird davor gewarnt, dass Heilerde die Wirksamkeit von Medikamenten behindern kann, indem sie deren Wirkstoffe bindet und damit neutralisiert.

Magengeschwüre entstehen durch Stress

Stress als Auslöser von Magengeschwüren und Gastritis spielt nur eine untergeordnete Rolle. Magengeschwüre entstehen, wenn die Magenwände sich nicht mehr gegen die Magensäure schützen können. Eine große Rolle spielt dabei das Bakterium Heliobacter pylori. 1982 führte der australische Wissenschaftler Barry Marshall den Beweis, indem er selbst die Bakterien schluckte, was prompt zu einer schweren Gastritis führte. Damit widerlegte er die bis dahin allgemeingültige Stress-These. Allerdings können Stress und eine ungesunde Lebensweise (Rauchen, Fast-Food-Ernährung, hastiges Essen) dazu beitragen, das natürliche Gleichgewicht im Magen in Unordnung zu bringen, und so zusammen mit anderen Faktoren Entzündungen und Geschwüre auslösen.

Voller Bauch studiert nicht gern

✗ Ein reichhaltiges Essen schlägt tatsächlich auf das Denkvermögen. Denn wenn unser Körper Schwerstarbeit verrichten soll, dann versorgt er die betroffenen Organe besonders reichlich mit Blut: entweder die Muskeln, den Verdauungsapparat oder das Gehirn. Alles gleichzeitig geht nicht. Deshalb kann man weder besonders gut studieren noch körperliche Höchstleistungen vollbringen, während der Körper intensiv mit der Verdauung beschäftigt ist. Und die kann dauern: Während Obst oder Joghurt innerhalb einer Stunde verdaut sind, kann eine Schweinshaxe bis zu neun Stunden im Magen liegen. Andererseits ist auch ein leerer Magen einem guten Studium abträglich. Denn ohne Energienachschub kann das Gehirn keine befriedigenden Leistungen bringen. Hier ist also die richtige Balance gefragt.

Cola und Salzstangen helfen gegen Durchfall

✗ Gegen den Durchfall selbst hilft ziemlich wenig. Hält er länger an, ist es jedoch wichtig, die Mangelerscheinungen zu bekämpfen, die er mit sich bringt. Das betrifft Zucker, Salz, Mineralstoffe und Flüssigkeit. Cola und Salzstangen sind eine Möglichkeit, aber keineswegs die beste. Salzstangen sind im Prinzip okay, enthalten aber z. B. nicht das wichtige Kalium, das sich in Bananen oder Käse findet. Cola jedoch enthält Koffein und entwässert den Körper zusätzlich. Deshalb sind Fruchtsäfte, Tee mit Traubenzucker oder eine Elektrolytlösung aus der Apotheke die bessere Wahl. Da aber gerade kleine Kinder bei Durchfall schnell unter Glukosemangel leiden, ist es immer noch besser, sie nehmen Cola (verdünnt, aber nicht „light") zu sich, als gar keinen Zucker.

Mit vollem Magen soll man nicht schwimmen gehen

✗ Ein Kreislaufkollaps im Wasser ist gefährlich und kann zum Ertrinken führen. Deshalb sollte man vor dem Schwimmen alles vermeiden, was den Kreislauf stark belastet. Dazu gehört ein voller Magen, da der Körper seine Kräfte auf die Verdauung konzentriert. Noch gefährlicher ist aber der Wechsel zwischen großer Hitze und kaltem Wasser, weshalb man sich nie erhitzt ins kühle Nass stürzen sollte, sondern den Körper erst einmal abkühlen. Ein voller Bauch führt übrigens beim Schwimmen auch eher zu Seitenstechen.

Fünf kleine Mahlzeiten am Tag sind besser als drei große

Angeblich entlastet es den Organismus, wenn der Körper nicht zu viele Nährstoffe auf einmal verdauen muss, sondern die Zufuhr gleichmäßig über den Tag verteilt ist. So behauptet jedenfalls ein Teil der Ernährungsexperten. Andere glauben, dass weniger Mahlzeiten am Tag viel gesünder sind. Sie verweisen darauf, dass nach jeder Mahlzeit der Blutzucker- und Blutfettspiegel ansteigt und sich erst nach Stunden wieder normalisiert. Hohe Blutzucker- und Blutfettwerte gelten aber als Risiko für Herz-Kreislauf-Erkrankungen. Bewiesen ist in dieser Frage noch gar nichts. Deshalb empfiehlt es sich, auf das eigene Körpergefühl zu hören. Manche Menschen brauchen regelmäßige Mahlzeiten, da sie ansonsten leicht unter Unterzuckerung leiden, andere haben dieses Problem nicht.

Spätes Essen macht dick

Wäre dies so, dann würden sich die fettleibigsten Menschen rund um das Mittelmeer finden, wo die Hauptmahlzeit oft sehr spät am Abend eingenommen wird, speziell in Spanien, wo man oft erst nach zehn Uhr üppig isst. Gerade dort sind ernährungsbedingte Krankheiten und Fettleibigkeit aber seltener zu finden als in Nord- und Mitteleuropa, sodass viele Ernährungsexperten sogar die „Mittelmeerdiät" propagieren.

Verdauung belastet den Schlaf

Manche Menschen essen nach 18 Uhr nichts mehr, um ihre Abendmahlzeit verdaut zu haben, bevor sie schlafen gehen. Doch das ist illusorisch, denn viele Speisen brauchen Stunden, ja teilweise Tage, um ganz verdaut zu sein. Außerdem ist der Organismus darauf eingerichtet, einen Teil der Verdauung im Schlaf zu vollbringen. So wird z. B. während des Schlafens das Wachstumshormon Somatotropin gebildet, das an der Verwertung der Nahrung beteiligt ist. Es gibt jedoch Forschungen, die darauf hinweisen, dass mehr Somatropin gebildet wird, wenn zwischen der letzten Abendmahlzeit und dem Schlaf einige Stunden vergangen sind. Frühes Essen könnte also tatsächlich sinnvoll sein.

Schwangere müssen für zwei essen

In den ersten vier Monaten fällt der Nährstoffbedarf des winzigen Embryos gar nicht ins Gewicht. Danach zweigt er sich im Schnitt etwa 300 Kilokalorien täglich ab, sodass – wenn überhaupt – nur geringfügig größere Portionen nötig sind. Aber: Der kindliche Organismus braucht zum Wachsen ausreichend Nährstoffe wie Vitamine, Mineralien und Spurenelemente, etwa Calcium, Eisen, Folsäure oder Omega-3-Fettsäuren. Um manche Nährstoffe kann ein regelrechter Wettkampf zwischen den Organismen von Kind und Mutter entstehen. Doppelt so gesund essen, ist also durchaus angemessen.

Fast Food ist ungesund

✗ Das kann man so und so sehen. Generell bezeichnet man Nahrungsmittel, die ohne viel Aufwand verzehrt werden können, als Fast Food. Das kann „klassisches" Fast Food sein wie Hamburger, Döner oder Currywurst, aber auch Obst und Gemüse. Letzteres ist natürlich nicht ungesund. Auch ein Hamburger ist nicht unbedingt ungesünder als Gulasch mit Nudeln. Das Problem ist nur, dass er oft nicht als Hauptmahlzeit gegessen wird, sondern „zwischendurch" und dafür ist er eindeutig zu kalorien- und fettreich. Andererseits ist hastiges, schnelles Essen generell ungesünder als eine Mahlzeit, die langsam und mit Muße eingenommen wird.

Von frischem Brot bekommt man Bauchweh

✗ Frisches Brot enthält mehr Wasser als älteres. Deshalb ist es schwerer, weicher und manchmal auch noch klebrig. Das führt zwar nicht zu Bauchschmerzen, aber leicht zu dem Gefühl, dass das Brot schwer im Magen liegt, wenn man zu viel davon gegessen hat. Und das geschieht leicht, denn frisches, noch ofenwarmes und duftendes Brot ist nun einmal lecker. Deshalb könnte es sein, dass die Behauptung mit dem Bauchweh von Hausfrauen erfunden wurde, die in Zeiten, da Brot nicht unbegrenzt zur Verfügung stand, den Appetit ihrer Familien zügeln wollten.

Pasta macht Muskeln

✗ Kohlenhydratreiches Essen, wie Spaghetti, gilt als ideale Sportlernahrung, die Kraft gibt. Das stimmt auch – für den Augenblick. Wer vor einer größeren Anstrengung steht, braucht vor allem Kohlenhydrate. Doch der Aufbau der Muskeln wird dadurch nicht gefördert. Dazu benötigt der Körper vor allem Eiweiß. Außerdem spielen B-Vitamine, Eisen, Zink und Folsäure eine größere Rolle. Gute Lieferanten dafür sind: Fleisch (vor allem Leber), Nüsse, Hülsenfrüchte sowie grünes Blatt- und Kohlgemüse.

Zu viel Obst verursacht Bauchschmerzen

✗ Zu viel ungewaschenes Obst auf jeden Fall, denn es liegt nicht am Obst selbst, aber auf der Schale befinden sich Hefezellen und andere Keime. Diese können im Magen zu Gärprozessen führen. Bei kleinen Obstmengen unter einem Pfund sind die Keime harmlos, denn sie werden von der Magensäure abgetötet. Bei größeren Mengen jedoch ist der Magen überfordert und die Keime können ihr schmerzhaftes Treiben entfalten. Dagegen hilft Waschen. Denn ein Großteil dieser Keime kann mit lauwarmem Wasser gut beseitigt werden. Den verbliebenen Rest eliminiert dann wieder die Magensäure.

Zu den Mahlzeiten sollte man trinken

✗ Medizinisch gibt es keine Notwendigkeit, Essen und Trinken zu koppeln. Im Gegenteil: Die meisten Mahlzeiten enthalten mehr oder weniger Flüssigkeit. Es besteht also keine Notwendigkeit, zur selben Zeit noch mehr Flüssigkeit aufzunehmen. Für den Organismus ist jedoch eine gleichmäßige Zufuhr von Flüssigkeit wichtig. Wer zu den Mahlzeiten trinkt, neigt möglicherweise dazu, das Trinken „zwischendurch" zu vernachlässigen. Mediziner raten nämlich zu trinken, bevor man Durst verspürt.

Denn Durst ist ein deutlicher Hilferuf des Körpers, dass er bereits dehydriert ist und dieser Missstand nun ganz dringend behoben werden muss. Dehydration aber führt zu Unkonzentriertheit, Leistungsabfall und Kopfschmerzen.

Im Winter muss man mehr essen als im Sommer

✗ Je kälter es ist, desto mehr muss der Organismus aufgeheizt werden, um die übliche Körpertemperatur von knapp 37 Grad zu halten. Und zum Heizen muss man nun einmal beträchtliche Energie aufbringen, die der Körper sich aus der Nahrung holt. Unser Organismus jedoch ist noch auf ganz andere winterliche Lebensbedingungen gepolt als sie heute vorherrschen. Viele Menschen verspüren im Winter mehr Lust auf kräftiges, fettreiches Essen und große Portionen, obwohl sie sich auf ihren Wegen zwischen Wohnung, Büro und geheizten Verkehrsmitteln kaum großer Kälte aussetzen. Deshalb ist es meist angebracht, diese Wintergelüste nach mehr Kalorien zu zügeln, da der Appetit den tatsächlichen erhöhten Bedarf übersteigt.

Man sollte mindestens eine warme Mahlzeit pro Tag zu sich nehmen

✗ Dem Organismus ist es ziemlich egal, ob jemand warm oder kalt isst, denn auf die Wärme einer Mahlzeit ist er nicht angewiesen. Wer allerdings zwischen warmen und kalten Mahlzeiten wechselt, ernährt sich meist abwechslungsreicher, weil manche Lebensmittel eben nur gekocht genossen werden können, während andere roh wertvoller sind. Außerdem nehmen sich manche Leute für eine warme Mahlzeit mehr Zeit, was bekömmlicher ist. Mindestens einmal am Tag am Tisch zu sitzen und in Ruhe zu essen anstatt hastig und nebenbei, ist sicherlich gesund.

Mehr als zwei Eier pro Woche sind ungesund

✗ Dieser Ratschlag stammt aus einer Zeit, in der man anfing, einen Zusammenhang zwischen einem hohen Cholesterinspiegel und einem erhöhten Herzinfarktrisiko zu entdecken. Denn Eigelb enthält extrem viel Cholesterin. Doch seitdem konnte keine Studie belegen, dass ein hoher Eierkonsum vermehrt zu Arteriosklerose und Herzinfarkt führt – selbst dann nicht, wenn die Teilnehmer ein Ei pro Tag aßen. Stattdessen stieg bei manchen Menschen, die cholesterinreiche Lebensmittel wie Eier und Butter vermieden, der Cholesterinspiegel sogar an. Man nimmt an, dass dies daran liegt, dass der Körper beginnt, selbst mehr Cholesterin zu produzieren, wenn er über die Nahrung nur wenig erhält.

Ungesättigte Fettsäuren sind besser als gesättigte

✗ Deshalb gelten pflanzliche Öle mit einem hohen Gehalt mehrfach ungesättigter Fettsäuren wie Distel- oder Sonnenblumenöl als besonders gesund. Das sind sie auch zweifellos. Doch daneben schneidet auch Olivenöl, das eher wenig ungesättigte Fettsäuren enthält, in Tests stets sehr gut ab. Selbst tierische Fette wie Butter scheinen nach neueren Untersuchungen nicht so ungesund zu sein, wie man eine Zeit lang glaubte. Die Indizien weisen eher in die Richtung, dass naturbelassene, schonend behandelte Fette, sei es nun Oliven- oder Sonnenblumenöl oder auch Butter, gesünder sind als jene, die stark verarbeitet, gehärtet und raffiniert worden sind.

Vitamine sind Stoffe, die der Körper nicht selbst herstellen kann

✗ Das ist die klassische Definition von Vitaminen. Doch dann entdeckte die Wissenschaft, dass einige Stoffe, die man für Vitamine hielt, durchaus auch vom Körper selber gebildet werden können. Vitamin D etwa ist eigentlich ein Hormon und wird vom Organismus mithilfe von Sonnenlicht hergestellt. Nur in sonnenarmen Gegenden sind Menschen auf eine zusätzliche Vitamin-D-Zufuhr über die Nahrung angewiesen. Auch Niacin (B3) kann der Körper aus Eiweiß selber bilden. Die Vitamine B12 und K werden von Bakterien hergestellt, die in einer gesunden Darmflora normalerweise enthalten sind.

Man sollte möglichst viele Vitamine und Mineralstoffe essen

✗ Auch hier gilt: Was wirkt, kann in Überdosen auch zu stark wirken und ungesund sein. Zu viel Vitamin A etwa führt zu Kopfschmerzen und Übelkeit, ein Übermaß an Vitamin D zu Krämpfen und Gallensteinen, zu viel Vitamin E zu Übelkeit, Erbrechen und Magen-Darm-Beschwerden und einige B-Vitamine führen zu Juckreiz und leichten Lähmungserscheinungen. Auch zu viele Mineralstoffe können Probleme machen, da sie die Aufnahme anderer Stoffe blockieren können. Zu viel Calcium hat z. B. leicht einen Mangel an Zink zur Folge. Bei einer normalen gesunden Ernährung besteht zwar keine Gefahr, doch wer viele Produkte isst, die künstlich mit Vitaminen angereichert sind oder über längere Zeit nur bestimmte Mineralstoffe als Nahrungsergänzung zu sich nimmt, kann Probleme bekommen. Besonders Raucher sind durch zu viel künstlich zugesetztes Betacarotin (Vitamin A) gefährdet.

Das meiste Vitamin C steckt in Zitronen

✗ Gut haltbare Südfrüchte wie Zitronen und Orangen haben im vorletzten Jahrhundert mit ihrem Vitamin-C-Gehalt das Problem des Skorbut auf langen Seereisen gelöst. Deshalb gelten sie immer noch als besonders Vitamin-C-haltig. Doch das stimmt gar nicht. Sie bringen es nur auf etwa 50 Milligramm Vitamin C pro 100 Gramm, während Wildfrüchte wie die Acerolakirsche (bis 3000 mg), die Hagebutte (bis 2800 mg) oder Sanddorn (bis 1200 mg) weit mehr davon enthalten. Auch Schwarze Johannisbeeren (190 mg), Kiwis (100 mg), Grünkohl (105 mg) und rote Paprika (100 mg) enthalten mehr Vitamin C als Zitrusfrüchte. Doch um gesund zu bleiben, braucht der Organismus diese Megadosen gar nicht. Gegen den Skorbut haben Orangen und Zitronen jedenfalls vollauf gereicht.

Spinat hat gar nicht so viel Eisen wie früher behauptet

✗ Eisen ist wichtig für die Blutbildung und deshalb mussten Kinder früher viel Spinat essen, da er angeblich über 35 Milligramm Eisen pro 100 Gramm enthält. Doch der aus Estland stammende Arzt und Ernährungswissenschaftler Gustav von Bunge (1844–1920), der dies herausgefunden hat, experimentierte mit Trockenspinat, was bedeutet, dass frischer Spinat, der 90 Prozent Wasser enthält, nur etwa 3,5 Milligramm Eisen enthält. Ob man später übersehen hat, dass es sich um Trockenspinat handelte, oder sich jemand beim Abschreiben um eine Kommastelle vertan hat, wie oft behauptet wird, ist gleichgültig. Jedenfalls sind Hülsenfrüchte, Innereien, Vollkornbrot, Nüsse und Pilze eisenhaltiger als Spinat. Gesund ist er trotzdem. Er enthält nämlich viel Vitamin A und C.

Kiwis und Milch vertragen sich nicht

X So manch einer hat sich vielleicht schon gefragt, was er falsch gemacht hat, wenn der Kiwi-Quark oder die Sahnetorte plötzlich bitter schmeckt. Doch die Sache hat System. Kiwis enthalten ein Enzym, das Milcheiweiß spaltet und dabei innerhalb weniger Minuten bitter schmeckende Peptide erzeugt. Man kann diesen Mechanismus jedoch ausschalten, indem man die Kiwis kurz kocht. Umgekehrt helfen frische Kiwis bei der Verdauung von milchhaltigen Speisen, wenn beides erst im Magen zusammenkommt. Im Übrigen haben Kiwis auch die Fähigkeit, anderes Obst weich zu machen, weshalb man sie erst ganz zum Schluss in einen Obstsalat schneiden sollte.

Karotten sind gut für die Augen

X Oder schon mal einen Hasen mit Brille gesehen? Wie auch immer es jedoch um die Kurz- oder Weitsichtigkeit von Hasen bestellt ist: Karotten haben mit der Sehschärfe nichts zu tun. Trotzdem sind sie wirklich gut für

die Augen. Sie enthalten Betacarotin und das ist wichtig für die Fähigkeit, Hell-dunkel-Kontraste gut wahrnehmen zu können. Ein Mangel kann zu Nachtblindheit führen. Allerdings kann Nachtblindheit auch angeboren sein und aus anderen Gründen entstehen. Übrigens ist es auch zweifelhaft, ob dem Hasen seine Karotten gegen Nachtblindheit helfen, denn Betacarotin wirkt nur, wenn es mit etwas Fett gegessen wird. Gute Quellen sind auch Orangen, Peperoni, Kürbis, Kohl und Spinat.

Petersilie hilft gegen Knoblauchgeruch

X Ein bisschen lässt sich der typische Knofi-Geruch tatsächlich durch den Genuss von Petersilie bekämpfen. Denn der grüne Pflanzenfarbstoff Chlorophyll, der in der Petersilie besonders reich enthalten ist, kann die stinkende Schwefelverbindung Allizin binden und damit neutralisieren. Ähnliches vermögen ätherische Öle, die etwa in Kaffeebohnen oder Kardamomkapseln enthalten sind. Ob die Hausrezepte Milch und Schokolade helfen, ist dagegen zweifelhaft. Außerdem wird ein großer Teil des Knoblauchgeruchs über die Haut freigesetzt – dagegen vermögen Petersilie und Co. nichts.

Biogemüse ist gesünder

X Oder ist das nur ein leeres Werbeversprechen? Fest steht, dass Bioobst und -gemüse im Schnitt mit deutlich weniger Pestiziden belastet ist als konventionelle Ware, was mit Sicherheit gesund ist. Bei Kontrollen des Bundesamtes für Verbraucherschutz wiesen 71 Prozent der Bio-Produkte gar keine Rückstände auf und 28,4 Prozent nur sehr niedrige, während nur gut ein Drittel der konventionellen Ware rückstandsfrei war. Inwieweit Bioware auch einen höheren Gehalt an Vitaminen und Mineralstoffen und anderen gesunden Inhaltsstoffen hat, ist noch nicht einwandfrei nachgewiesen. Sicher ist jedoch, dass Bio-Anbau Böden und Grundwasser schont und im Schnitt auch weniger Energie verbraucht, weil die Erzeugung von Kunstdünger sehr energieaufwendig ist.

*I*n Thunfischdosen befindet sich Thunfisch

Aber warum ist frischer Thunfisch dann so viel teurer und sieht auch ganz anders aus? Das liegt daran, dass sich in den Dosen in aller Regel das Fleisch des Echten Bonitos (oder Skipjack) befindet, der zwar auch zur Familie der Makrelen und Thunfische gehört, aber mit dem echten Thunfisch nur entfernt verwandt ist. In teureren Dosen kann man auch das Fleisch des Weißen Thun finden. Der allerdings steht wie die meisten anderen echten Thunfische auf der Roten Liste gefährdeter Tierarten. Der Bonito dagegen gilt derzeit noch nicht als akut im Bestand gefährdet, wird nach Ansicht von Umweltschützern jedoch auch im kritischen Bereich befischt.

*F*isch aus Aquakulturen ist eine gute Alternative zu Wildfisch

Da sich die Fischbestände in den Weltmeeren insgesamt gesehen in einem katastrophalen Zustand befinden, entstehen immer mehr Aquakulturen, in denen Fisch gezüchtet wird. Doch sie sind umstritten. Unproblematisch sind vegetarisch lebende (Fried-)Fische, die in Teichen aufgezogen werden. Raubfische wie Lachse, Forellen, Doraden oder Wolfsbarsche müssen mit kleinen Wildfischen gefüttert werden, was das Problem nur verschiebt. Außerdem gelangen über dicht besetzte Käfige im offenen Meer oft Antibiotika, Parasiten und eine Menge Kot in die Meere. Vor allem für die Garnelenzucht in Asien werden ganze Landstriche verseucht. Was dagegen europäische Miesmuscheln angeht, empfehlen Umweltschützer, sie nur aus Aquakulturen zu kaufen, da die natürlichen Muschelbänke schon stark geplündert sind.

*W*ildwasserlachs ist natürlich aufgewachsen

Als Wildwasserlachs darf jeder Lachs verkauft werden, der in wildem, sprich natürlichem Wasser aufgewachsen ist, also z. B. in einem Käfig, der sich im offenen Meer oder in einem Fjord befindet und nicht etwa in einem Tank, obwohl ein Tank mit einem geschlossenen Wasserkreislauf die ökologischere Alternative wäre. Auch Fjordlachs stammt dementsprechend meistens aus einer Fischfarm, die sich in einem

Fjord befindet. Lachs, der wirklich in Freiheit aufwachsen durfte, wird allgemein als Wildlachs bezeichnet und kostet um einiges mehr als der Wildwasser-Kollege aus dem Käfig.

Muscheln darf man nur in Monaten mit einem „r" verzehren

Für diese Regel gibt es zwei Gründe, einer davon ist veraltet. Die empfindlichen Muscheln sind früher in den Sommermonaten Mai bis August einfach leichter verdorben. Außerdem war die Gefahr größer, dass sie giftiges Plankton aufnehmen, das auch bei den Muschelessern schwerste Vergiftungen hervorrufen kann. Heute ist die richtige Kühlung kein Problem mehr. In ganz Europa gibt es darüber hinaus ein Monitoring-System, das sicherstellt, dass nirgends Muscheln geerntet werden, wo die problematischen Algenarten aufgetaucht sind. Was aber immer noch gilt: Viele Muscheln pflanzen sich im Mai fort, was sich negativ auf den Geschmack auswirkt. Feinschmecker bleiben deshalb der Regel mit den r-Monaten treu. Übrigens: Laut Angaben von Greenpeace ist es ökologisch unbedenklich Muscheln aus Aquakulturen zu essen, während natürliche Muschelbänke – gerade auch bei Miesmuscheln – schon weitgehend zerstört sind und dringend in Ruhe gelassen werden sollten. Schließlich üben Muscheln ja auch eine wichtige Filterfunktion in der Natur aus.

Kalbsleberwurst muss Kalbsleber enthalten

Ein Teil des Fleisches in einer Kalbsleberwurst muss tatsächlich vom Kalb stammen. Doch Leberwurst besteht keineswegs nur aus Leber. Deren Anteil macht nur 10 bis 15 Prozent aus, während sie ansonsten Muskelfleisch und eventuell auch noch andere Innereien enthält. Für den Leberanteil nimmt man jedoch in der Regel immer Schweineleber, da diese sehr weich und – im Gegensatz zu Kalbs- und Rinderleber – zum Braten eher unbeliebt ist.

Frankfurter Würstchen stammen aus Wien

Ja und nein. Eigentlich stammen Frankfurter Würstchen, wie der Name schon sagt, aus Frankfurt am Main, trugen dort aber keinen bestimmten Namen, da es sich bei den Brühwürsten aus Schweinefleisch einfach um die in Frankfurt gängigen Würstchen handelte. Zu Beginn des 19. Jahrhunderts wanderte dann ein Frankfurter Metzger nach Wien aus und verkaufte seine Würstchen dort als Frankfurter, obwohl er das Rezept abgewandelt hatte und der Wurstmasse etwa ein Drittel Rindfleisch beifügte. Heute sind in Deutschland nur Würstchen aus Frankfurt und Umgebung

„Frankfurter", während alle ähnlichen Produkte „Wiener" genannt werden. In Österreich und dem Rest der Welt dagegen nennt man alle Würste dieser Art normalerweise Frankfurter – egal ob mit oder ohne Rindfleischanteil.

Käse schließt den Magen

Das tut er tatsächlich. Käse enthält freie Fettsäuren und wenn diese in den Darm gelangen, signalisieren sie dem Organismus die Verdauung zu verlangsamen. Das bedeutet, dass der Magen sich mehr Zeit lässt, seinen Inhalt an den Darm weiterzuleiten. Der volle Magen führt wiederum zu einem größeren Sättigungsgefühl. Ein weiterer Grund Käse am Ende einer Mahlzeit zu essen: Er enthält viele Mineralstoffe wie Calcium und Phosphat, die helfen den Zahnschmelz, der bei jeder Mahlzeit durch die enthaltenen Säuren angegriffen wird, zu regenerieren.

Milch von Almwiesen ist besonders gut

Generell ist Milch von Kühen, die im Freien grasen dürfen, besser als die von Stallkühen, die mit Kraftfutter ernährt werden. Letztere können zwar mehr Milch geben, weil ihr Futter mehr Energie enthält. Doch Wissenschaftler haben in Freilandmilch mehr gesunde Inhaltsstoffe gefunden. Der Gehalt an Linolsäure ist etwa dreimal so hoch wie bei Stallmilch. Kein Wunder, dass früher sogenannte Sommer-

butter weit höher im Kurs stand als die Butter, die im Winter gewonnen wurde, wenn die Tiere nur mit Heu gefüttert wurden. Dass die Milch von Kühen, die auf besonders artenreichen, wenig schadstoffbelasteten Wiesen weiden durften, dann noch mal einen Tick besser ist, liegt auf der Hand.

Olivenöl eignet sich nicht zum Braten

Olivenöl eignet sich hervorragend zum Braten und wird rund um das Mittelmeer auch tagtäglich dazu benutzt. Nicht geeignet zum Braten sind Öle, die einen höheren Anteil an mehrfach ungesättigten Fettsäuren, vor allem Linolensäure haben, wie Leinöl, Hanföl oder Walnussöl. Generell sollten Öle nicht über ihren Rauchpunkt erhitzt werden, denn ab da werden schädliche Stoffe freigesetzt. Bei Olivenöl liegt er bei etwa 180 Grad; heißer sollte man auch in der Fritteuse kein anderes Fett werden lassen, da sich ansonsten schädliche Transfettsäuren und Acrylamid bilden.

Zucker ist ein Vitaminräuber

Für den Abbau von Zucker und anderen Kohlenhydraten im Körper braucht man Vitamin B_1 (Thiamin). Für den Abbau von vielen Kohlenhydraten braucht man natürlich viel B_1. Wenn die Nahrung nicht genügend Thiamin enthält, um die gegessenen Kohlenhydrate abzubauen, tritt die Mangelkrankheit Beriberi auf. Besonders gefährdet sind arme Länder, in denen weißer Reis das Grundnahrungsmittel ist. In den Industrieländern dagegen ist die Ernährung erstens nicht derart kohlenhydratbasiert, zweitens gibt es kaum einen Mangel an Thiamin, das in Fleisch, Nüssen und Vollkorngetreide enthalten ist. Lediglich Alkoholiker sind gefährdet. Ein wirklicher Thiamin-Räuber ist übrigens roher Fisch. Er enthält ein Enzym namens Thiaminase, das Thiamin zerstört.

Zuckerfreie Produkte enthalten keinen Zucker

✗ Lebensmittel, die als „zuckerfrei" beworben werden, enthalten keinen Haushaltszucker (Saccharose). Sie dürfen aber Traubenzucker, Fruchtzucker, Malzzucker, Glukosesirup und kalorienhaltige Zuckeraustauschstoffe wie Sorbit, Mannit, Isomalt, Xylit, Maltit oder Lactit enthalten.

Brauner Zucker ist gesünder als weißer

✗ Die Melasse, die braunem Zucker seine Farbe gibt, enthält minimale Spuren von Mineralstoffen, die weißer Zucker nicht hat, die jedoch wegen der winzigen Menge nicht ins Gewicht fallen. Meistens wurde brauner Zucker ebenso wie weißer hergestellt, aber hinterher wieder eingefärbt. Wer wirklich Zucker mit seinen natürlichen Vitaminen und Mineralstoffen essen will, der muss Rohzucker kaufen. Aber der hat einen ziemlich starken Eigengeschmack.

Honig ist auch nach Jahrtausenden noch essbar

✗ Richtig gelagerter Honig ist tatsächlich nahezu unbegrenzt haltbar. Man hat in den Pyramiden Töpfe mit Honig gefunden, der nicht verdorben war. Allerdings funktioniert das nicht mit jedem Honig. Nicht ausgereifte Honigsorten enthalten relativ viel Wasser und können gären. Ebenfalls problematisch ist eine falsche Lagerung: Honig braucht es kühl, trocken, dunkel und vor allem luftdicht, da er sonst Wasser anzieht. Manche Ernährungsexperten empfehlen trotzdem, Honig innerhalb eines Jahres nach der Ernte zu essen. Denn nach dieser Zeit würden sich die gesundheitlich besonders wertvollen Enzyme im Honig abbauen.

Schokolade macht Pickel

✗ Akne ist zum größten Teil genetisch bedingt. Sie entsteht durch eine Überfunktion der Talgdrüsen und eine gleichzeitige Verhornungsstörung der Haut am Ausgang dieser Drüsen. Es scheint allerdings Faktoren zu geben, die die Bildung von Pickeln fördern, vor allem Rauchen und Stress. In Tierversuchen haben verschiedene Stoffe das Wachstum von Mitessern gefördert: Inhaltsstoffe von Kosmetika und Pflegeprodukten wie Natriumlaurylsulfat (NLS) oder Polyethylenglykol (PEG) genau wie pflanzliche Öle – und Kakao-butter. Dem stehen Tests gegenüber, die keine erhöhte Pickelneigung durch Schokolade belegten. Auch Milchprodukte, Jod und Zucker werden als mögliche Akne-Verstärker kontrovers diskutiert. Sicher scheint, dass die Ernährung zumindest nicht der Auslöser von Akne ist. Es liegt auch nicht an mangelnder Hygiene, wenn jemand Pickel bekommt.

Schokolade ist Nervennahrung

✗ Das Geheimnis liegt im Tryptophan. Aus diesem kann der Körper das Glückshormon Serotonin herstellen. Ein hoher Serotoninspiegel hilft dabei, heiter und gelassen zu sein, während ein Serotoninmangel unglücklich und nervös macht. Es gibt eine ganze Reihe von Lebensmitteln, die viel Tryptophan enthalten. Kakao gehört dazu, aber auch Bananen, Milchprodukte, Fleisch, Eier, Nüsse und Kartoffeln. Besonders gut scheint Tryptophan jedoch in süßen Produkten zu wirken, da der Zucker ebenfalls dazu beiträgt, die Serotonin-Ausschüttung des Körpers zu erhöhen. Gegen richtige Depressionen und Probleme hilft Schokolade natürlich nicht, aber kleine Stimmungstiefs oder Nervositäten lassen sich damit tatsächlich beheben. Manche Frauen sind während ihrer Menstruation oder kurz davor geradezu süchtig nach Schokolade. Der Hintergrund: Nach dem Eisprung sinkt der Serotoninspiegel.

Kinderlebensmittel sind den Bedürfnissen von Kindern angepasst

✗ Das schon. Allerdings nicht den Bedürfnissen des kindlichen Organismus. Kinderlebensmittel sind in aller Regel süßer, bunter, cremiger und haben lustige Comicfiguren auf den Packungen. Vom Gesundheitsaspekt her sind normale „Erwachsenenlebensmittel" mit weniger Zucker und weniger Zusatzstoffen fast immer die gesündere Alternative.

Ketchup enthält Läuseblut

✗ An dieser Gruselgeschichte, mit der sich Kinder gerne gegenseitig in Panik versetzen, ist tatsächlich etwas dran. Nicht nur so manches Ketchup, auch andere leuchtend rote Lebensmittel, etwa Campari, Marmelade oder Wurst, werden mit dem Farbstoff Koschenille gefärbt und der besteht aus getrockneten, gemahlenen Schildläusen. Zwar wird heute auch viel synthetisches Koschenille eingesetzt, doch die echten Läuse sind noch nicht „out". Die Sache lässt sich übrigens kinderleicht nachprüfen: Echtes Koschenille findet sich auf der

Zutatenliste mit der Nummer E 120, synthetisches versteckt sich hinter E 124. Nimmt man es aber genau, dann stammt auch E 120 natürlich nicht vom Blut der Läuse, sondern vom Farbstoff Karmin, der in ihrem Panzer eingelagert ist.

Muskat macht high

✗ Ein bis zwei Muskatnüsse machen high, ab drei wird es dann lebensbedrohlich – für Kinder auch schon eher. Muskat enthält mehrere Halluzinogene, vor allem Myristicin. Trotzdem konnten sich Drogenabhängige nie richtig dafür begeistern. Erstens wirkt Muskat nicht bei allen Menschen. Vielen wird nur schlecht davon. Zweitens schmeckt das Gewürz schon im Milligrammbereich penetrant und drittens löst es in größeren Dosen Brechreiz aus. Myristicin ist übrigens auch in Petersilie, Liebstöckel und Pastinaken enthalten. Aber auch da ist der Gehalt zu gering, um die Drogenprävention zu alarmieren.

Wasser aus der Flasche ist besser als Wasser aus der Leitung

✗ Das trifft nur zu, falls es nicht selbst aus der Leitung stammt. Dies aber kann durchaus der Fall sein. Alles, was unter der Bezeichnung „Tafelwasser" verkauft wird, muss nur der EU-Trinkwasserverordnung entsprechen – wie Leitungswasser auch. Wer möchte, dass sein Wasser aus unterirdischen Quellen stammt, der muss zu natürlichem Mineralwasser oder Quellwasser greifen, wobei nur natürliches Mineralwasser schon bei der Förderung so sauber sein muss, dass keine Aufbereitung notwendig ist, um der Trinkwasserqualität zu entsprechen. Mineralwässer enthalten auch meist mehr Mineralien als Leitungswasser. Doch das ist nicht in allen Fällen gut. Manche Wässerchen etwa enthalten viel Natrium, was nicht jeder verträgt.

An destilliertem Wasser kann man sterben

✗ Wenn man nebenbei auch noch fastet, kann man das in der Tat. Denn aus dem destillierten Wasser werden Mineralsalze entfernt, auf die der Körper dringend angewiesen ist. Doch wenn sich jemand halbwegs normal und gesund ernährt, nimmt er mit der festen Nahrung genügend davon auf, um seine Lebensfunktionen aufrechtzuerhalten. Andererseits gibt es trotzdem keinen vernünftigen Grund, in größeren Mengen destilliertes Wasser zu trinken, da Salzmangel den Organismus unter Stress setzt.

In Coca-Cola war früher Kokain

✗ Kokain, Kolanüsse und die Pflanze Damiana aus der Gattung der Safranmalven waren der Clou des ursprünglichen Coca-Colas. Das erfand nämlich ein amerikanischer Apotheker namens John Pemberton (1831–88) als Energy-Drink gegen Kopfschmerzen, Depressionen, Leistungstiefs, Nervosität und sexuelle Unlust. Ursprünglich enthielt das Getränk auch Wein. Die Sirupvariante entstand nur unter dem Druck der Prohibitionsgesetze. Pemberton hoffte, mit dem Getränk auch seine Morphiumsucht zu heilen. Von der Gefährlichkeit des Kokains ahnte man damals noch nichts. Erst 1903 änderte die Coca-Cola Company das Rezept, das ihr Gründer Pemberton 1887 abgekauft hatte. Vermutlich enthält das heutige Rezept aber noch Extrakte von Kokablättern, denen das Kokain entzogen wurde. Auch ein Extrakt der bitteren Kola-Nuss ist enthalten: Damiana, das damals als Aphrodisiakum und Antidepressivum galt, jedoch nicht mehr.

Das Cola-Rezept ist immer noch geheim

❌ Der Legende nach liegt es in einem Tresor in Atlanta, zu dem während der ganzen Geschichte des Konzerns niemals mehr als zwei Menschen gleichzeitig Zugang hatten. Trotzdem weiß man ziemlich genau, was in Coca-Cola enthalten ist, da sich die Inhaltsstoffe mit modernen chemischen Methoden bestimmen lassen. Der Geschmack beruht hauptsächlich auf Vanille, Zitrus- und Zimtölen sowie saurer Phosphorsäure und süßem Zucker. Das wirklich exakte Rezept ist aber immer noch Firmengeheimnis. Auf dem Etikett steht nur: „Wasser, Zucker, Kohlensäure, Lebensmittelfarbstoff E 150d (Zuckerkulör), Säuerungsmittel: E 338 (Phosphorsäure), Aroma, Aroma-Koffein."

Cola enthält mehr Zucker als Fruchtsaft

❌ Der Kaloriengehalt von Fruchtsaft unterscheidet sich nur wenig von dem von Cola und anderen Limonaden. Ein 0,2-Liter-Glas von beiden Getränketypen hat je nach Sorte zwischen 80 und 120 Kalorien. Allerdings enthält reiner Fruchtsaft natürlichen Fruchtzucker, keinen Haushaltszucker oder Glukosesirup und außerdem noch natürliche Vitamine und Mineralstoffe. Fruchtnektare oder Fruchtsaftgetränke dagegen müssen nur teilweise aus Fruchtsaft bestehen.

Chinin ist giftig

❌ Chinin, das für den bitteren Geschmack in Bitter Lemon oder Tonic Water, aber auch in manchen Magenbitter sorgt, ist erwiesenermaßen ein medizinisch wirksamer Stoff, der vor allem gegen Malaria eingesetzt wird. Das bedeutet auch, dass er in Überdosen giftig ist. Bitter Lemon und Tonic Water wurden im Übrigen während der Kolonialzeit in Afrika als schmackhafte Anti-Malaria-Getränke erfunden. Heute enthalten sie weniger Chinin, sodass man etwa 15 Liter davon zu sich nehmen müsste, um in den medizinisch wirksamen Bereich zu kommen. Allerdings ist es nicht falsch, sich unter bestimmten Umständen bei chininhaltigen Getränken zurückzuhalten. Das Bundesamt für Risikobewertung mahnt Schwangere, Personen mit Chinin-Überempfindlichkeit, Tinnitus oder geschädigten Sehnerven zur Zurückhaltung. Außerdem sollte man Chinin meiden, wenn man Blutgerinnungshemmer einnimmt.

Espresso ist gesünder als Filterkaffee

✗ Diese Frage lässt sich nicht eindeutig beantworten. Schließlich lässt sich nicht einmal die Frage, ob Kaffee überhaupt gesund oder ungesund ist, mit Ja oder Nein beantworten. Zwei problematische Inhaltsstoffe, die in zu großen Mengen ungesund wirken, sind sicherlich Koffein und die im Kaffee enthaltenen Säuren. Bezogen auf die Flüssigkeitsmenge enthält Espresso deutlich mehr Koffein als Filterkaffee, bezüglich der Servierportion deutlich weniger. Da für Espresso meist mehr koffeinarme Arabica-Sorten verarbeitet werden und das Wasser unter Druck sehr schnell durch das Kaffeepulver gepresst wird, gibt dieses weniger Koffein als Filterkaffeepulver ab. Bei den Säuren, die vielen Menschen auf den Magen schlagen, kommt es auf die Röstung an. Unter Druck werden die Säuren schneller gelöst. Um dem entgegenzuwirken, röstet man Espressobohnen normalerweise länger, weil sie dabei Säure verlieren. Einen Vergleich kann es also immer nur zwischen konkreten Kaffeesorten, nicht zwischen Zubereitungsarten geben. Ungesund wird Kaffee im Allgemeinen erst, wenn man ihn als Durstlöscher nutzt und literweise trinkt. Diese Gefahr ist beim Espresso weit geringer, weshalb man ihn vielleicht doch als den etwas gesünderen Kaffee bezeichnen kann.

Kaffee ist gut für die Verdauung

✗ Es hat seinen Grund, dass in manchen Kulturen der Kaffee nach dem Essen dazugehört, denn Koffein führt im Körper zur Ausscheidung des Hormons Cholezystokinin. Das fördert die Ausschüttung von Gallensekret und damit die Fettverdauung. Außerdem trägt es zum Sättigungsgefühl bei. Gerade nach einem schweren Essen ist eine Tasse Kaffee oder ein Espresso also wirklich zu empfehlen.

Kaffee und Tee entwässern den Körper

✗ Deshalb seien sie eigentlich keine Durstlöscher, sondern Flüssigkeitsräuber, liest man oft, und dürften nicht in die 1,5 bis 2 Liter eingerechnet werden, die man täglich an Flüssigkeit zu sich nimmt. Es stimmt auch tatsächlich, dass Kaffee und Tee eine sogenannte diuretische, d. h. harntreibende Wirkung haben. Doch die Wissenschaftler haben inzwischen festgestellt, dass der Körper dem entgegensteuert, sodass es anschließend zu weniger Harndrang und geringeren Flüssigkeitsverlusten kommt. Der Körper entwässert durch Kaffee oder Tee also nicht. Bis zu vier Tassen Kaffee über den Tag verteilt sind nach Einschätzung der Deutschen Gesellschaft für Ernährung mit Sicherheit unbedenklich. Noch keine Entwarnung wurde für ein anderes Diuretikum gegeben: Alkohol.

Kaffee enthält Koffein, Tee Tein

Tein ist nur ein anderer Name für Koffein, das sich in Tee befindet. Eine Tasse Tee und eine Tasse nicht allzu starker Kaffee enthalten beide etwa 50 Milligramm des Wachmachers. Allerdings enthalten Teeblätter auch noch Teanin, Theophyllin und spezielle Gerbstoffe. Teanin aber dämpft die Wirkung von Koffein, Theophyllin wirkt entspannend auf die Bronchien und die Gerbstoffe, die allerdings nur wirksam werden, wenn man den Tee länger ziehen lässt, wirken beruhigend auf das Verdauungssystem. Deshalb wird der Koffeingehalt in Kaffee meist als anregender als der in Tee empfunden.

Kaffee hilft beim Ausnüchtern

Man fühlt sich wacher, doch das täuscht. Der Kaffee führt höchstens noch zu einer weiteren kurzfristigen Entwässe-

rung, was eher schädlich ist. Nüchtern macht nur der Abbau von Alkohol und der kann nicht beschleunigt werden. Manche Leber ist da etwas leistungsfähiger, aber die Faustregel lautet: Pro 10 Kilogramm Körpergewicht schafft man 1 Gramm Alkohol in der Stunde. Einen halben Liter Bier mit 16 Gramm Alkohol schafft ein 80-Kilo-Mensch also in zwei Stunden. Auch der Mythos, man könne Alkohol in der Sauna ausschwitzen, hat keinerlei Grundlage und führt nur zu schädlichen Flüssigkeitsverlusten. Um wieder fit zu werden, helfen Mineralsalze, Zucker und viel Flüssigkeit. Die beschleunigen den Alkoholabbau zwar auch nicht, geben dem Körper aber Stoffe zurück, die er durch die Sauferei verloren hat.

Alkohol wärmt

Wer weiß bei klirrender Kälte ein schönes Glas Glühwein nicht zu schätzen? Da wird fast jedem gleich viel wärmer. Doch leider trügt das schöne Gefühl, denn Alkohol weitet die Blutgefäße an der Körperoberfläche. Dadurch entsteht zunächst ein subjektives Gefühl von Wärme. Ist der Alkohol heiß, dann wird die Wirkung noch verstärkt. Doch je besser der Körper durchblutet ist, desto mehr Wärme gibt er ab. Das führt schnell zur Auskühlung. Betrunkene merken das zudem nicht mehr, weil ihr Kälteempfinden betäubt ist. Schon so mancher, der sich im Vollrausch nur mal kurz hinsetzen wollte, ist im Winter im Freien erfroren. Auch die rote Säufernase rührt von den erweiterten Blutgefäßen her.

Nach schwerem Essen fördert ein Schnaps die Verdauung

✗ Alkohol regt die Ausscheidung von Magensäure, Gallensekret und Enzymen aus der Bauchspeicheldrüse an. Damit trägt er zu einer beschleunigten Verdauung bei. Andererseits belastet er die Leber, die nicht nur das Fett aus dem Essen, sondern auch den Alkohol abbauen muss. Der Verdauungsschnaps (Digestif) ist also durchaus eine zwiespältige Sache. Immerhin bremsen die beliebten Bitterliköre weitere Esslust.

Im Flugzeug verträgt man Alkohol schlechter

✗ Der niedrige Luftdruck und die trockene Luft im Inneren eines Flugzeuges bewirken, dass Nahrungsmittel anders schmecken und Alkohol schneller wirkt. Bei einem Langstreckenflug ist der Luftdruck in der Kabine ähnlich niedrig wie auf einem Berg in über 2000 Meter Höhe. Das führt dazu, dass man pro Atemzug weniger Sauerstoff einatmet und folglich auch der Sauerstoffgehalt des Blutes niedriger ist. Das wiederum hat zur Folge, dass der Alkohol langsamer abgebaut wird, man also bei übermäßigem Konsum schneller betrunken wird. Aus ähnlichem Grund wirkt auch Alkohol in

der Sauna leicht fatal. Denn auch beim Schwitzen vermindert sich der Sauerstoffgehalt im Blut. Besonders angesagt im Flugzeug ist übrigens Tomatensaft. Warum der in großer Höhe besonders gut schmeckt, weiß man aber nicht.

Likör ist harmloser als Schnaps

✗ Schließlich hat er in der Regel ja einen geringeren Alkoholgehalt. Doch nur auf den Alkoholgehalt zu achten, ist ein gefährlicher Irrtum. Denn Zucker – und davon enthält Likör reichlich – fördert die Durchblutung und sorgt so dafür, dass der Alkohol schneller vom Organismus aufgenommen wird. Auch Wärme und Kohlensäure fördern die Resorption des Alkohols. Deshalb sind auch Sekt und Glühwein keineswegs harmlos. Außerdem werden süße Alkoholika oft besonders reichlich konsumiert, da man den enthaltenen Alkohol nicht schmeckt, wie die sogenannten Alcopops beweisen, aber auch Federweißer oder Cocktails, die viel weißen Rum und süße Säfte oder Sirups enthalten.

Alkoholfreies Bier enthält keinen Alkohol

✗ Alkoholfreiem Bier wird der enthaltene Alkohol über ein Osmoseverfahren entzogen. Ganz funktioniert das allerdings nicht, sodass Spuren von Alkohol erhalten bleiben. Nach dem deutschen Lebensmittelrecht dürfen jedoch alle Getränke, die weniger als 0,5 Prozent Alkohol enthalten, als alkoholfrei vermarktet werden. Das gilt auch für Fruchtsäfte, die ebenfalls Spuren von Alkohol enthalten können.

Bier auf Wein, das lass sein ...

✂ Wein auf Bier, das rat ich dir. So lautet eine berühmte Trinkerregel, an der jedoch ziemlich wenig dran ist. Ob nach einem Glas Wein ein Bier besonders gut schmeckt, ist Ansichtssache. Irgendwelche besonderen Probleme sind jedoch nicht zu erwarten. Eher kann man dem zweiten Teil zustimmen, denn wer mit Alkoholika beginnt, die einen niedrigeren Alkoholgehalt haben und dann zu höherprozentigen wechselt, verträgt unter Umständen etwas mehr. Ist es zu viel, bleiben die üblichen negativen Folgen aber trotzdem nicht aus. Wie windig diese Regel ist, zeigt sich schon daran, dass sie in England genau umgekehrt im Umlauf ist.

Sekt regt den Kreislauf an

✂ Der berühmte Chirurg Professor Ferdinand Sauerbruch (1875–1951) verordnete seinen Patienten nach der Operation ein Glas Sekt. Nicht um den Erfolg der Heilung zu feiern, sondern um den Kreislauf wieder in Schwung zu bringen. Auch manchen heutigen Patienten, vor allem älteren, wird von ihrem Hausarzt empfohlen, gelegentlich mal einen Piccolo zu trinken. Tatsächlich geht Sekt dank der Kohlensäure, die er enthält, besonders schnell ins Blut und weitet dort die Gefäße. Von anderem Alkohol müsste man also mehr zu sich nehmen, um denselben Effekt zu haben. Dann aber machen sich die negativen Wirkungen des Alkohols auch stärker bemerkbar. Deshalb wirkt die „Sektkur" auch nur, wenn man es bei einem Glas belässt.

Mit einem Strohhalm wird man schneller betrunken

✂ Einen wissenschaftlich haltbaren Versuch zu diesem Thema scheint noch niemand gemacht zu haben. Aber die meisten Experten gehen davon aus, dass an der Sache etwas dran ist. Es gibt auch eine plausible Erklärung: Durch das Nuckeln am Strohhalm wird der Alkohol sehr viel besser auf der Mundschleimhaut verteilt als beim Trinken aus dem Glas. Damit wird auch mehr davon direkt durch die Schleimhaut resorbiert und gelangt schnell ins Blut. Alkohol, der den Umweg über den Magen nehmen muss, kann dagegen erst verzögert wirken und wird im Magen auch zu einem gewissen Anteil schon abgegeben.

Haushalt und Garten

Öl verhindert das Verkleben von Nudeln

Das stimmt. Aber wenn das Öl ins Kochwasser der Nudeln gegeben wird, wie es meist geschieht, dann hat das keinen Effekt. Kochprofis empfehlen gegen das Verkleben: die Nudeln kurz kalt abschrecken und dann etwas Öl darunterrühren.

Im Kühlschrank bleibt Brot länger frisch

Kühlschranktemperaturen bekommen dem Brot gar nicht und lassen es besonders schnell altern. Entweder sollte man Brot bei Raumtemperatur lagern oder gleich einfrieren. Besonders gut zur Lagerung geeignet sind luftdurchlässige Keramiktöpfe. In Holzkästen und Papiertüten dagegen wird das Brot schneller trocken, da diese einen Teil seiner Feuchtigkeit aufsaugen. In luftdichten Gefäßen aber schimmelt es leicht. Einzig bei sehr hoher Luftfeuchtigkeit, etwa an schwülen Sommertagen, macht eine Verwahrung im Kühlschrank Sinn, weil dann das Brot auch in luftdurchlässiger Verpackung leicht schimmelt.

Die meisten Vitamine stecken in der Schale

Viele der wertvollen Inhaltsstoffe von Obst und Gemüse werden unter dem Einfluss von Sonnenlicht gebildet und so ist es kein Wunder, dass sie in der Schale am reichlichsten zu finden sind. Wer etwa einen Apfel schält, der verschenkt einen Gutteil der Vitamine. Erstaunlicherweise finden sich auch bei einer Kartoffel, die ja unterirdisch wächst, die meisten Mineralstoffe und Spurenelemente in der äußersten Schicht der Knolle, direkt unter der Schale. Wer Kartoffeln also zu dick schält, vernichtet viel von ihrem gesunden Potenzial, während bei Pellkartoffeln wirklich nur die äußerste Haut abgezogen werden kann.

Äpfel aus Neuseeland können ökologischer sein als Äpfel aus der Region

Dieses Argument war in jüngster Zeit gelegentlich zu hören, wenn etwa Bioläden dafür kritisiert wurden, dass sie im Winter Ware aus Übersee anbieten. In Einzelfällen kann dies tatsächlich stimmen. Im Schnitt rechnet man damit, dass Ware, die mit dem Schiff nach Europa gebracht wird, eine elfmal schlechtere Klimabilanz hat als Frischware aus der Region. Im Winter gibt es jedoch keine frischen Äpfel und die Einlagerung in der Kühlkammer kann tatsächlich mehr Energie kosten als der Transport aus Übersee, sofern er mit dem Schiff getätigt wird. Leicht verderbliche Dinge wie Erdbeeren oder frischer Fisch, die per Flugzeug nach Deutschland gebracht werden, haben jedoch im Schnitt eine 90-mal so schlechte Energiebilanz wie ähnliche Ware aus Deutschland. Von Flugware sollten ökologisch verantwortungsbewusste Verbraucher deshalb die Finger lassen.

Spinat soll man nicht aufwärmen

Wäre das so, dann wäre jede Pizza Spinaci ein Problem, da sie mit gekochtem Spinat belegt wird, der im Ofen nochmals erwärmt wird. Richtig ist, dass Spinat meist ziemlich viel Nitrat enthält, das sich beim Kochen zu Nitrit umwandelt, welches im Körper krebserregende Nitrosamine bilden kann. Je länger man Spinat kocht, desto mehr Nitrit bildet sich. Zweimaliges kurzzeitiges Erhitzen kann also harmloser sein als einmaliges langes Kochen. Besonders schädlich ist Nitrit für Babys während der ersten sechs Lebensmonate. Früher, als man Spinat oft stundenlang vor sich hin köcheln ließ, um jederzeit warme Babynahrung zu

haben, sind auch tatsächlich Kinder an der durch übermäßigen Konsum von verkochtem Spinat hervorgerufenen Blausucht gestorben. Auch heute noch sind große Spinatmengen nicht unbedingt die geeignetste Babynahrung. Insgesamt sind die über Spinat aufgenommenen Mengen aber ziemlich klein. Viel bedenklicher sind erst gepökelte und dann gegrillte Fleischwaren wie Frühstücksspeck und weitaus am gefährlichsten ist Zigarettenrauch.

Rohe Bohnen sind giftig

Rohe Bohnen enthalten Phasin, und das klebt die roten Blutkörperchen zusammen. Schon ein halbes Dutzend davon kann schwere Magen- und Darmbeschwerden hervorrufen, die beispielsweise für kleine Kinder lebensgefährlich werden können. Besonders viel Phasin enthalten Feuerbohnen. Da Phasin aber ein Eiweiß ist, denaturiert es beim Kochen und wird unschädlich. Auch beim Keimen wird das Phasin abgebaut, weshalb Bohnenkeimlinge nicht länger gekocht, sondern nur kurz erhitzt werden müssen. Eine der wenigen Bohnenarten, die kein Phasin enthält, ist die Mungbohne. Sie ist auch als grüne Sojabohne bekannt. Ihre Keime werden gerne roh gegessen.

Giftige Pilze lassen Silberlöffel schwarz anlaufen

Schwefelhaltige Pilze färben Silber schwarz. Doch Schwefel ist weder das einzige noch das gefährlichste Pilzgift. Im Gegenteil: Da Schwefel ziemlich unangenehm schmeckt, merkt man meist, dass etwas faul ist, bevor man schädliche Dosen zu sich genommen hat. Um giftige von ungiftigen Pilzen zu unterscheiden, helfen keine Hausmittel, sondern nur fundierte Kenntnisse. Also: Nie Pilze essen, wenn auch nur die geringsten Zweifel bestehen, ob sie ungiftig sind.

Pilze darf man nicht wieder aufwärmen

⮑ Wenn das so wäre, dann wären Champignondosen ein Fall für den Giftschrank. Es gibt jedoch keinen geheimnisvollen Inhaltsstoff in Pilzen, der zwar nicht beim ersten, jedoch beim zweiten Kochen seine giftige Wirkung entfalten könnte. Der Rat stammt einfach aus einer Zeit, in der es noch wenig gute Kühlmöglichkeiten gab. Damals war er gut, denn Pilze, die sowohl sehr viel Wasser als auch viel Eiweiß enthalten, verderben leicht, weshalb man nicht zweimal – was in der Praxis hieß: an zwei hintereinander liegenden Tagen – davon essen sollte. Auch heute empfiehlt es sich, Reste einer Pilzmahlzeit sehr schnell kühl zu stellen und spätestens nach einem Tag aufzuessen.

Alle Pilze mit einem Schwamm an der Unterseite sind essbar

⮑ Die sogenannten Röhrlinge, die an der Unterseite ihrer Kappen ein schwammartiges Gewebe aus lauter feinen Röhren haben, gelten als Geheimtipp unter jenen Pilzsammlern, die sich nur wenig auskennen. Bei ihnen, so heißt es oft, könne man nichts falsch machen, da alle essbar seien. Doch das stimmt nicht ganz. Es gibt einige Ausnahmen, vor allem den Satansröhrling, dessen Genuss zu schweren Magen- und Darmbeschwerden führen kann.

Egerlinge sind braune Champignons

⮑ So hält es der Handel. Rein weiße Vertreter der Gattung Agaricus bisporius (Zuchtchampignon) werden meist als Champignons vermarktet, braunhütige als Egerlinge. Generell sind Egerling oder Champignon aber zwei Trivialnamen für alle Pilze der Gattung Agaricus. So wird der Wiesenchampignon (Agaricus campestris) z. B. auch Feldegerling genannt und der Giftegerling (Agaricus xanthoderma) auch Karbolchampignon.

Dosentomaten sind besser als Frischware

 Das meiste Obst und Gemüse ist frisch am besten und am gesündesten. Tomaten aber bilden eine Ausnahme. Zwar reifen sie auch in unseren Breiten, doch dort, wo mehr Sonne scheint, etwa im Süden Italiens, können sie weit mehr Aromen, Vitamine und sogenannte sekundäre Pflanzenstoffe entwickeln. Da die Dosenware meist aus solchen sonnenreichen Gegenden kommt und noch am Erntetag verarbeitet wird, schmeckt Dosenware oft nicht nur besser, sondern schneidet auch bezüglich der Inhaltsstoffe besser ab. Übrigens: Frische Tomaten sollte man nicht im Kühlschrank aufbewahren. Denn die kühle Lagerung schadet dem Geschmack, verbessert aber dafür die Haltbarkeit nicht.

Die grünen Teile an Tomaten sind giftig

 Das sind sie tatsächlich. Die grünen Stielansätze, aber auch grüne Tomaten generell enthalten Solanin, und das kann zu Übelkeit und Erbrechen, aber auch zu inneren Blutungen und Atemnot führen. Kinder sind schon daran gestorben. Bei Erwachsenen vermutet man, dass 400 Milligramm die tödliche Dosis sind. Dafür müsste man aber weit mehr als ein Kilo grüne Tomaten auf einmal essen. Deshalb sind die grünen Stielansätze an reifen Tomaten auch nicht wirklich gefährlich. Gesund sind sie jedoch auch nicht, weshalb

es, besonders wenn kleine Kinder die Konsumenten sind, durchaus ratsam ist, sie wegzuschneiden. Im Übrigen enthalten auch eingelegte grüne Tomaten Solanin, deshalb sollte man nicht zu viel davon essen.

Rohe Kartoffeln sind giftig

 Im Prinzip ja. Denn wie in den grünen Stellen der Tomaten befindet sich in rohen Kartoffeln Solanin. Längere Lagerung, vor allem bei Licht, steigert den Gehalt, was sich teilweise, aber nicht immer an grünen Stellen bemerkbar macht. Auch die Keime und unreif geerntete Kartoffeln sind besonders solaninhaltig. Beim Kochen wird der Gehalt reduziert, das Solanin geht aber in das Kochwasser oder das Bratenfett über und wird deshalb unter Umständen mitgegessen. Doch Panik ist nicht angebracht, denn moderne Kartoffelsorten enthalten nur noch sehr geringe Solaninwerte und davon sitzen über 90 Prozent in der Schale, die meist nicht mitgegessen wird. Bei nicht handelsüblichen, älteren Sorten sollte man dagegen etwas vorsichtig sein und große Mengen nicht roh oder mit Schale verzehren.

Obst und Gemüse soll man nicht zusammen lagern

 Viele Obstsorten wie Äpfel, Birnen, Bananen, Pfirsiche und Pflaumen, aber auch Tomaten und Avocados geben beim Reifen das süßlich duftende Gas Ethylen ab. Andere Gartenerzeugnisse jedoch reagieren sehr empfindlich auf Ethylen und faulen oder welken dadurch schneller. Dazu gehören Schnittblumen, aber auch viele Gemüsesorten wie Salat, Petersilie, Möhren, Bohnen, Paprika und Auberginen.

Bei Gewitter wird die Milch leichter sauer

 Außerdem lässt sich Sahne nicht schlagen, Gelatine wird nicht fest, Sauerteig säuert nicht richtig, Hefe entwickelt nur geringe Triebkraft und viele Menschen bekommen Kopfschmerzen. Woran das liegt, weiß man noch nicht genau. Eine mögliche Ursache sind Sferics: extrem kurzlebige, elektromagnetische Wellen, die während eines Gewitters entstehen. Vermutlich können wetterfühlige Menschen sie – auch über sehr große Entfernungen – spüren und fühlen sich dann unwohl. Ebenso wetterfühlig scheinen manche Kleinstlebewesen zu sein, etwa Hefepilze und Milchsäurebakterien.

Lebensmittel mit rohem Ei sind gefährlich

Das stimmt, sofern sie längere Zeit bei über 10 Grad aufbewahrt werden. Ab dieser Temperatur vermehren sich nämlich die Salmonellen, die oft in Eiern enthalten sind, sehr stark. Da es in Kühlschränken normalerweise kälter ist, passiert dort nicht viel. Auch in den Eiern selbst vermehren sich die gefährlichen Keime, die für etwa 50 Todesfälle im Jahr in Deutschland, verantwortlich sind, weniger stark als in offenen Eierspeisen wie Tiramisu oder Salat mit Mayonnaise. Besonders anregend auf das Wachstum der Salmonellen wirken mehrere Wechsel zwischen Kühlung und Wärme. Deshalb sollte man Lebensmittel mit rohem Ei immer ganz frisch servieren und dann am besten gleich aufessen. Bleibt doch etwas übrig: gleich kühl stellen und möglichst bald verzehren. Personen, denen eine Salmonellenvergiftung besonders zusetzen kann, wie Kindern oder älteren Menschen, sollten beim zweiten Mal lieber ganz verzichten. Gekochte Eier oder Eierspeisen dagegen sind kein Problem.

Freilandeier sind braun

Das stimmt genauso wenig wie die Weisheit, weiße Eier seien von weißen Hühnern und braune von braunen Hühnern. Es stimmt aber, dass die Farbe eines Eis von der Hühnerrasse abhängt. Manche Rassen legen braune, manche weiße Eier. Früher wurden in Legebatterien mehr Rassen gehalten, die weiße Eier legten, während alternative Bauern, die ihre Hühner frei laufen ließen, braun legende Rassen bevorzugten. Inzwischen sind aber auch viele Käfigeier braun, weil die Vermarkter vermutlich gemerkt haben, dass diese auf viele Käufer eher wie ein Ökoprodukt wirken.

Käfigeier haben hellere Dotter

 Haben Eier einen leuchtend orange-farbenen Dotter, dann ist das ein Zeichen dafür, dass ihr Futter viel Carotin enthalten hat, während ein heller Dotter auf carotin-armes Futter schließen lässt. Doch Carotin lässt sich dem Futter problemlos beimischen, sodass auch in Eierbatterien die schönsten Dotterfarben erzeugt werden können. Dagegen kann es durchaus passieren, dass frei laufende Öko-Hühner im Winter, wenn sie ebenfalls mit Trockenfutter gefüttert werden müssen, sehr helle Eidotter produzieren, weil auf die künstliche Carotinbeimischung verzichtet wird.

Eier soll man nicht mit dem Silberlöffel essen

 Und das aus zwei guten Gründen: Das Silber reagiert nämlich mit der Schwefelsäure im Eigelb. Das schmeckt erstens ziemlich unangenehm und zweitens laufen die Löffel schwarz an. Es stimmt jedoch nicht, dass man Eier nur mit dem Plastiklöffel essen soll. Alles außer Silber kann man getrost verwenden.

Eier, die man abschreckt, lassen sich leichter pellen

 Ja, weil sie kühler sind und sich deshalb besser anfassen lassen. Doch das Abschrecken mit kaltem Wasser hat keinen Einfluss darauf, wie leicht sich die Schale ablösen lässt. Frische Eier, die einen relativ niedrigen pH-Wert haben, lassen sich eher schwer pellen, während dies bei älteren Eiern leichter ist, weil während der Lagerung Kohlendioxid durch die poröse Schale entwichen und der pH-Wert damit gestiegen ist. Das Abschrecken dient einem ganz anderen Zweck: In einem warmen Ei geht der Garvorgang noch etwas weiter und das Eigelb wird noch härter. Ein Ei direkt auf den Punkt zu kochen, geht deshalb leichter, wenn man es eine exakt gemessene Zeit lang im Wasser lässt und danach sofort kurz mit kaltem Wasser abschreckt. Hart gekochte Eier, die man länger aufheben will – etwa zu Ostern – sollte man dagegen nicht abschrecken, denn mit dem kalten Wasser können auch Keime unter die poröse Schale gelangen, sodass die Eier schneller verderben.

Essig im Kochwasser verhindert, dass Eier platzen

 Sie können schon platzen, aber Essig senkt den pH-Wert des Wassers, was dazu führt, dass das Eiweiß schneller gerinnt und nicht ausläuft. Einen ähnlichen Effekt hat Salz. Gegen das Platzen an sich gibt es jedoch andere Tricks. Zum einen hilft es, die Luftkammer am stumpfen Ende des Eis anzustechen, da sich die Luft darin beim Kochen erwärmt und ausdehnt. Zweitens reduziert man die Gefahr, dass die Eier platzen, wenn man sie nicht eiskalt ins Kochwasser gibt, sondern einige Zeit vorher aus dem Kühlschrank nimmt.

Fisch isst man nicht mit dem Messer

Messer sind beim Fischessen meist ziemlich überflüssig, da das Fleisch der Meerestiere so weich ist, dass es nicht geschnitten werden braucht. Ein spezielles, flaches Fischmesser oder eine zweite Gabel sind meist zweckdienlicher, um das Fleisch von den Gräten zu heben. Das Verdikt hat allerdings noch einen anderen Grund, der heute nicht mehr aktuell ist. Früher waren Messer oft aus minderwertigem Stahl, der mit dem Fisch reagieren und den Geschmack verderben konnte.

Salz verhindert das Platzen von Würstchen

Wursthaut ist eine osmotische Membran, die für Wassermoleküle, aber nicht für die größeren Salzmoleküle durchlässig ist. Zwischen Flüssigkeiten mit verschiedenem Salzgehalt findet aber immer ein Ausgleich statt. Da das Salz aus der Wurst beim Kochen nicht herauskann, wandert also das Wasser hinein und bringt die Pelle zum Platzen. Ist das Kochwasser salzig, dann sind diese Ausgleichsbestrebungen viel weniger stark. Zu sehr sollte man das Kochwasser aber auch nicht salzen. Ist es nämlich salziger als die Wurst, dann wandert Flüssigkeit aus der Wurst in das Wasser und macht sie trocken. Sind die Würstchen allerdings schon etwas ausgetrocknet, beispielsweise weil man sie schon mal erhitzt, aber nicht gegessen hat, dann verzichtet man besser auf das Salz im Kochwasser, da ein bisschen mehr Wasser in der Wurst die Konsistenz verbessert.

Rohes Hähnchenfleisch darf man nicht anfassen

Omas Vorsichtsmaßregeln bezüglich rohen Geflügels sind nicht überholt, sondern noch brandaktuell. Geflügelfleisch ist oft mit Salmonellen infiziert. Man darf das rohe Fleisch zwar anfassen, aber sollte alles, was damit in Berührung gekommen ist – Hände, Messer, Unterlage –, danach sofort abwaschen. Auch das Auftauwasser kann viele Keime enthalten. Deshalb Geflügelfleisch immer in Schüsseln oder tiefen Tellern auftauen, die das Wasser auffangen, dieses dann wegschütten und den Teller spülen. Auf keinen Fall sollte man rohes Geflügel auf Holzbrettern lagern, denn die raue, saugfeste Oberfläche kann Feuchtigkeit und damit auch Salmonellen aufnehmen, sodass ein einfaches Abwaschen nicht genügt, sie zu beseitigen. Schneidet man dann z. B. Salat auf dem Brett, kann der Salat mit den Keimen infiziert werden. Von gebratenem oder gekochtem Geflügel geht dagegen keine Gefahr aus: zehn Minuten Hitze über 70 Grad töten die gefährlichen Krankheitserreger sicher ab.

Brathähnchen sind männliche Tiere

 Was als Hähnchen verkauft wird, sind männliche und weibliche Masthühner bis 1200 Gramm Gewicht. Der Name kommt daher, dass man früher nur die männlichen Tiere gemästet hat, während die weiblichen Eier legen durften. Heute hat man verschiedene Rassen für Lege- und Masthühner. Gemästet werden beide Geschlechter, während die männlichen Küken der Legerassen sofort getötet werden. Schwerere Masthühner heißen Poularden. Suppenhühner dagegen sind wirklich immer weiblich. Es handelt sich um etwa 1,5 Jahre alte Legehennen.

Scharfes Anbraten von Fleisch schließt die Poren

 Und das verhindere das Austreten des Fleischsaftes, heißt es oft. Aber: Haut hat Poren, jedoch kein Fleischstück, das mitten aus dem Muskel herausgeschnitten ist. Zwar bilden die Eiweißstoffe im Fleisch beim Anbraten eine Kruste, doch diese ist nicht dicht. Auch aus einem sehr kross angebratenen Steak tritt noch Fleischsaft aus. Je länger allerdings ein Stück Fleisch in der Pfanne schmort, desto mehr Saft tritt aus und desto trockener wird es. Deswegen mögen die meisten Menschen ihr Steak nicht durchgebraten. Um aber gleichzeitig eine braune Kruste mit ihren schmackhaften Röstaromen und saftiges Fleisch zu bekommen, muss das Steak tatsächlich sehr scharf angebraten werden. Bei allem, was sowieso länger schmoren soll, ist scharfes Anbraten dagegen unnötig.

Fleischkonsum belastet die Umwelt

 Um 1 Kilo Fleisch zu erzeugen, braucht man zwischen drei- bis zwölfmal so viel Energie wie für ein Kilo Getreide. Bei Schweinefleisch ist die Bilanz etwas besser, bei Rind- oder Geflügelfleisch schlechter. Der steigende Fleischkonsum von bevölkerungsreichen Ländern wie China und Indien trägt mittlerweile tatsächlich schon zu deutlich steigenden Getreidepreisen bei. Doch was gerne vergessen wird: Dasselbe gilt für Eier und Milchprodukte, schließlich brauchen auch Legehühner und Milchkühe viel Futter. Gerade Sahne und Hartkäse, die pro Kilogramm leicht 8 Liter Milch enthalten, sind äußerst energieaufwendig erzeugte Lebensmittel. Je mehr Getreide, Hülsenfrüchte und Nüsse dagegen auf dem Speisezettel stehen, desto umweltschonender ist er.

Man darf keine Reste in offenen Konservendosen lassen

 Diese Verhaltensregel stammt aus den Zeiten unserer Großeltern und da hatte sie noch ihre Berechtigung. Der Stahl der

Dosen war nur mit einer dünnen Zinnschicht geschützt und saure Lebensmittel konnten an der Luft mit dem Metall reagieren und giftige Schwermetalle wie Chrom oder Blei aufnehmen. Heute haben die Dosen innen einen Kunststoffüberzug und man kann die Reste in ihnen genauso gut aufbewahren wie in jedem anderen offenen Gefäß.

Tiefkühlkost ist besser als Dosenware

Und zwar gleich aus mehreren Gründen: Zum einen bleiben in Tiefkühlware die meisten Vitamine und Nährstoffe besser erhalten. Oft sind die schockgefrorenen Erbsen und Himbeeren den eingemachten auch in puncto Geschmack und Aussehen überlegen. Was aber überrascht: Tiefkühlware ist im Schnitt auch etwas ökologischer als Dosenware, auch wenn der Unterschied nicht sehr groß ist. Zwar wird viel Energie für das Kühlen verbraucht, doch dafür ist die Verarbeitung und Verpackung von Dosenware (oder auch in Gläsern eingemachten Lebensmitteln) energieaufwendiger.

Tiefkühlkost taut am schnellsten in Wasser auf

Versuche haben ergeben, dass ein Eisblock selbst in 100 Grad warmer Luft langsamer auftaut als in 8 Grad kaltem Wasser. Das liegt daran, dass Wasser eine weit bessere Wärmeleitfähigkeit hat als Luft und der Temperaturausgleich zwischen Gefriergut und Umgebung deshalb im Wasser viel rascher erfolgt. Die Kehrseite: Die Expressmethode ist beim Auftauen nicht immer die beste. Empfindliches Gefriergut taut langsam im Kühlschrank viel schonender auf. Fleisch beispielsweise wird leicht trocken, wenn es zu schnell aufgetaut wird.

Gemüse aus der Region ist ökologischer als Ware aus dem Süden

Das gilt nicht in allen Fällen. Denn so lästig die vielen Lkws auf der Autobahn sind: Da sie voll beladen sind, verschlechtern Transportwege innerhalb Europas die Ökobilanz der Ware nur geringfügig. Wesentlich mehr schlägt da ein Anbau in geheizten Treibhäusern zu Buche. Für die Umwelt ist es also besser, wenn in kühleren Jahreszeiten jenseits der Alpen Freilandgemüse aus Italien oder Spanien konsumiert wird, als Treibhäuser in diesen Gegenden aufwendig zu beheizen.

Grünen Tee darf man nicht mit kochendem Wasser aufgießen

Für grünen Tee sollte man Wasser verwenden, das maximal 80 Grad heiß ist. Der

Grund: Grüner Tee, der im Gegensatz zu schwarzem Tee nicht fermentiert ist, enthält mehr Vitamine und sogenannte sekundäre Pflanzenstoffe. Die jedoch würden durch kochendes Wasser zerstört werden. Für den Geschmack dagegen ist weniger die Temperatur ausschlaggebend als die Zeit. Die meisten Grüntees sollten nicht mehr als drei Minuten ziehen, da sie mehr Gerbstoffe als schwarzer Tee enthalten. Diese sind zwar gesund, schmecken aber leicht bitter, wenn der Tee zu lange zieht. Dafür kann man in der Regel von grünem Tee zwei Aufgüsse machen, da die Geschmacksstoffe nicht schon durch einmaliges Überbrühen ausgelaugt sind.

Sekt hält länger, wenn man einen Löffel in die Flasche steckt

Wird die angebrochene Flasche Sekt nicht leer, dann bleibt das Getränk angeblich länger frisch, wenn man einen Silberlöffel in den offenen Hals der Flasche steckt. Der Löffel soll dabei helfen, die Wärme aus dem Sekt zu leiten. Denn je kälter der Sekt ist, desto länger dauert es, bis das Kohlendioxid entwichen ist. Doch Tests haben ergeben, dass die Leitfunktion des Löffels zu vernachlässi-

gen ist. Wichtig ist, den offenen Sekt möglichst schnell möglichst kühl zu stellen. Dann prickelt er noch etwa 24 Stunden.

Bier schäumt nicht über, wenn man es in ein nasses Glas eingießt

Wenn Wirte im Biergarten ihr Bier in frisch ausgespülten, noch nassen Gläsern ausschenken, dann ist das nicht nur der Hektik des täglichen Betriebes geschuldet. In nassen Gläsern schäumt das Bier auch weniger leicht über. Denn selbst wenn uns Glas als glatt erscheint, weist es doch winzige Rauigkeiten an der Oberfläche auf. An diesen Unebenheiten kommt es zu einer verstärkten Bildung von Kohlendioxidbläschen, die dann schäumend nach oben entweichen. In nassen Gläsern dagegen gleicht der Wasserfilm diese Unebenheiten aus.

Alkohol verkocht im Essen

Und wie kommt es dann, dass er im Glühwein erhalten bleibt? Der Siedepunkt von Alkohol liegt bei 78 Grad, ab dieser Temperatur beginnt er also zu verkochen. Aber genau wie sich ein Topf Wasser nicht bei Erreichen der 100-Grad-Marke in Wasserdampf auflöst, braucht auch das Verdampfen des Alkohols seine Zeit. Bei einem kurzen Aufkochen geht nur sehr wenig verloren und selbst in einem Gericht, das eine halbe Stunde vor sich hin geköchelt hat, muss man noch etwa mit einem Drittel des Alkoholgehalts rechnen – nichts für Kinder und Antialkoholiker also.

Wo Bio draufsteht, ist auch Bio drin

Das stimmt für Lebensmittel. Mit „Bio" oder „Öko" dürfen nur Lebensmittel beworben werden, die zu mindestens 95 Prozent aus kontrolliert ökologischen Zutaten gemäß der entsprechenden EU-Verordnung bestehen. Für Kosmetika, Wasch- und Reinigungsmittel oder Textilien gibt es jedoch keine solche gesetzliche Regelung. Hier werden oft Produkte als Biowaschmittel oder Naturmode bezeichnet, die zwar aus rein natürlichen Rohstoffen hergestellt, jedoch nicht immer ökologisch erzeugt sind. Da hilft nur genaues Hinschauen.

Während der Menstruation sollen Frauen nicht einmachen

Und sie sollen keine Sahne schlagen, kein Bier brauen, keine Filme entwickeln, sich keine Dauerwelle machen lassen, nur mit Handschuhen putzen und, und, und ... Im 19. Jahrhundert waren solche Vorstellungen gang und gäbe und auch heute trifft man noch gelegentlich auf meist ältere Frauen, die daran glauben und während ihrer Tage bestimmte Tätigkeiten meiden. Wissenschaftlich gesehen ist das alles völliger Humbug und die Quelle ist auch ziemlich klar: Im Alten Testament in der Bibel werden menstruierende Frauen als „unrein" angesehen und von der Teilnahme am normalen Leben ausgeschlossen. Dieser Unreinheitsmythos hat sich über die Jahrhunderte hartnäckig gehalten und ist auch heute noch nicht ganz aus der Welt. In manchen Ländern vermeiden es die Frauen, Tampons mit bloßen Fingern einzuführen, um ja nicht in Kontakt mit dem Menstruationsblut zu kommen.

Der Fuchsbandwurm wird vor allem durch Waldbeeren übertragen

Bislang gibt es keinen einzigen Fall, in dem Waldbeeren nachweislich für eine Infizierung mit dem Fuchsbandwurm verantwortlich waren. Zwar erkranken jedes Jahr in Deutschland etwa zwölf Menschen. Dies sind aber vor allem Landwirte und Haustierbesitzer. Manche Experten bezweifeln sogar, ob ein einmaliger Kontakt mit den Eiern des Fuchsbandwurms zu einer Erkrankung führen kann. Wer trotzdem Vorsicht walten lassen will: Gründliches Waschen vermindert die Gefahr, dass Bandwurmeier an den Früchten kleben, Kochen macht sie absolut unschädlich. Doch wenn schon, dann sollte man konsequent sein und jegliches bodennah gewachsene Obst und Gemüse so behandeln. Denn Füchse leben nicht nur im Wald und können ihre Eier nicht nur auf Waldbeeren und Pilzen, sondern genauso gut auf dem Salat im eigenen Garten und den Früchten der nächsten Erdbeerplantage hinterlassen. Übrigens gibt es infizierte Füchse vor allem auf der Schwäbischen Alb, aber auch im Rest Süddeutschlands, jedoch weniger im Norden.

Geschirrspülen mit der Maschine ist ökologischer als von Hand

Ja, denn moderne, energiesparende Geschirrspülmaschinen, die ganz voll geladen werden, verbrauchen tatsächlich weniger Wasser und Energie, als wenn man die gleiche Menge Geschirr von Hand spült. Hat man jedoch eine kleine (weniger als 12 Maßgedecke) oder sehr alte Maschine oder füllt sie nicht richtig, dann verwandelt sich die Ökobilanz schnell ins Negative. Und noch eines: Viele Maschinengeschirrspülmittel sind wesentlich aggressiver als Handspülmittel und enthalten unökologischere Zutaten wie Phosphate oder Chlorverbindungen. Wer mit seiner Maschine wirklich umweltbewusst spülen will, sollte deshalb auch auf umweltschonende Pulver oder Tabs achten, die mit Zitraten reinigen.

Messer können in der Spülmaschine stumpf werden

Generell tut das Reinigen in der Spülmaschine wertvollem Besteck wie z. B. hochwertigen Küchenmessern nicht sonderlich gut. Stumpf werden die Messer vor allem, wenn sich ihre Schneide im Besteckkorb an anderem Metall reibt. Es lauern jedoch noch weitere Gefahren. Eine davon ist Rost. Wenn sich im Inneren der Maschine Rost bildet, z. B. wenn der Kunststoffüberzug der Spülmaschinenkörbe beschädigt ist oder rostige Dinge mitgespült werden, können sich andere Gegenstände mit dem Rost „infizieren". Bei Messern kann er sich besonders leicht zwischen Schaft und Schneide festsetzen. Drittens tut es hochwertigem Metall nicht gut, wenn es längere Zeit – etwa bis die Maschine voll ist – schmutzig bleibt. Säuren (z. B. von Obst) und Salz, die an der Schneide haften, können das Material angreifen. Im Falle des Falles sollte man also lieber schnell mit der Hand spülen.

Plastik ist hygienischer als Holz

Kunststoff ist keineswegs so keimfrei, wie es mit seinen glatten, leicht abwischbaren Oberflächen erscheint. Bei wissenschaftlichen Versuchen wurde festgestellt, dass problematische Keime wie Salmonellen oder Escheria coli auf den meisten Holzoberflächen sehr schnell absterben, während sie auf Kunststoff überlebten und sich teilweise sogar noch vermehrten. Der Grund liegt darin, dass Holz die antibakteriellen Eigenschaften, mit denen sich Bäume gegen einen Schädlingsbefall wehren, teilweise immer noch besitzt.

Toiletten sind besonders unhygienisch

Wenn man nicht gerade eine Horde wenig zielsicherer Stehpinkler im Haus hat oder den Gebrauch einer Klobürste scheut, dann ist die stets mit Wasser durchspülte Kloschüssel ein ziemlich hygienischer, keimarmer Ort. Einen Spitzenplatz auf der Liste der verkeimten Orte im Haushalt nimmt dagegen die Computertastatur ein. Auch Spültücher, Putzschwämme und die hinteren Ecken eines Kühlschranks können wahre Bakterienparadiese sein, wenn sie nicht regelmäßig gesäubert werden.

Mit Chlorreiniger kann man Giftgas herstellen

Es ist tatsächlich möglich, sich beim WC-Reinigen mit Chlorgas zu vergiften. Man muss dazu nur einen Chlorreiniger und einen säurehaltigen Reiniger, etwa einen normalen Essigreiniger, zusammen benutzen. Wenn das Chlor mit der Säure reagiert, entsteht Chlorgas, das im Ersten Weltkrieg als chemischer Kampfstoff eingesetzt wurde. Verbraucherschützer raten Privatleuten, überhaupt keine Chlorreiniger zu benutzen, da sie Gesundheit und Umwelt belasten und es in einem normalen Haushalt keinen Anlass für derartig harte Chemie gibt.

Bei Sonne sollte man nicht Fenster putzen

Diese alte Hausfrauenregel hat keineswegs den Sinn, dass man bei verhangenem Himmel Schmutzreste weniger gut sieht. Aber je wärmer und sonniger es ist, desto schneller verdunstet das Putzwasser auf der Scheibe. Und das führt dann dazu, dass hässliche Schlieren entstehen. Putzmittel hilft dagegen nicht. Im Gegenteil: je weniger, desto besser. Sonst handelt man sich nur zusätzliche Rückstände ein. Dafür sollte man reichlich Wasser benutzen, um den Dreck zu lösen. Zum Entfernen benutzt man dann am besten einen Abzieher mit Gummilitze.

Mit Cola kann man Rost entfernen

Etwa 48 Stunden dauert es, bis ein rostiger Nagel in einem Glas Cola wieder blank geworden ist. Auch trübe Geldstücke werden in Cola wieder glänzend. Das Getränk eignet sich auch zum Kloputzen, als Putzmittel für Chrom und als Fleckenentferner bei Blutflecken. Der Grund für diese Effekte ist die reichlich enthaltene Phosphorsäure. Man könnte also auch gleich Phosphorsäure benutzen. Unwahr ist, dass sich ein Stück Fleisch (oder auch ein Zahn) über Nacht in Cola auflösen würde. Diese Legende wurde angeblich von einem deutschen Konkurrenten während der Nazizeit erfunden, um die Amerikaner zu diskreditieren. Eine geringe Zersetzung des Fleisches tritt jedoch tatsächlich ein.

Flecken sollte man sofort mit heißem Wasser auswaschen

Je schneller man einen Fleck entfernt, desto besser sind die Chancen, ihn wirklich vollständig zu entfernen. Doch nicht immer ist Hitze die richtige Wahl. Eiweißhaltige Flecken z. B. von Blut oder Schokoladeneis werden geradezu fixiert, wenn man sie mit heißem Wasser behandelt. Mit kaltem Wasser lassen sie sich dagegen in der Regel gut auswaschen. Ist der Fleck hartnäckig, dann hilft es, das Kleidungsstück in Salzwasser einzuweichen oder mit Gallseife zu behandeln. Bei Fettflecken dagegen ist Hitze das richtige Mittel.

Ohne Weichspüler wird die Wäsche hart

Wahrscheinlich nicht. Weichspüler gelten kritischen Konsumenten inzwischen als ziemlich überflüssiges Produkt. Richtig ist, dass es den Effekt der Trockenstarre gibt. Nasse Wäsche, die in einem Raum ohne jeden Luftzug aufgehängt wird, kann beim Trocknen ziemlich hart werden, weil sich die Fasern verhaken. Das lässt sich verhindern, indem man dem letzten Waschgang Weichspüler zusetzt, der dafür

sorgt, dass weniger Wasser in die Fasern eindringt. Moderne Waschmaschinen schleudern jedoch so gut, dass die Gefahr der Trockenstarre auch dann gebannt ist, wenn man keinen durchlüfteten Trockenraum hat. Also ausprobieren, ob Weichspüler wirklich nötig ist. Funktionskleidung kann durch Weichspüler übrigens ihre Eigenschaft, Schweiß nach außen zu transportieren, verlieren und weichgespülte Handtücher saugen schlechter. Außerdem belasten Weichspüler die Gewässer.

Color-Waschmittel enthalten einen wäscheschonenden Zusatz

Das Gegenteil ist richtig. Color-Waschmittel unterscheiden sich von herkömmlichen Vollwaschmitteln dadurch, dass sie keine Bleichmittel enthalten. Wer also keine zwei verschiedenen Waschpulver herumstehen haben will, der kann ein Color-Waschmittel kaufen und bei weißer Wäsche dann ein Bleichmittel separat dazugeben. Ein Color-Waschmittel kann auch ein traditionelles Feinwaschmittel ersetzen, da auch dieses sich vor allem dadurch auszeichnet, dass es keine Bleichmittel enthält.

60-Grad-Wäsche braucht doppelt so viel Energie wie 30-Grad-Wäsche

Es ist noch mehr. Um eine Ladung Wäsche bei 30 Grad zu waschen, braucht man etwa 0,2 Kilowattstunden Strom. Mit der doppelten Menge kann man das Waschwasser auf 40 Grad aufheizen. 60-Grad-Wäsche jedoch benötigt das Fünffache an Energie. Kochwäsche schließlich, die bei 95 Grad gewaschen wird, braucht etwa 1,8 Kilowattstunden. Diese Angaben sind natürlich nur ungefähre Werte, da der Stromverbrauch der einzelnen Maschinen sehr unterschiedlich ist. Tatsache ist jedoch, dass höhere Waschtemperaturen ein Vielfaches an Energie benötigen, weshalb man immer mit möglichst niedrigen Temperaturen waschen sollte.

Viel Schaum reinigt gut

 Der Schaum bei Duschbädern oder Zahnpastas hat mit ihrer Reinigungswirkung gar nichts zu tun. Das Schäumen ist nur ein Nebeneffekt, der beim Einsatz mancher Reinigungssubstanzen (Tenside) auftritt. Bei Waschmitteln werden deshalb Schaumhemmer zugesetzt, weil man die starke Schaumbildung in der Maschine nicht brauchen kann, bei Kosmetika nicht,

da die Mittel nicht gerade gut für Haut und Haar sind. Einige stark schäumende Substanzen wie z. B. Natriumlaurylsulfat werden heute in geringerem Maße eingesetzt, weil sie recht aggressiv sind, was dazu führt, dass die Schaumbildung inzwischen meist geringer ausfällt als noch vor einigen Jahrzehnten.

Häufiges Waschen ist schlecht für die Haut

Wasser laugt die Haut generell aus. Je wärmer es ist und je länger die Haut dem Wasser ausgesetzt ist, desto stärker ist der Effekt. Die Verwendung von Seife, und sei es die mildeste, teuerste, pH-neutrale Lotion, sorgt für eine zusätzliche Entfettung. Der Grund ist einleuchtend: Seifen und Syndets sollen fettigen Schmutz auf der Haut lösen. Hätten sie keine entfettende Funktion würden sie nicht wirken. Zum Glück verfügt die Haut aber über ein eigenes Regenerationsprogramm, das diese Effekte wieder beseitigen kann. Man sollte diesen Reparaturmechanismus jedoch nicht überanstrengen und vor allem Seifen und Syndets nur sparsam verwenden. Man braucht sie eigentlich nur für fettige Rückstände auf der Haut. Staub, aber auch Schweiß sind dagegen wasserlöslich.

Cremes sind gut für die Haut

Cremes geben trockener Haut Feuchtigkeit zurück. Das ist erst einmal gut.

Allerdings kann das die Haut normalerweise selbst. Wer sich ständig präventiv eincremt, der sorgt dafür, dass dieser Reparaturmechanismus träge wird und der Körper irgendwann wirklich auf Pflege von außen angewiesen ist. Die zarte Haut der Lippen ist in dieser Hinsicht besonders empfindlich. Die zu häufige Anwendung von Pflegestiften kann leicht zur sogenannten Labello-Sucht führen, bei der die Betroffenen mehrmals täglich das Gefühl haben, ihre Lippen nachfetten zu müssen. Bei besonderer Belastung dagegen, etwa einem langen, auslaugenden Bad, insbesondere einem Schwimmbadbesuch, bei intensiver UV-Strahlung, kaltem, trockenem Wetter oder im Alter, wenn die natürliche Regeneration der Haut nicht mehr optimal funktioniert, dann ist Eincremen wirklich angebracht.

Leicht einziehende Cremes sind besonders sanft zur Haut

Im Gegenteil: Für die Haut sind richtig fettige Pflegeprodukte besser. Die angenehmen, sanften Lotionen, die sich gut verteilen lassen und leicht einziehen, sind nicht für die Haut entwickelt worden, sondern für die Bequemlichkeit der Anwender. Denn der Sinn einer Creme ist ja, die Haut nachzufetten. Damit das Produkt sich trotz der enthaltenen Öle nicht fettig anfühlt, braucht es Emulgatoren, um die Fette zu lösen. Aber diese Emulgatoren sind für die Haut völlig überflüssig, können sie im Ex-

tremfall sogar reizen. Außerdem neigen die Benutzer dazu, die anwendungsfreundlichen Lotionen öfter und in größeren Mengen zu benutzen.

Faltencremes können Falten ausgleichen

Im besten Fall können sie das, aber nur minimal. Tests haben tatsächlich einen gewissen Effekt solcher Cremes gemessen. Die Tiefe der Falten wurde um etwa 0,01 Millimeter reduziert. Der Effekt blieb auch nur bestehen, wenn täglich nachgecremt wurde. Ob dies den Preis der Cremes rechtfertigt, ist die Privatsache jedes Einzelnen. Dafür dass der Effekt so klein ist, gibt es jedoch eine Erklärung: Falten entstehen in tieferen Hautschichten, die im Alter erschlaffen, während die Wirkung der Cremes darauf basiert, in den obersten Hautschichten Feuchtigkeit einzulagern. Sie können also nur einen oberflächlichen Effekt erzeugen und nichts am Grund der Falten ändern. Um die Faltenbildung zu mildern und hinauszuzögern, gibt es wirksamere Mittel: viel Trinken (1,5 bis 2 Liter am Tag), wenig Alkohol, kein Nikotin, eine gesunde Ernährung, keine Diäten, wenig UV-Strahlung, hohe Luftfeuchtigkeit, ausreichend Schlaf, regelmäßige Saunabesuche.

Aftershaves beruhigen die Haut nach dem Rasieren

⮐ Nein, denn sie enthalten in der Regel beträchtliche Mengen an Alkohol, und der fühlt sich zwar erst einmal angenehm kühl an, trocknet die Haut aber aus und sorgt so für eine zusätzliche Reizung. Da nutzen dann auch beigegebene Pflegeprodukte nichts mehr. Die Hersteller begründen den Alkoholgehalt damit, dass er eventuelle Rasurverletzungen desinfizieren soll. Kritiker dagegen bezeichnen Aftershaves als „verkappte Männerparfums" und raten dazu, (wenn man es mag) lieber echte Parfums zu verwenden, eine gereizte Haut nach der Rasur (wenn sie tatsächlich gereizt ist, was bei modernen Elektrorasierern eher selten ist) mit einer Pflegecreme zu behandeln und größere Verletzungen bei Bedarf punktuell zu desinfizieren.

Deos hemmen die Schweißproduktion

⮐ Deodorants, kurz Deos genannt, sorgen nicht dafür, dass man weniger schwitzt, sondern hemmen mit ihren Inhaltsstoffen die Vermehrung jener Bakterien, die den Schweiß abbauen und dabei den üblen Schweißgeruch erzeugen. Allerdings gibt es auch Kosmetikprodukte, die die Schweißproduktion hemmen, indem sie die Schweißdrüsen des Körpers verschließen. Diese werden auch oft als Deos verkauft, heißen korrekt aber Antitranspirantien. Sie sind allerdings umstritten. Erstens ist das Schwitzen eine Schutzfunktion des Körpers gegen eine Überhitzung, die durch die Antitranspirantien gehemmt wird. Zweitens enthalten die Mittel oft aggressive Inhaltsstoffe, die zu Hautreizungen und einer Entzündung der Schweißdrüsen führen können. Manche Deos kombinieren auch beide Funktionen. Dann hilft ein Blick auf die Inhaltsliste: Sind Aluminiumsalze vorhanden, dann ist das Deo (auch) ein Antitranspirant.

Nassrasieren reizt die Haut mehr als eine Trockenrasur

⮐ Elektrische Rasierapparate mit rotierenden Klingen sind tatsächlich sanfter zur Haut als Rasiermesser oder manuell zu bedienende Rasierapparate. Bei Letzteren braucht es feuchten Seifenschaum oder ein modernes Rasiergel, um die Barthaare zu erweichen und die Klinge besser über die Haut gleiten zu lassen. Vor allem, wenn gegen die Wuchsrichtung der Haare rasiert wird, kann es zu Rötungen und Reizungen kommen. Allerdings ist das Rasieren gegen die Wuchsrichtung auch gründlicher.

Zum Reinigen der Ohren benutzt man am besten Wattestäbchen

⮐ Die Stäbchen mit den kleinen Wattebäuschen an beiden Enden werden manchmal sogar als Ohrstäbchen bezeichnet, aber Fachärzte warnen eindringlich vor ihrem Gebrauch zum Säubern der Ohren. Mit diesen Stäbchen wird das Ohrenschmalz nämlich leicht tiefer ins Ohr gepresst und kann dort einen schwer lösbaren Pfropf bilden, der mit der Zeit für Schwerhörigkeit sorgt. Zum Säubern der Ohren taugt am besten klares, warmes Wasser, ohne jeden Seifenzusatz. Zu gründlich sollte man dabei nicht sein, denn schließlich dient das Schmalz zum Schutz des Gehörgangs. Es sollte jedoch auch nicht zu viel davon im Ohr sein und vor allem nicht verhärten.

Haare wachsen schneller, wenn man sie regelmäßig schneidet

Leider nein. Viele Menschen glauben, wenn sie regelmäßig die Spitzen ihrer Haare schneiden lassen, würde dies den Haarwuchs anregen. Doch das funktioniert nicht. Das regelmäßige Schneiden sorgt nur für ein gepflegteres Aussehen und verhindert, dass an den Spitzen Spliss entsteht. Haare wachsen etwa 12 bis 15 Zentimeter im Jahr, bei manchen Menschen etwas mehr, bei anderen etwas weniger. Die einzige Chance, die man hat, dies etwas zu beeinflussen, ist eine ausreichende Versorgung mit Vitaminen und Mineralstoffen. Für die Gesundheit der Haare sind z. B. Zink und Biotin wichtig.

Wenn man die Haare nicht schneidet, wachsen sie ewig weiter

Die meisten Menschen, die schon einmal versucht haben, eine bodenlange Haarpracht zu bekommen, werden enttäuscht worden sein. Kopfhaare wachsen nämlich nur etwa sechs bis acht Jahre. Danach stellen sie ihr Wachstum ein und fallen irgendwann aus. Multipliziert man das Haarwachstum (12 bis 15 Zentimeter im Jahr) mit den Jahren der Wachstumsphase, dann kommt man auf 72 bis 120 Zentimeter. Nur ganz wenige Menschen verfügen über die genetische Veranlagung, noch längere Haare zu bekommen. Kaiserin Elisabeth von Österreich (1837–98), als „Sisi" berühmt geworden, die bei 1,72 Meter Körpergröße wirklich fast bodenlanges Haar hatte, war also eine absolute Ausnahme.

Häufiges Rasieren macht die Haare dicker

Weder Rasieren noch Schneiden haben den geringsten Einfluss auf das Wachstum des Haares. Es wächst weder schneller noch wird es dicker. Doch während natürlich wachsende Körperbehaarung feinere Spitzen ausbildet, geschieht das bei ständig geschnittenen und rasierten Haaren nicht. Die Enden sind also tatsächlich dicker, nämlich genauso dick wie der Rest des Haares. Auch der Glaube vieler männlicher Teenager, häufiges Rasieren würde den Bartwuchs anregen, ist falsch. Der scheinbare Effekt beruht darauf, dass der Haarwuchs in dieser Zeit von Natur aus stärker wird.

Hundert Bürstenstriche täglich sind gut für das Haar

 Das gilt nicht für jedes Haar. Intensives Bürsten regt die Talgdrüsen der Kopfhaut an. Wer sowieso schon eher fettiges Haar hat, unterlässt eine solche Kur also lieber. Trockene Haare dagegen werden glänzender und geschmeidiger. Der Rat mit den 100 Bürstenstrichen stammt aus einer Zeit, in der Frauen und Mädchen oft sehr lange Haare hatten. Da brauchte es schon einigen Aufwand, um wirklich die Spitzen zu erreichen. Eine weitere Voraussetzung für einen positiven Effekt der Bürstenkur ist allerdings, dass man nur sanfte Bürsten mit Naturborsten, am besten vom Schwein, benutzt. Falsche Bürsten oder Kämme können dagegen die Oberfläche der Haare strapazieren, was ihnen alles andere als gut tut.

Man sollte Pullover größer kaufen, weil sie beim Waschen einlaufen

 Dies ist ein Ratschlag, der früher sinnvoll war, heute aber kaum noch Gültigkeit besitzt. Zwar werden die Fasern bei der Bearbeitung gedehnt und tendieren anschließend dazu, wieder in ihren ursprünglichen Zustand zurückzukehren. Wärme und Wasser unterstützten diesen Prozess. Doch inzwischen hat die Textilindustrie mehrere

Verfahren entwickelt, Stoffe nach ihrer Produktion künstlich zu schrumpfen und diesen Zustand dann zu fixieren. Nachträgliches Eingehen ist also nicht mehr zu befürchten – wenn man nicht gerade empfindliches Gewebe viel zu heiß wäscht.

T-Shirts verlieren in der Waschmaschine ihre Form

 Die Maschine ist nicht schuld, wenn man bei einem neuen T-Shirt nach dem ersten Waschen plötzlich feststellt, dass die Seitennähte nicht wirklich an der Seite sitzen, sondern leicht schief verlaufen. Der wahre Grund ist eine unsaubere Produktion. Um die Ware möglichst billig herzustellen, werden mehrere Lagen Stoff aufeinandergestapelt und gleichzeitig zugeschnitten. Das führt bei dem sehr elastischen T-Shirt-Stoff leicht zu schiefen Kanten. Beim Kauf fällt das meist nicht auf, weil die Hemden maschinell in Form gebügelt und gefaltet wurden. Es lohnt sich also, im Laden etwas genauer hinzusehen.

Mit der Zeit verlieren viele Textilien ihre Farben

 Sonnenlicht und häufiges Waschen führen oft dazu, dass die Farben von Texti-

lien ihre Leuchtkraft verlieren und immer blasser werden. Die Stoffe verlieren dabei aber nicht wirklich ihre Farbmoleküle. Die Moleküle werden nur so in ihrer Struktur verändert, dass ihre Fähigkeit, Licht einer speziellen Wellenlänge zu reflektieren, nachlässt und sie deshalb weniger farbig aussehen. Besonders schädlich für die Farbmoleküle ist starkes UV-Licht.

Altkleidersammlungen schaden der Dritten Welt

Weil sie dort den Textilmarkt kaputt machen würden, so wird oft gewarnt. Das Argument ist gut gemeint, aber weitgehend überholt. In den meisten Entwicklungsländern, z. B. in Afrika, gibt es keine funktionierende, einheimische Herstellung von Textilien in nennenswertem Umfang mehr. Stattdessen ist das Handeln, Ausbessern und Aufpeppen von gebrauchten Kleidern aus den Industrienationen ein Markt geworden, in dem viele kleine und Kleinstunternehmer ihr Auskommen finden. Alle Organisationen, die Kleider sammeln, exportieren das, was noch tragbar ist, aber nicht so gut, dass es in westeuropäischen Secondhandshops verkauft werden kann, in arme Länder. Trotzdem sollte man darauf achten, seine Altkleider nur seriösen Unternehmen, am besten gemeinnützigen, zu geben. Erstens achten diese darauf, in den armen Ländern kleine Händler und nicht Großunternehmer zu unterstützen. Zweitens entsorgen sie das nicht mehr Tragbare ökologisch. Drittens werden bei gemeinnützigen Organisationen die – allerdings in der Regel nicht sehr hohen – Gewinne für gute Zwecke verwendet.

Naturfasern sind besser als Kunstfasern

Selbst eingefleischte „Ökos" gehen heute in moderner Funktionskleidung aus Kunstfasern wandern und nicht mehr in Wolle und Baumwolle gehüllt. In vielen Bereichen sind Kunstfasern heute den Naturfasern überlegen. Außerdem hätte man weltweit gar nicht genug landwirtschaftliche Flächen, um alle Kleidung, die erzeugt wird, aus Baumwolle, Wolle und Leinen herzustellen. Allerdings sind Kunstfasern energieaufwendiger in der Erzeugung. Dafür wird weit weniger Wasser verbraucht, was auch ein Argument ist, wenn man weiß, dass der Aralsee wegen des Baumwollanbaus zu verschwinden droht. Am ökologischsten sind sowieso lange getragene Kleidung und Secondhandartikel, egal aus welcher Faser.

Silber in der Kleidung kann Schweißgeruch bekämpfen

Stimmt. Silber wirkt antibakteriell und Silberfäden oder Silberionen, die fest in die Textilien eingebunden sind, können jene Bakterien dezimieren, die Schweiß zersetzen und damit für den üblen Geruch sorgen. Das Problem: Bisher weiß niemand, wie das Silber auf jene nützlichen Bakterien wirkt, die für den Säureschutzmantel der Haut sorgen. Noch kritischer sehen

Verbraucherschützer das Einarbeiten von desinfizierenden Chemikalien in die Kleidung. Erstens werden diese sehr schnell ausgewaschen und wirken nur begrenzte Zeit. Zweitens werden oft sehr aggressive Mittel verwendet, wie das umwelt- und gesundheitsschädigende Triclosan.

*E*delstahl ist am schärfsten

Das Edle an einem Messer aus Edelstahl ist nicht, dass es besonders gut schneidet, sondern dass es aus besonders reinem Stahl besteht. Dieser ist sehr korrosionsbeständig und rostet (fast) nicht. Er hat jedoch eine andere Struktur als normaler Stahl und ist deshalb weicher. Gute Messer und Profischeren, z. B. für Gärtner, sind deshalb nicht aus rostfreiem Edelstahl hergestellt.

*S*toffscheren werden stumpf, wenn man Papier damit schneidet

Ganz so dramatisch wie zu Großmutters Zeiten ist die Sache heute nicht mehr, da der Stahl für Scheren generell besser geworden ist. Trotzdem ist es noch so, dass die sehr scharfen, teuren Stoffscheren leiden, wenn – relativ gesehen – harte Papierfasern damit geschnitten werden. Besser ist es also weiterhin, man verwendet dafür eine Papierschere, vor allem dann, wenn man sehr grobes Papier, etwa Packpapier, zurechtschneidet.

*Z*erkratzte Teflonpfannen darf man nicht mehr benutzen

Polytetrafluorethylen, wie Teflon in der Chemie heißt, enthält zwar Substanzen, die als krebserregend gelten, ist aber eine äußerst stabile Substanz, die unter normalen Umständen mit fast gar nichts reagiert. Das bedeutet, dass Teflonkrümel aus einer zerkratzten Pfanne sogar den menschlichen Verdauungstrakt unverändert durchwandern, weshalb keinerlei Gefahr von ihnen ausgeht. Erst wenn Teflon auf über 260 Grad erhitzt wird, beginnt es zu reagieren und setzt giftige Dämpfe frei. Deshalb sollte man leere Teflonpfannen sicherheitshalber nie länger auf der heißen Herdplatte stehen lassen.

*V*olle Tiefkühltruhen sind energiesparender als halb leere

Das stimmt. Denn gekühlt wird nicht die Anzahl der Packungen, die in einer Tiefkühltruhe sind, sondern der Rauminhalt. Dieser ändert sich jedoch nicht. Je mehr von diesem Rauminhalt ausgetauscht wird, desto mehr Energie wird verbraucht. Aus einer halb leeren Tiefkühltruhe entweicht aber beim Öffnen beträchtlich mehr Luft als aus einer fast vollen. Also muss anschließend auch mehr neue Luft gekühlt werden. Aus diesem

Grund sollten Tiefkühltruhen immer dem Bedarf angepasst sein. Außerdem sollten sie nur so kurz wie möglich geöffnet werden und gut sortiert sein, damit man das Gesuchte schneller findet.

$\mathcal{H}$aushaltsgeräte der Klasse „A" sind energiesparend

Im Prinzip stimmt das. Seit 1998 schreibt die EU vor, dass Haushaltsgeräte mit einem Buchstaben gekennzeichnet werden müssen, der die Energieverbrauchsklasse angibt. A ist die beste Klasse. Doch die Technik hat Fortschritte gemacht und in manchen Bereichen gibt es überhaupt nur noch A-Geräte. In anderen ist A nur noch Durchschnitt und B schon ziemlich schlecht. Deshalb gibt es inzwischen auch Geräte der Klasse A+ und in manchen Bereichen sogar A++. Die Buchstaben sind jedoch nur eine erste Orientierung. Auf allen Geräten muss auch der exakte Energieverbrauch angegeben sein. Deshalb: vor dem Kauf informieren, wie viel man für die Kilowattstunde Strom zahlt. Dann kann man im Geschäft leicht ausrechnen, wie schnell sich beispielsweise eine teurere, aber energiesparendere Waschmaschine lohnt.

$\mathcal{P}$apiertüten sind ökologischer als Plastikbeutel

Wird Obst und Gemüse in die nostalgischen, dicken, braunen Papiertüten verpackt, die früher gang und gäbe waren, dann scheint die (Um-)Welt noch intakt. Tatsächlich haben die Papiertüten jedoch eine schlechtere Ökobilanz als die dünnen Plastikbeutel. Trotzdem sollte man auch diese einsparen, wo es geht, und zu Hause wenigstens als Müllbeutel recyceln. Geradezu eine Umweltpest sind Plastikbeutel in weiten Regionen Afrikas und Asiens: Dort verstopfen die massenhaft verwendeten, billigen Beutel die Kanalisation, ersticken Tiere, vor allem auch Wassertiere, und hängen in Fetzen zerrissen in den Bäumen.

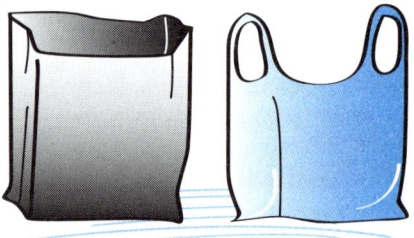

$\mathcal{M}$ehrwegflaschen sind die ökologischste Getränkeverpackung

Das kommt auf die Umstände an. Werden Getränke mehrere Hundert Kilometer weit transportiert, sind PET-Flaschen, Tetrapaks oder Schlauchverpackungen ökologischer, weil sie leichter sind und deshalb weniger Benzin verbrauchen. Andererseits: Noch besser ist es natürlich, Bier, Saft, Wasser oder Milch zu kaufen, die aus der Region stammen und überhaupt nicht weit transportiert werden. Getränkedosen und Einwegflaschen, so eine Studie des Umweltbundesamtes, sind übrigens nie eine Alternative. Ihre Öko-Bilanz ist, unabhängig von der Entfernung, immer schlecht.

Blumen gießt man am besten mit abgestandenem Wasser

Für einige wenige Arten trifft das zu. Azaleen beispielsweise vertragen stark kalkhaltiges Wasser schlecht. Lässt man das Leitungswasser eine Weile stehen, dann sammelt sich zumindest ein Teil des Kalks am Boden der Gießkanne und das Wasser wird weicher. Die meisten Zimmerpflanzen vertragen aber auch frisches Wasser gut. Früher, als das Trinkwasser noch mit Chlor behandelt wurde, um es keimfrei zu machen, machte das Stehenlassen von Wasser dagegen Sinn, weil in dieser Zeit die Rückstände des giftigen Chlors ausdampften. Das galt aber nicht nur für Gießwasser, sondern auch für den menschlichen Verbrauch.

Ein Kupferpfennig im Wasser hält Schnittblumen länger frisch

Es stimmt, dass Kupfer das Wachstum von Bakterien und Algen im Wasser bremsen kann. Doch der Cent oder Pfennig im Blumenwasser macht wenig Sinn. Trinkwasser hat nämlich einen so hohen pH-Wert, dass es kaum mit Kupfer reagiert. Der Grund liegt auf der Hand: Ansonsten würde das Wasser auch die Leitungsrohre angreifen, die meist aus Kupfer sind.

Schnittblumen halten länger, wenn man sie anschneidet

Je besser Schnittblumen das Wasser aufnehmen können, desto länger halten sie. Über eine frische Schnittfläche geht das am besten, weshalb man Blumen anschneidet, bevor man sie in die Vase stellt. Viele Blumenliebhaber greifen auch bei jedem Wasserwechsel wieder zum Messer. Um eine möglichst große Fläche zu bekommen, werden die Stiele schräg angeschnitten. Manchmal wird sogar noch empfohlen, die Stängel – aber nur den Teil, der wirklich im Wasser steht – zusätzlich anzuritzen. Bei empfindlichen Blumen wie Alpenveilchen oder Orchideen hilft das tatsächlich. Wichtig ist jedoch, dass man ein sehr scharfes Messer benutzt, denn gequetschte Schnittstellen führen zu einem gegenteiligen Effekt.

Eierschalen im Gießwasser sind ein hervorragender Blumendünger

Zerdrückte Eierschalen im Gießwasser geben vor allem Kalziumkarbonat ab. Manchen Blumen tut das gar nicht gut. Azaleen etwa reagieren äußerst empfindlich auf Kalk. Doch auch alle anderen Blumen bekommen in der Regel über das Gießwasser, das in vielen Gegenden recht kalkhaltig ist, genügend Kalziumkarbonat ab. Die Sache mit den Eierschalen nützt also nicht allzu viel.

Mit dem Wasser von Maiglöckchen kann man Leute vergiften

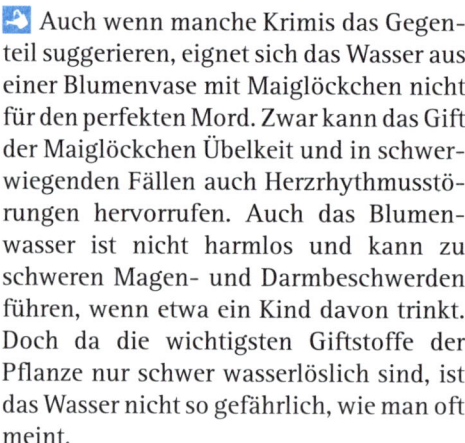

🔹 Auch wenn manche Krimis das Gegenteil suggerieren, eignet sich das Wasser aus einer Blumenvase mit Maiglöckchen nicht für den perfekten Mord. Zwar kann das Gift der Maiglöckchen Übelkeit und in schwerwiegenden Fällen auch Herzrhythmusstörungen hervorrufen. Auch das Blumenwasser ist nicht harmlos und kann zu schweren Magen- und Darmbeschwerden führen, wenn etwa ein Kind davon trinkt. Doch da die wichtigsten Giftstoffe der Pflanze nur schwer wasserlöslich sind, ist das Wasser nicht so gefährlich, wie man oft meint.

Grünpflanzen im Schlafzimmer sind schädlich

🔹 Schließlich nehmen Pflanzen nur tagsüber Kohlendioxid auf, während sie nachts Sauerstoff verbrauchen und Kohlendioxid erzeugen wie der Mensch auch. Doch die Angst mit Grünpflanzen und Blumen nachts einen Sauerstoffkonkurrenten im Schlafzimmer zu haben, ist unbegründet, weil die Mengen, die die Pflanzen verbrau-

chen, verschwindend gering sind. Generell sind Grünpflanzen in der Wohnung gesund, weil sie die Luft befeuchten. Manche sind sogar in der Lage – allerdings in sehr geringem Umfang – Schadstoffe abzubauen. Manche Menschen reagieren allerdings empfindlich auf Keime, etwa auf Schimmelpilze in der Blumenerde. Deswegen sind in Krankenhäusern auch keine Topfpflanzen erlaubt.

Rosen haben Dornen

🔹 Haben sie nicht. Und zwar nicht nur spezielle dornenlose Züchtungen, sondern alle Rosen. Biologen unterscheiden nämlich bei Pflanzen zwischen Dornen und Stacheln. Dornen wachsen aus dem Inneren der Pflanzen heraus und lassen sich deshalb nur unter großer Beschädigung entfernen. Stacheln dagegen sitzen außen auf den Stängeln und lassen sich leicht abbrechen – wie bei Rosen eben. Kakteen dagegen haben zwar umgangssprachlich Stacheln, biologisch korrekt jedoch eigentlich Dornen.

Sonnenblumen wenden ihren Kopf der Sonne zu

🔹 Tournesol heißt die Sonnenblume auf Französisch, Girasol(e) in anderen romanischen Sprachen, Napragorgo in Ungarn. All diese Namen drücken aus, dass sich die Sonnenblume der Sonne zuwendet. Aber tut sie das wirklich? Hängt ihr Kopf nicht immer in dieselbe Richtung, meist nach

Osten? Tragen die Sonnenblumen erst einmal Blüten, dann bewegen sie sich tatsächlich nicht mehr. Denn die Köpfe sind zu schwer und die Stängel mittlerweile verholzt, weil sie anders die großen Blüten auch nicht mehr tragen könnten. Die Knospen junger Pflanzen, die noch weiche Stängel haben, wandern dagegen tatsächlich im Laufe eines Tages von Osten nach Westen. Dieses Phänomen nennt man Heliotropismus. Es findet sich auch bei einigen anderen Blumen, vor allem aus alpinen Regionen wie der Schneebutterblume. Die Blumen der Gattung Heliotrop allerdings bewegen nicht ihre Blüten, sondern nur ihre Blätter mit dem Sonnenlauf.

*T*ulpen kommen aus Holland

Die Urheimat dieser so typisch holländischen Blumen ist Zentralasien. Von dort kamen sie in die Türkei, wo sie wegen ihrer Form „Tülbent" (Turban) genannt wurden und zur Nationalblume aufstiegen. 1560 brachte sie der österreichische Gesandte in Konstantinopel nach Wien. 33 Jahre später emigrierte dann der kaiserlich-österreichische Hofbotaniker nach Leiden und nahm seine Lieblingsblume mit. Von Holland aus erfasste im 17. Jahrhundert eine wahre Tulpomanie ganz Europa. Tulpenzwiebeln wurden zu Spekulationsobjekten und zu astronomischen Preisen gehandelt.

*Ä*pfel haben oft Würmer

Die kleinen rosa „Würmchen", die man in Äpfeln oft findet, sind die Larven des Apfelwicklers, und der ist ein Schmetterling. In Zwetschgen haust der Nachwuchs des nahe verwandten Pflaumenwicklers. Die Larven ernähren sich einige Wochen von den Früchten, seilen sich dann ab und überwintern in der Rinde des Baumes oder im Boden, wo sie sich verpuppen und in der nächsten Saison zu Faltern werden.

*A*pfelkerne enthalten Blausäure

Nicht direkt, aber sie enthalten eine Substanz, die im Körper Blausäure freisetzt. Trotzdem kann man bedenkenlos seine Äpfel samt Kerngehäuse verspeisen. Denn erstens werden Kerne, wenn man sie nicht gerade zerbeißt, unbeschädigt wieder ausgeschieden, sodass die Blausäure überhaupt nicht freigesetzt wird. Zweitens sind die enthaltenen Mengen so gering, dass auch das Zerbeißen der Kerne kein Problem ist. Problematischer sind Bittermandeln und Aprikosenkerne, die bis zu 1 Milligramm Blau-

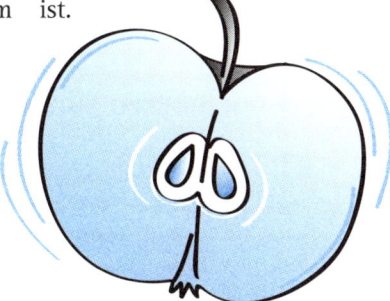

säure enthalten können. Für Erwachsene beginnt auch hier erst ab etwa 40 Stück die tödliche Dosis. Kleine Kinder jedoch können schon durch wenige Kerne gefährdet sein.

Nektarinen sind eine Kreuzung aus Pfirsich und Aprikose

 Auch Pflaume und Apfel werden oft verdächtigt, das zweite Elternteil der Nektarine zu sein. Doch tatsächlich ist die Nektarine ein vollwertiger Pfirsich. Aufgrund einer Mutation hat sie allerdings eine glatte statt einer pelzigen Haut. Sie ist auch gar nicht so neu, sondern war in Asien schon zur Zeitenwende bekannt. Richtig populär geworden ist sie jedoch erst in der zweiten Hälfte des 20. Jahrhunderts durch neu gezüchtete Sorten aus den USA. Nektarinen werden immer vegetativ vermehrt, da das Gen für eine glatte Haut rezessiv vererbt wird und aus einer Nektarine, die durch einen Pfirsich bestäubt wurde, meist wieder ein Pfirsich wird. Umgekehrt kann es allerdings auch passieren, dass aus einem Pfirsichkern eine Nektarine wächst, wenn beide Elternteile ein unterdrücktes Gen für glatte Haut besaßen und weitergaben.

Vogelbeeren sind giftig

 Sie sind total gesund. Sie enthalten nämlich große Mengen an Vitamin C und Vitamin A. Man kann sehr leckere Marmelade aus ihnen kochen, vor allem wenn die Beeren nach dem ersten Frost süß geworden sind. Außerdem ist die Vogelbeere oder Eberesche gut für edle Obstbrände, aber auch für Bitterliköre (etwa Sechsämtertropfen). Dass sie oft als giftig eingeschätzt wird, liegt daran, dass rohe Vogelbeeren Parasorbinsäure enthalten. Diese kann in größeren Mengen zu Magenproblemen und Durchfall führen. Doch die Gefahr, dass sich jemand an den rohen Beeren überisst, ist gering, da sie bitter sind und die Mundschleimhaut zusammenziehen.

Erdbeeren sind Beeren

 Botanisch gesehen sind Erdbeeren Sammelnussfrüchte. Ihre eigentlichen Früchte sind nämlich die winzigen grünen oder gelben Kernchen, die im roten Fruchtfleisch sitzen. Dieses dagegen ist die verdickte Basis der einstigen Blüte. Auch Him- und Brombeeren sind keine echten Beeren. Da bei ihnen die Kernchen etwas größer und härter sind, spricht man von Sammelsteinfrüchten. Echte Beeren sind Johannisbeeren, Stachel- und Heidelbeeren.

Beeren sind süß

 Geht man botanisch korrekt vor, dann sind Beeren Schließfrüchte, die aus einem einzigen Fruchtknoten hervorgehen und deren Fruchtwand fleischig ist. Das trifft auch auf Tomaten, Gurken, Paprika, Kürbisse, Melonen, Auberginen, Avocado, Bananen, Datteln, Zitrusfrüchte und die Früchte des Kakaobaums zu, die damit alle zu den Beeren zählen. Sammelfrüchte wie Erdbeeren und Brombeeren entstehen dagegen aus mehreren Fruchtknoten.

Rhabarber ist ein Gemüse

Das kommt ganz auf die Definition an. Denn der Unterschied zwischen Obst und Gemüse ist nicht eindeutig geregelt. Geht man davon aus, dass Obst die Früchte einer Pflanze sind, während Gemüse aus anderen Teilen besteht, etwa Blättern, Wurzeln oder Stängeln, dann ist Rhabarber tatsächlich Gemüse. Allerdings müsste man dann Kürbisse, Gurken, Tomaten, Bohnen und Erbsen zum Obst zählen. Eine andere Definition ist: Obst wächst auf mehrjährigen Pflanzen, während Gemüsepflanzen jedes Jahr neu aus Samen oder Stecklingen wachsen müssen. Dann wäre die mehrjährige Rhabarberstaude jedoch dem Obst zuzurechnen.

Walnüsse sind Nüsse

Walnüsse, aber auch Kokosnüsse gehören zu den Steinfrüchten und sind mit Pfirsichen und Zwetschgen verwandt. Die Nuss bildet dabei den Kern, entspricht also dem Pfirsichkern, der ja auch ein weiches Inneres besitzt. Das Fruchtfleisch von Wal- und Kokosnuss ist grün-weiß und ungenießbar. Es springt auf, wenn die Nüsse reif

sind, und beginnt zu verfaulen. Auch Erdnüsse sind übrigens keine Nüsse, sondern gehören – wie Erbsen und Bohnen – zu den Hülsenfrüchten (engl. Peanut = wörtl. Erbsennuss), während Mandeln Rosengewächse sind.

Grüne Paprika sind unreif

Manche Menschen mögen keine grünen Paprika, während ihnen rote oder gelbe durchaus schmecken. Andere dagegen schätzen den herberen Geschmack der grünen Früchte besonders. Diese sind keine eigene Sorte, sondern tatsächlich unreif geerntete Schoten, die später noch rot, orange oder gelb werden würden, wenn man ihnen die Zeit gäbe. Gelbe Paprika dagegen werden nicht mehr rot oder orange, sondern haben ihre Endfarbe und damit ihren Reifezustand schon erreicht. Es gibt jedoch auch einige Sorten, die unreif violett oder fast schwarz sind. Reife violette Früchte gibt es nicht, jedoch einige seltene weiße oder braune Sorten.

Erbsen und Bohnen haben Schoten

Erbsen und Bohnen gehören zu den Hülsenfrüchten und stecken deshalb in Hülsen. Als Schoten bezeichnen die Botaniker dagegen die Früchte von Raps, Senf oder Radieschen. Diese Behälter, in denen sich die Samen der Pflanzen befinden, haben sich aus vier Fruchtblättern entwickelt, die Hülsen der Hülsenfrüchte dagegen nur aus einem einzigen. Paprikafrüchte dagegen, die auch oft als Schoten bezeichnet werden, sind botanisch gesehen etwas ganz anderes, nämlich Beeren.

Grünkohl muss Frost bekommen

Winterkohl wie Grünkohl oder Rosenkohl soll man erst nach dem ersten Frost ernten, weil er dann besser schmeckt. Angeblich soll der Frost Stärke in Zucker umgewandelt haben. Ein Aufenthalt in der Tiefkühltruhe jedoch macht den Kohl nicht süßer. Warum? Der Zucker in der Pflanze entsteht nicht durch den Frost, sondern durch Fotosynthese – die natürlich bei geerntetem Kohl in der Tiefkühltruhe nicht mehr funktioniert. Je kälter es ist, desto weniger von dem gebildeten Zucker braucht der Kohl für seinen eigenen Stoffwechsel. Also steigt der Zuckergehalt. Das funktioniert auch schon bei Temperaturen knapp über dem Gefrierpunkt. Irgendwann wird's dann aber auch winterhartem Kohl zu kalt. Längeren Frost von −10 Grad und tiefer hält er nicht unbeschadet aus.

Salat erntet man am besten abends

Oder morgens? Beide Empfehlungen hört man gelegentlich und beide sind sinnvoll. Im heißen Sommer ist eher die morgendliche Ernte zu empfehlen, da die Blätter nach der kühleren Nacht knackiger sind als nach einem langen, heißen Tag. Im Frühjahr und Herbst dagegen und bei Treibhauskulturen ist eher die abendliche Ernte angesagt. Denn je weniger Licht Salat (und auch Spinat) bekommt, desto mehr problematisches Nitrat bildet sich in der Pflanze. Dies geschieht vor allem während der Nacht. Tagsüber bei Licht wird dann zumindest ein Teil des Nitratgehaltes wieder abgebaut. Deshalb ist der Gehalt abends deutlich geringer.

Salat verliert beim Lagern schnell seine Vitamine

Das ist in der Tat so. Bereits nach einem Tag Lagerung kann Salat bis zu 30 Prozent seiner wertvollen Inhaltsstoffe verloren haben. Jeder Tag, den das zarte Frischgemüse mehr im Kühlfach verbringt, führt zu weiteren spürbaren Verlusten. Je jünger und zarter die Blätter sind, desto weniger lange halten sich die Vitamine. Deshalb sollte man Salat immer so schnell wie möglich essen, auch wenn er äußerlich noch tadellos aussieht und noch nicht zu welken begonnen hat. Übrigens: Besonders gesund ist der Milchsaft in den Stängeln und Blattrippen. Er enthält Bitterstoffe, die beruhigend, krampflösend und schlaffördernd wirken.

Morgens gießen ist besser als abends

Die meisten Gartenbesitzer wässern ihren Garten am Ende eines heißen Sommertages. Besser ist es aber tatsächlich, schon in den frühen Morgenstunden zu gießen, damit die Pflanzen das Wasser aufnehmen können, bevor es heiß wird, und für die Strapazen des Tages gestärkt sind. Da die meisten Menschen so früh aber wenig Zeit haben, ist das abendliche Sprengen die zweitbeste Lösung. Wer jedoch gießt, während die Sonne vom Himmel brennt, der riskiert, dass ein großer Teil des kostbaren Nasses verdunstet ist, bevor die Pflanzen es aufnehmen konnten. Außerdem können die Blätter in der Hitze verbrennen, wenn Wasser darauf kommt.

*B*ei Obstbäumen muss man immer zwei Exemplare pflanzen

Wer Äpfel oder Birnen, Mirabellen, Süßkirschen oder Walnüsse ernten will, der muss tatsächlich zwei verschiedene Sorten anpflanzen. Es sei denn, im Umkreis von etwa 500 Metern gibt es bereits entsprechende Bäume. Denn diese Obstsorten sind nicht selbstfruchtbar. Bei Sauerkirschen, Pflaumen und Johannisbeeren heißt es, auf die Sorte zu achten. Manche sind selbstfruchtbar und nicht auf einen Partner angewiesen. Die meisten anderen Beeren dagegen sind generell in der Lage, aus dem eigenen Blütenstaub Früchte wachsen zu lassen.

*M*it einem Kupfernagel kann man einen Baum töten

Wie wird man einen störenden Baum los, den man aber nicht fällen darf? Zum Beispiel weil er in Nachbars Garten oder unter Naturschutz steht. Angeblich hilft da ein fieser Trick: einfach einen Kupfernagel in den Baum schlagen und darauf warten, dass das Kupfer den Baum vergiftet. Doch da wird man vergeblich warten. Es stimmt zwar, dass Kupfer in hohen Konzentrationen weder für Mensch und Tier noch für Pflanzen gesund ist, doch der Baum wird den Störenfried vermutlich höchst schnell und effektiv einkapseln. Richtig giftig ist Kupfer für viele Bakterien, weshalb man das Wasser in einer Blumenvase am Faulen hindern kann, wenn man eine Kupfermünze hineingibt. Die Blumen dagegen überleben das.

*I*m Herbst werden die Blätter bunt

Vor allem verlieren sie Farbe, nämlich die Farbe Grün. Im Herbst stellt der Baum die Versorgung seiner Blätter über die Wurzeln ein, worauf der grüne Farbstoff Chlorophyll zu farblosen Produkten abgebaut wird. Doch die Blätter enthalten noch etwa 400 andere Farbstoffe, die nun zu sehen sind, vor allem gelb und orange leuchtende Carotinoide. Doch der Farbwechsel der Blätter im Herbst ist nicht nur ein Ausbleichen. Trotz der gekappten Versorgung können in den Blättern noch neue Farbstoffe gebildet werden, die roten Anthocyane. Diese haben wohl die Aufgabe, die Blätter vor den freien Radikalen zu schützen, die beim Abbau des Chlorophylls entstehen können. Besonders viel von diesem Rot entsteht, wenn auf sehr kalte Nächte noch einmal sonnige Tage folgen.

Gartenbeete muss man jedes Jahr umgraben

Das Umgraben der Beete hat den Sinn, die Erde aufzulockern. Clevere Gärtner machen das jedoch nicht selbst, sondern überlassen es zahlreichen fleißigen Helfern wie Regenwürmern, Bakterien, Pilzen und Insekten. Um ein so reiches Bodenleben zu bekommen, ist es jedoch nötig, die kleinen Helfer zu „füttern", etwa durch Humus, Mulch und natürliche Dünger. Die Bodenorganismen erzeugen dann leicht verfügbare Nährstoffe für die Pflanzen und lockern gleichzeitig den Boden. Einen solchen Boden sollte man gar nicht tief umgraben, da man sonst die Schichten durcheinanderbringt und Lebewesen, die eher in den oberen Schichten leben, in die

Tiefe befördert und umgekehrt, was ihnen gar nicht gut bekommt. Wer dagegen leicht verfügbare Kunstdünger benutzt, die die Pflanzen direkt aufnehmen können, der wird nur wenige Bodenorganismen anlocken und muss wahrscheinlich öfter mal selbst zum Spaten greifen.

Magerrasen sieht ärmlich aus

Eine schäbige Wiese, auf der nur ab und zu ein grüner Halm wächst: Ist das ein Magerrasen? Ist es nicht. Ein Magerrasen wächst auf einem Boden, der nur über wenige Nährstoffe verfügt. Das bedeutet aber nicht automatisch kärglichen Bewuchs. Denn viele der schönsten Wiesenblumen vertragen keine fette Kost und gedeihen nur auf nährstoffarmen Böden. Auf Fettwiesen dagegen findet man vor allem Gras, Klee und Löwenzahn. Da bei uns eher zu viele als zu wenig Nährstoffe in den Boden gelangen, sind Magerrasen und mit ihm Blumen wie Glockenblume, Knabenkraut oder Türkenbund selten geworden.

Ein Gartenteich ist ein Biotop

Viele Gärtner erzählen, dass sie jetzt ein Biotop haben, wenn sie sich einen kleinen Gartenteich angelegt haben. Aber nicht jeder Gartenteich ist ein Biotop. Der Begriff ist nur korrekt, wenn der Teich nicht gepflegt wird, sondern sich die natürlichen Kreisläufe von alleine regeln. Wer im Win-

ter das Wasser ablässt, den Teich regelmäßig von Algen befreit und den Uferbe-
wuchs zurückschneidet, der hat kein Biotop. Denn ein Biotop ist ein Ort, an dem sich
eine bestimmte Lebensgemeinschaft (Bio-
zönose) an Pflanzen und Tieren gebildet
hat, die speziell an diesen Ort angepasst
und im Gleichgewicht ist.

Jedes Frühjahr finden sich neue Steine in den Beeten

Gärtner kennen das: Obwohl sie im ver-
gangenen Jahr alle Steine aus ihren Beeten
gelesen haben, finden sich im nächsten
Frühjahr wieder neue ein. Wie aber gelangen die Steine im Winter aus den tieferen
Schichten an die Oberfläche? Die Geologen

bezeichnen das Phänomen als Frosthub.
An sonnigen Wintertagen sammelt sich an
der Unterseite der erwärmten Steine Wasser, das wieder gefriert, wenn es kälter
wird. Da Eis mehr Platz als Wasser braucht,
dehnt es sich aus und hebt den Stein leicht
nach oben. Je mehr Wechsel zwischen
Frost und Tauwetter es im Winter gibt,
desto weiter werden die Steine gehoben
und desto mehr finden sich im Frühjahr in
den besten Humusschichten.

Mit H-Milch kann man den besten Milchschaum machen

Wer Milch pur trinkt, der wird in der Regel frische Vollmilch bevorzugen. Aber für

die Erzeugung von Milchschaum für Cappuccino oder Latte macchiato eignet sich am besten eine fettarme H-Milch mit 1,5 Prozent Fettgehalt. Das liegt daran, dass sich bei der Schaumbildung Fett und Eiweiß verbinden. Bei einer Milch mit 1,5 Prozent Fett besteht ein optimales Verhältnis von Fett und Eiweiß, sodass weder überschüssiges Fett noch überschüssiges Eiweiß die Schaumbildung stören. H-Milch eignet sich deshalb so gut, weil beim Ultrahocherhitzen die Eiweiße in ihrer Struktur verändert werden und sich besser verhaken.

Tee trinkt man entweder mit Milch oder mit Zitrone

 Man kann Tee natürlich auch ohne alles trinken. Aber wer ihn sowohl mit Milch als auch mit Zitrone mag, der muss sich für eine Sache entscheiden. Beides zusammen verträgt sich nämlich nicht. Zitrone enthält Vitamin C, und das lässt das Kasein in der Milch ausflocken. Auf diese Weise kann man Käse herstellen, aber keinen angenehm schmeckenden Tee. Auch Früchtetees enthalten oft Vitamin C und werden deshalb nie mit Milch getrunken.

Obst lagert man am besten in der Obstschale

 Es sind nicht nur ästhetische Gründe, weshalb die Obstschale der richtige Platz ist, Obst aufzubewahren. Obst, das nicht direkt aus dem eigenen Garten, sondern aus dem Supermarkt kommt, ist in der Regel noch nicht ganz ausgereift. Damit die Bananen und Pfirsiche ihr volles Aroma entfalten, tut man gut daran, sie noch ein paar Tage nachreifen zu lassen. Im Kühlschrank ist es zu kalt, da funktioniert das nicht. Bei Zimmertemperatur in einem geschlossenen Behältnis dagegen sammeln sich die Reifegase und lassen die Früchte sehr schnell verderben. Daher ist die offene Lagerung in der Obstschale ideal. Äpfel, die besonders viel von dem Reifungsgas Ethylen abgeben, beschleunigen die Reifung anderer Obstsorten noch. Natürlich sollte man aufpassen, dass keine faulen Früchte in der Schale sind, die dann die anderen anstecken können. Übrigens: Das Gleiche gilt auch für Fruchtgemüse wie Tomaten. Auch sie lagern offen bei Zimmertemperatur besser als im Kühlschrank.

Feuchte Wischlappen saugen besser als trockene

 Eigentlich sollte man denken, trockene Tücher würden Wasser geradezu begierig aufnehmen, doch die Erfahrung lehrt anderes. Umgestoßene Limonade oder übergekochte Suppe lässt sich mit einem feuchten Lappen deutlich effektiver aufwischen. Das liegt daran, dass bei einem trockenen Tuch die Fasern erst einmal eng zusammenliegen und Eindringlinge wie Wassermoleküle abstoßen. Bei einem feuchten Tuch dagegen sind die Poren schon geweitet und an die enthaltenen Wassermoleküle lagern sich leicht noch weitere an.

Mensch und Tier

Die Menschen werden immer größer

Momentan befindet sich die Menschheit in unseren Breiten tatsächlich in einer Wachstumsphase. Das war auch schon einmal anders. Denn inzwischen gibt es starke Indizien dafür, dass die Körpergröße ganz wesentlich von der Ernährungslage abhängt. Und zwar nicht nur von der eigenen, sondern auch der der unmittelbaren Vorfahren. Im Mittelalter etwa waren die Bauern meist deutlich kleiner als die Angehörigen des Adels. Allerdings, wie die Universität Ohio herausfand, erst ab dem 13. Jahrhundert, als eine „kleine Eiszeit" das Klima verschlechterte und für Hungersnöte zu sorgen begann. Während die durchschnittliche Körpergröße der männlichen Europäer im 11. Jahrhundert noch 173 Zentimeter betragen habe, sei sie bis zum 18. Jahrhundert auf 167 gesunken. Heute dagegen ist der männliche Deutsche im Schnitt 1,78 Meter groß, die unter 25-jährigen sogar im Durchschnitt 1,81.

Asiaten sind kleiner als Europäer

Im Schnitt schon, doch die Unterschiede schwinden, denn die Ernährungssituation von weiten Teilen Asiens passt sich immer mehr der in den westlichen Industrieländern an. Auch in Japan oder Südkorea steigt die Körpergröße mit dem Wohlstand und liegt derzeit bei einem Schnitt von etwa 1,72 Meter für Männer. Flüchtlinge aus dem Hungerland Nordkorea sind dagegen auffallend klein. Eine Studie hat einen Schnitt von 1,59 Meter ergeben. Daneben gibt es aber auch eine genetische Komponente. Gerade in Afrika gibt es große Größenunterschiede zwischen verschiedenen Volksgruppen, die sich nicht mit der Ernährung erklären lassen.

Verheiratete Männer leben länger als Singles

Das lässt sich statistisch eindeutig belegen. Auch bei Frauen gibt es einen positiven Zusammenhang zwischen Lebenserwartung und einer festen Partnerschaft. Er fällt allerdings deutlich geringer aus. Da es sich um statistische Zahlen handelt, weiß man nicht, wie es um das individuelle Glück bestellt ist. Sind die Gebundenen im Schnitt tatsächlich glücklicher als Singles, sodass sich ihr individuelles Wohlbefinden auf die Gesundheit und damit auf die Lebensdauer auswirkt? Oder liegt die höhere

Lebenserwartung daran, dass auch glückliche Singles ungesünder leben, während in einer Partnerschaft im Allgemeinen darauf geachtet wird, dass der andere sich gesund ernährt, rechtzeitig zum Arzt geht und keine unnötigen Risiken eingeht?

Frauen sind schmerzempfindlicher als Männer

Das ist kein böses Vorurteil gegenüber dem „schwachen Geschlecht", sondern eine medizinische Tatsache. Forscher haben herausgefunden, dass Frauen im Schnitt tatsächlich sensibler auf Schmerzen reagieren als Männer. Schuld daran sind im Wesentlichen die Hormone. Östrogen, das bei Frauen reichlicher vorhanden ist, steigert das Schmerzempfinden, Testosteron, mit dem Männer umfangreicher bedacht sind, senkt es. Allerdings kennt der Hormonhaushalt der Frauen Ausnahmen. Bei einer Geburt z. B. ist das normale Schmerzempfinden gesenkt. Sonst wäre die Menschheit wohl auch schon ausgestorben.

Männer schnarchen häufiger als Frauen

Das tun sie tatsächlich. Im Schnitt schnarchen etwa 30 Prozent aller Männer regelmäßig, während es bei den Frauen nur 10 bis 20 Prozent sind. Bei beiden Geschlechtern steigt allerdings die Gefahr zu schnarchen mit dem Alter. Etwa 60 Prozent aller älteren Männer und rund 40 Prozent

der Frauen schnarchen. Ein Grund für den Unterschied bei den Geschlechtern ist sicher, dass Männer auch häufiger und mehr Alkohol trinken und aufgrund von Übergewicht mehr Fettpolster im Rachenbereich haben – beides anerkannte Ursachen für häufiges Schnarchen. Die Forscher vermuten, dass es aber auch genetische Ursachen gibt.

Frauen bekommen schneller kalte Füße als Männer

Kalte Füße sind tatsächlich eher ein Frauenproblem. Das liegt jedoch nicht daran, dass Frauen wehleidiger sind, sondern an der Anatomie ihrer Füße. Denn je kleiner die Füße sind, desto ungünstiger ist das Verhältnis zwischen Volumen und Oberfläche. Kleine, zarte Füße kühlen deshalb wesentlich schneller aus als große, muskulöse. Allerdings verschlimmern manche Frauen dieses Problem noch selbst, indem sie zwar schicke, aber zu enge Schuhe tragen. Dies führt zu einer schlechten Durchblutung, was die Füße ebenfalls kälter werden lässt.

Männer haben mehr Gehirn als Frauen

Das männliche Gehirn bringt im Schnitt tatsächlich etwa 150 Gramm mehr auf die Waage als das weibliche. Doch kein Mann sollte sich zu früh freuen. Der Mythos, Intelligenz hinge mit der Größe des Gehirns zusammen, ist längst widerlegt. Denn sonst stünden wir alle noch im Schatten der Neandertaler. Nicht auf die Größe kommt es an, sondern auf die Vernetzung der einzelnen Bereiche. Dabei zeigt sich, dass das weibliche Gehirn im Schnitt dichter mit Nervenzellen durchzogen ist und die beiden Hälften stärker miteinander verbunden sind. Auch werden beim Denken beide Hälften gleichmäßiger beansprucht als bei Männern.

Mädchen sind besser in Sprachen, Jungs in Mathe

Forschungen haben gezeigt, dass dies nicht nur mit anerzogenen Rollenmustern zusammenhängt. Im Schnitt bringen Mädchen bei sprachlichen Tests tatsächlich bessere Ergebnisse, während Jungen technische Aufgaben besser lösen können. Auch ihr räumliches Vorstellungsvermögen ist meist besser. Beim Rechnen haben aber oft die Mädchen die Nase vorn. Außerdem haben Untersuchungen der Europäischen Universität Florenz ergeben, dass die Matheleistungen der Mädchen in autoritären Gesellschaften mit traditioneller Rollenverteilung deutlich schlechter als die der Jungen sind, während es in liberalen Staaten mit Gleichberechtigung kaum einen Unterschied gibt. Und selbstverständlich sind das nur Durchschnittsbeobachtungen, die man nicht auf den einzelnen Menschen anwenden kann. Schließlich gibt es männliche Sprachgenies genauso wie hervorragende Technikerinnen.

Wir nutzen nur 10 Prozent unseres Gehirns

Diese Annahme ist längst widerlegt. Sie beruht auf der Entdeckung, dass man vielen Tieren einen großen Teil ihres Gehirns entfernen kann, ohne dass das größere Auswirkungen hat. Auch beim Menschen ist es teilweise möglich, dass nach einer Hirnschädigung andere Areale im Gehirn die Aufgaben der kranken Teile übernehmen können. Doch deshalb darauf zu schließen, dass ein Großteil unseres Gehirns nur „Reservefunktion" hat, ist falsch. Mit den heutigen Methoden kann man sehr gut messen, welche Hirnareale bei welchen Tätigkeiten aktiviert sind, und es ist klar geworden, dass alle Regionen irgendwann aktiv sind, wenn auch in verschiedenem Maße.

Traubenzucker fördert die Konzentration

Da ist etwas dran. Denn nicht nur unsere Muskeln, auch unser Gehirn braucht Energie. Etwa 20 Prozent aller Energie, die wir zu uns nehmen, dient dazu, die Gehirntätigkeit aufrechtzuerhalten. Wenn unsere grauen Zellen gerade besonders aktiv sind, sind sie auch gefräßiger. Das kann zu einem sinkenden Blutzuckerspiegel und Heißhunger führen. Schnell verwertbare Kalorien, wie sie in Schokolade, Traubenzucker oder süßem Obst enthalten sind, können da Abhilfe schaffen. Kleinkinder verbrauchen sogar 50 Prozent ihrer Nahrung für das Gehirn, weil dieses noch fertig ausgebildet werden muss. Mangelernährung während der ersten fünf Lebensjahre kann deshalb irreparable geistige Schäden nach sich ziehen.

Leichte Schläge auf den Hinterkopf erhöhen das Denkvermögen

Tun sie nicht. Wissenschaftler der Universität Helsinki haben Profiboxer und kopfballstarke Fußballspieler untersucht und festgestellt, dass die Kopfschläge, die diese abbekommen, durchaus Folgen haben: feine Risse im Gehirn und leichte Gehirnerschütterungen. Das beeinträchtigt das Erinnerungsvermögen, die Konzentration und die Denkgeschwindigkeit. Allerdings zeigte sich auch, dass die Beeinträchtigungen mit den Symptomen recht schnell wieder abheilten.

Jeden Tag gehen Millionen von Gehirnzellen verloren

Tatsächlich sind es im Schnitt etwa 85.000 Gehirnzellen, die jeden Tag verlo-

ren gehen und auch nicht wieder gebildet werden. Bei Alkoholmissbrauch sind es aber leicht mehr. Vor allem aber wird bei Trinkern auch die Übertragung der Botenstoffe gestört, die im Gehirn erst die Kommunikation zwischen den grauen Zellen möglich machen.

Eine Brille ist ein Zeichen für Intelligenz

 Zumindest haben mehrere Tests ergeben, dass Kurzsichtige im Schnitt einen etwas höheren Intelligenzquotienten haben als Normalsichtige. Warum das so ist, weiß man jedoch nicht. Eine gängige Erklärung ist, dass sich intelligente Menschen mit dem vielen anstrengenden Lesen die Augen verderben. Doch es ist höchst umstritten, ob es irgendeinen Zusammenhang zwischen Kurzsichtigkeit und einer Belastung der Augen gibt. Die Sache bleibt also rätselhaft.

Schlechtes Licht schadet den Augen

„Du verdirbst dir die Augen", bekommen vor allem Kinder, die im Düsteren oder gar unter der Bettdecke lesen, immer wieder zu hören. Die Wissenschaft hat versucht herauszufinden, ob an der Sache etwas dran ist, aber bislang noch keine eindeutigen Ergebnisse produziert. So sind Äffchen, die den ganzen Tag eingefärbte Brillen trugen, die ihnen nur ein mattes, verschwommenes Sehen erlaubten, tatsächlich kurzsichtig geworden. Nahm man den Tieren aber jeden Tag nur für kurze Zeit die Brille ab, dann blieben ihre Augen meist gesund. Deshalb ist es also fraglich, ob Menschen, die ja kaum ganztags bei schlechtem Licht lesen, sich wirklich dadurch die Augen verderben können. Eher lässt sich vermuten, dass Menschen, die sowieso schon schlecht sehen und keine Brille tragen, schnell noch schlechtere Augen bekommen. Vorsichtshalber empfehlen Experten jedoch, nicht zu lange und zu oft bei schlechtem Licht zu lesen und den Augen auch bei stundenlanger Bildschirmarbeit immer wieder Entspannung zu gönnen, indem man aus dem Fenster blickt.

Frauen können Farben besser sehen

Hier haben Frauen wirklich einen Vorteil. Zum einen kommt auf 20 farbenblinde Männer nur eine Frau mit Farbschwäche. Denn 99 Prozent aller sogenannten Farbenblinden haben eine Rot-Grün-Schwäche und dafür ist eine Schädigung auf dem X-Chromosom verantwortlich. Da Frauen aber zwei davon besitzen, werden sie nur farbenblind, wenn sie von beiden Eltern diesen Defekt erben. Doch Wissenschaftler haben herausgefun-

den, dass das Gen, das für die Rot-Wahrnehmung verantwortlich ist, in Dutzenden von Varianten vorkommt. Deshalb gibt es die Theorie, dass Frauen, die ja zwei X-Chromosome haben und damit wohl meist auch über zwei Varianten dieses Gens verfügen, Rottöne vielleicht differenzierter wahrnehmen können als Männer, die nur ein solches Gen haben.

Albinos haben rote Augen

Mäuse und Ratten ja, Menschen jedoch kaum. Bei sogenannten Albinos kann der Körper kein oder nur wenig Melanin produzieren, weshalb Haare, Haut und Augen heller sind. Afrikanische Albinos aber haben oft keine weiße, sondern nur eine hellere Haut und hellere braune Augen als ihre Verwandten. In Europa haben Menschen mit Albinismus meist blaue oder graue Augen – wie Babys, bei denen die Melaninproduktion ebenfalls noch nicht begonnen hat. Nur in Extremfällen und bei speziellen Lichtverhältnissen scheinen die Adern im Augapfel derart durch die dünne Iris, dass die Augen rot wirken. Bei Nagetieren mit kleineren Augen dagegen sind die Blutgefäße dominanter und geben den Augen die rote Farbe.

Alte Menschen haben größere Ohren

Und größere Nasen. Das ist kein übles Klischee, denn Forscher haben nachgewiesen, dass diese beiden Organe im Verhältnis zum Rest des Kopfes tatsächlich im Alter größer werden. Eine Ursache ist, dass im Alter Fettgewebe abgebaut wird, was Ohren und Nase, die kaum Fettgewebe haben, plötzlich größer wirken lässt, während Wangen und Kinn „schwinden". Die Ohrläppchen erschlaffen auch und werden dadurch länger. Diskutiert wird auch eine vermehrte Einlagerung von Knorpelmasse in den beiden Organen.

*F*ußballspieler bekommen leichter O-Beine

Gesicherte wissenschaftliche Untersuchungen gibt es dazu noch nicht. Aber die Indizien sprechen dafür. O-Beine sind nämlich nicht immer angeboren, sondern können auch erst im Laufe des Lebens entstehen. Risikofaktoren sind Vitaminmangel, Hüftprobleme und eine einseitige Belastung der Knie. Die aber entsteht beim Fußballspielen leicht. Erstens erfolgen viele Bewegungen, etwa die Ballannahme, mit nach außen gedrehten Knien. Zweitens müssen die Fußballer wegen ihrer Stollenschuhe Drehbewegungen, die ansonsten über den Fuß erfolgen,

über das Kniegelenk ausführen. Dabei wird der innere Meniskus stark belastet. Dies kann zur Folge haben, dass sich das Kniegelenk innen mehr abnützt als außen, was dann zu O-Beinen führt.

*D*ie menschlichen Körperzellen erneuern sich innerhalb von sieben Jahren vollständig

Die Vorstellung ist gespenstisch: Eigentlich sind wir nicht mehr derselbe Mensch wie vor sieben Jahren, weil sich mittlerweile alle unsere Körperzellen erneuert haben. Doch die Sache stimmt nicht. Zwar gibt es Körperzellen, die sich sehr schnell erneuern: Weiße Blutkörperchen leben teilweise nur einige Stunden, bevor sie durch neue ersetzt werden, Hautzellen mehrere Wochen. Die Zellen unserer Knochen erneuern sich dafür nur etwa alle 25 Jahre, also bei den meisten Menschen nur etwa dreimal im Leben. Es gibt aber auch Körperzellen, die sich nie erneuern: Vor allem sind das unsere Gehirnzellen, aber auch weibliche Eizellen und Haarfollikel, wie Glatzenträger leidvoll wissen. Außerdem werden auch die erneuerten Zellen aus der alten Substanz unseres Körpers produziert, sodass kein wirklicher Austausch stattfindet.

*M*anche Menschen haben schwere Knochen

… weshalb sie etwas mehr auf die Waage bringen. Doch die Knochenmasse ist keine Erklärung für Übergewicht. Die Knochen machen etwa 12 Prozent vom Gewicht eines Menschen aus, sind also bei kräftiger gebauten Menschen meist von Natur aus etwas stabiler angelegt. Bei einem 83 Kilo schweren Menschen sind es rund 10 Kilo, bei einem 66 Kilo schweren 8 und bei einem 2-Zentner-Menschen 12 Kilo. Es geht also nur um wenige Kilo Unterschied. Und natürlich werden die Knochen nicht schwerer, wenn das Übergewicht steigt. Breite Schultern können ein Indiz für etwas mehr Knochenmasse sein, aber ein gut gerundeter Bauch nicht.

Mit den Fingern knacken ist gefährlich

Gefährlich nicht gerade, aber auch nicht gut für die Gelenke. Manche Leute machen sich einen Spaß daraus, ihre Fingergelenke so richtig knacken zu lassen. Den Umstehenden geht das meist ziemlich auf die Nerven und sie warnen dann vor Gicht, Rheuma und ähnlichen schlimmen Folgen. Der Beweis scheinen alte Menschen zu sein, deren Gelenke oft von alleine knacken – und die Gicht und Rheuma und andere Beschwerden haben. Doch da gibt es keinen Zusammenhang. Das Knacken der Gelenke – ob absichtlich oder unabsichtlich hervorgerufen – rührt daher, dass sich in der Schmiere zwischen den Gelenken durch Unterdruck Gasblasen bilden, die dann zerplatzen. Das ist harmlos. Überdehnt jemand jedoch ständig seine Bänder, um die Gelenke so richtig knacken zu lassen, dann kann er diese mit der Zeit ausleiern.

Für ein Lächeln braucht man weniger Muskeln als für ein ernstes Gesicht

Und deshalb sollte man doch lieber locker lächeln, als sich die Mühe zu machen, ein ernstes Gesicht zu ziehen, lautet die Botschaft dieser gerne geäußerten Weisheit. Dabei werden der ernsten Miene oft mehr Muskeln zugerechnet, als es im menschlichen Gesicht überhaupt gibt (dies sind 26). Die Sache ist auch sonst nett gemeint, aber wissenschaftlich gesehen Unsinn. Um die Mundwinkel zu heben, braucht es genauso einen Muskel, wie um sie zu senken. Und ein falsches Lächeln kann sehr anstrengend sein. Untersuchungen haben ergeben, dass ein beruflich verordnetes Dauerlächeln für die Angestellten äußerst belastend ist und sich körperlich negativ auswirken kann. Den Ratschlag, mal öfter ein echtes Lächeln zu riskieren, kann man sich ja unabhängig von der beteiligten Muskelzahl zu Herzen nehmen.

Muskelkater kommt von zu viel Milchsäure in den Muskeln

 Als Muskelkater bezeichnet man in der Regel jene Schmerzen, die man erst mit einer gewissen zeitlichen Verzögerung nach einer größeren Anstrengung bekommt, etwa am nächsten Tag. Dieser Schmerz hat aber mit Milchsäure nichts zu tun. Er ist entstanden, weil die Muskeln überanstrengt wurden und dadurch feine Risse bekommen haben. Dagegen hilft auch das alte Rezept „Weitermachen" nicht. Im Gegenteil: Je mehr Ruhe sie bekommen, desto besser können die Fasern wieder heilen. Hat man wirklich einen Überschuss an Milchsäure in den Muskeln, dann merkt man das sofort nach dem Sport durch ein leichtes Brennen. In diesem Fall hilft tatsächlich weitere (leichte) Bewegung, um die Säure abzubauen.

Der Mensch hat einen natürlichen Linksdrall

 Stellen Sie sich vor, Sie gehen auf eine Drehtür zu – und diese würde sich im Uhrzeigersinn drehen, sodass sie im Rechtskreis durch die Türe gehen müssten. Ganz schön ungewohnt, oder? Da die meisten Menschen tatsächlich von Natur aus einen leichten Linksdrall haben, sind alle Drehtüren so angelegt, dass wir in einem Linkskreis hindurchgehen können. Auch Sportler drehen ihre Runden im Stadion links herum und viele Supermärkte machen sich dieses Phänomen zunutze, indem sie ihre Kunden auf einen Linkskurs schicken. Doch nicht diese ständigen Linksdrehungen sind Grund für unseren Linksdrall, sondern es gibt ihn von Natur aus. Die meisten Menschen schreiten mit dem rechten Bein einen Tick stärker aus als mit dem linken, was zu einer Verkürzung des linken Laufweges und damit zu einem Linksdrall führt. Warum das so ist, ist genauso wenig erklärt, wie die Frage, warum die meisten Menschen Rechtshänder sind. Vermutlich ist die Dominanz in der entsprechenden Gehirnhälfte angelegt. Wer ausprobieren will, nach welcher Seite er abdriftet, sollte versuchen, mit verbundenen Augen eine gerade Wegstrecke zurückzulegen.

Die Fähigkeit, die Zunge aufzurollen, ist genetisch angelegt

 Manche Menschen können ihre Zunge längs aufrollen, manche können es nicht. Biologielehrer lieben dieses Beispiel, um die Mendel'schen Vererbungsregeln zu erklären. Angeblich vererbt sich die Fähigkeit des Rollens dominant, während die Unfähigkeit dazu rezessiv vererbt wird. Tatsächlich haben Wissenschaftler in der ersten Hälfte des 20. Jahrhunderts die Vermutung geäußert, das Zungenrollen könne eine genetisch vererbte Eigenschaft sein. Doch spätestens eine Zwillingsstudie aus dem Jahr 1952 hat das Ganze als Mythos entlarvt: Denn bei über 20 Prozent der eineiigen Zwillinge, die ja über die gleichen Gene verfügen, konnte nur einer rollen.

Aber das scheint sich noch nicht bis an alle Schulen herumgesprochen zu haben.

Bauchredner reden mit dem Bauch

Nein. Die Töne werden genauso im Kehlkopf gebildet wie sonst auch. Doch die Artikulation erfolgt nicht durch die Lippen, die starr bleiben, sondern hinten im Gaumen. Dazu muss u. a. die Zunge weit nach hinten geschoben werden und die seitlichen Gaumenbögen müssen zusammengepresst werden. Die entstehenden Töne sind so dumpf, dass man früher glaubte, sie kämen tief aus dem Bauch heraus.

Man kann sich nicht selbst kitzeln

Das funktioniert tatsächlich nicht. Forscher, die versucht haben diesem Phänomen auf den Grund zu kommen, haben festgestellt, dass völlig andere Gehirnregionen aktiviert werden, wenn wir uns selbst kitzeln, als wenn wir von einem anderen gekitzelt werden. Deshalb kann man es auch nicht „lernen", sich selbst zu kitzeln oder das Kitzeln eines anderen gelassen zu ertragen. Wenn man die eigenen Hände bewegt, um sich gleich selbst zu kitzeln, bekommt das Kleinhirn das unweigerlich mit. Damit ist der Überraschungseffekt weg. Will uns ein anderer kitzeln, dann können wir das zwar mit den Augen und dem Verstand registrieren. Für die Haut jedoch bleibt der Überraschungseffekt, der uns zum Lachen zwingt.

Zwillinge haben immer denselben Vater

Das glaubte man, bis in England Zwillinge zur Welt kamen, von denen einer schwarz und einer weiß war. Inzwischen hat man weltweit vier weitere Fälle registriert, wo zweieiige Zwillinge von verschiedenen Vätern stammten. Denn bei zweieiigen Zwillingen sind zwei Eizellen gleichzeitig herangereift. Diese müssen nicht zwangsläufig auch gleichzeitig befruchtet werden. Zwischen der Zeugung der beiden Kinder können mehrere Tage liegen.

Eineiige Zwillinge haben den gleichen Fingerabdruck

Selbst bei eineiigen Zwillingen, die sich ansonsten bis aufs Haar gleichen, hat man noch keinen Fall gefunden, in dem der Fingerabdruck der beiden Geschwister identisch war. Auch Muttermale und Leberflecken sind individuell. Der sogenannte genetische Fingerabdruck dagegen, das

DNS-Profil, ist bei eineiigen Zwillingen tatsächlich identisch.

Zwillingsgeburten sind erblich

 Das stimmt – für zweieiige Zwillinge. Diese kommen tatsächlich in einigen Familien gehäuft vor. Woran das liegt, weiß man allerdings noch nicht. Außerdem bekommen ältere Mütter häufiger zweieiige Zwillinge als jüngere. In Afrika sind Zwillingsgeburten häufiger als in Europa, in Asien seltener. Die Zahl in Europa steigt jedoch, da es immer mehr ältere Mütter gibt. Bei den viel selteneren eineiigen Zwillingen dagegen hat man weder eine familiäre Veranlagung noch sonst irgendwelche Gesetzmäßigkeiten gefunden. Dass sich eine Eizelle nach der Befruchtung teilt und mehrere Kinder mit identischen Erbanlagen entstehen, scheint ein Vorgang zu sein, der völlig dem Zufall entspringt.

Babys können gefahrlos tauchen

 Babys verfügen über einen Atemschutzreflex. Gelangt Wasser an den Kehlkopf, wird der Kehlkopfeingang sofort verschlossen, die Atemmuskulatur gehemmt und die Herzfrequenz verlangsamt. Die Kleinen können es dann länger als andere Menschen unter Wasser aushalten und schlucken auch kein Wasser. Deshalb sind z. B. Wassergeburten ungefährlich für die Neugeborenen und auch beim Babyschwimmen ist es kein Problem, wenn der Kopf einmal unter Wasser gerät. Der Reflex verliert sich allerdings bald: bei einigen Kindern bereits nach ein paar Wochen, bei anderen erst nach acht Monaten.

Stillen fördert die Intelligenz

 Zumindest gibt es mehrere Studien, die belegen, dass Menschen, die als Kinder gestillt wurden, im Schnitt einen höheren Intelligenzquotienten haben als solche, die mit der Flasche aufgezogen wurden. Woran das liegt, darüber wird noch gerätselt – vielleicht an speziellen Inhaltsstoffen der Muttermilch, die in Flaschenmilch nicht enthalten sind? Diskutiert werden die Fettsäuren DHA und AA, die an der Gehirnentwicklung beteiligt sind. Oder ist doch eine intensivere Mutter-Kind-Bindung schuld? Oder stillen Mütter, die selber über einen hohen IQ verfügen, tendenziell öfter? Eine Forscherin der Universität Durham will herausgefunden haben, dass nur eine bestimmte Variante eines Gens, das für den Fettsäurestoffwechsel zuständig ist, bei gestillten Kindern die Intelligenz fördert, während bei Kindern mit einer anderen Variante die Muttermilch keinen Vorteil bringt. Als gesichert gilt, dass Stillen gut für das Immunsystem der Kinder ist.

Während der Stillzeit können Frauen nicht schwanger werden

 Dafür gibt es sogar eine wissenschaftliche Begründung. Während des Stillens produziert der weibliche Körper ungefähr ein halbes Jahr lang das Hormon Prolaktin, das nicht nur die sexuelle Lust senken, sondern auch den Eisprung verhindern kann. Aber die Betonung liegt auf „kann". Diese natürliche Verhütung kann auch nicht funktionieren und die junge Mutter gleich wieder schwanger werden.

Während ihrer Regel können Frauen nicht schwanger werden

Nicht direkt während der Regel. Aber Geschlechtsverkehr am Ende der Periode kann durchaus zu Schwangerschaften führen, da die Spermien in der Gebärmutter einige Zeit überleben können. Wie lange, das weiß man nicht, doch man geht davon aus, dass sieben bis neun Tage möglich sind. Der Eisprung erfolgt aber etwa zwischen dem 12. und 16. Tag des Zyklus. Den Rest kann sich jeder selbst ausrechnen.

Alle Babys werden mit blauen Augen geboren

Sofern es sich um Angehörige der weißen Rasse handelt, trifft das meist zu. Afrikanische oder asiatische Babys haben in der Regel auch bei der Geburt schon dunkle Augen. Bei den hellhäutigen Babys ist anfangs jedoch nur wenig Melanin eingelagert, was die Iris blau erscheinen lässt. Ist die Melaninproduktion dann einmal angelaufen, kann sich die Farbe noch ändern. Meist passiert das innerhalb der ersten drei Lebensjahre. Doch es gibt in seltenen Fällen auch spätere Farbänderungen.

Die Augenfarbe wird von den Eltern geerbt

Das schon. Trotzdem muss man nicht gleich einen Seitensprung vermuten, wenn die Augenfarbe eines Kindes mit keinem seiner Elternteile übereinstimmt. Denn die Augenfarbe wird von mehreren Genen beeinflusst, von denen man noch gar nicht alle kennt. Meist setzt sich dabei die Augenfarbe eines Elternteils durch. In manchen Fällen kann das Zusammentreffen der verschiedenen Gene jedoch auch für eine andere Farbe sorgen. Denn ob Grün, Grau, Blau oder Braun: Alle Farben werden durch nur einen Farbstoff, nämlich Melanin gebildet, der in unterschiedlichen Konzentrationen vorhanden ist.

Ohne BH leiern die Brüste aus

Oder leiern sie etwa doch mehr aus, wenn Frau immer einen BH trägt und das Stützgewebe auf diese Weise nicht trainiert wird? Man findet beide Mutmaßungen häufig und für keine der beiden gibt es irgendwelche medizinischen Belege. Die weibliche Brust tendiert mit dem Alter zum

Hängen und große Brüste erschlaffen leichter, weil sie mehr Fettgewebe enthalten. Das lässt sich durch die Unterstützung von Büstenhaltern nicht ändern. Das Tragen eines BHs ist eine Frage von Ästhetik und Wohlbefinden, die jede Frau selbst entscheiden muss. Lediglich bei Sportarten, die mit ruckartigen Bewegungen wie Rennen oder Springen verbunden sind, empfiehlt sich ein Sport-BH, um die Bänder zu entlasten, die das Brustgewebe halten. Denn die können bei Überbeanspruchung tatsächlich „ausleiern".

Dunkelhaarige Menschen ergrauen früher als blonde

Wann ein Mensch die ersten grauen Haare bekommt, das hängt nicht von seiner Haarfarbe, sondern vor allem von den Genen ab. Der Eindruck, dass dunkelhaarige Menschen schneller grau werden, entsteht allein dadurch, dass man die ausgebleichten Haare bei ihnen schneller sieht. Der Farbeindruck „grau" entsteht oft überhaupt durch die Mischung von dunklen und melaninfreien weißen Haaren. Je heller die Haare sind, desto unauffälliger können sich die ausgebleichten verstecken. Erst wenn bereits sehr viele Haare ihre Farbe verloren haben, überwiegt der Eindruck grau über blond. Wer dagegen den Eindruck hat, dass Afrikaner, obwohl dunkelhaarig, erst relativ spät grau werden, der liegt richtig. Während die meisten Europäer mit Mitte 30 die ersten grauen Haare bekommen, beginnt die Haarpracht der Afrikaner erst mit Mitte 40 zu erbleichen.

Fürze kann man anzünden

Die aus dem Darm entweichenden „Winde", medizinisch korrekt Flatulenzen, umgangssprachlich meist Fürze genannt, sind ein Gemisch aus verschiedenen Gasen, von denen einige (Methan und Wasserstoff) brennbar sind. Ausprobieren sollte man das aber lieber nicht, wenn man sich nicht den Hintern verbrennen will. Die Gase entstehen bei der Verdauung. Die meisten davon werden im Blut aufgenommen und dann über die Lunge ausgeatmet. Nur wenn zu viele Gase entstehen, verlassen sie den Körper über den Darmausgang. Manchmal in kleinen Mengen und laut- und geruchlos, manchmal stinkend und donnernd. Eine träge Verdauung, mangelnde Bewegung, Nahrungsmittelallergien, aber auch bestimmte Lebensmittel wie Hülsenfrüchte, Kohl und mit Glukosesirup gesüßte Limonaden sind die Ursache für Flatulenzen.

Manche Menschen kann man „nicht riechen"

Die Werbung gaukelt uns vor, dass Körpergeruch generell unangenehm ist und deshalb mit allerlei Kosmetik überdeckt werden muss. Dagegen stehen Experimente, in denen Menschen sich deutlich häufiger auf leere Stühle mit einem leichten Schweißgeruch von einem Vertreter des anderen Geschlechts setzten als auf „geruchlose". Tatsächlich haben Wissenschaftler herausgefunden, dass der Körpergeruch eines Menschen für die Partnerwahl eine bedeutende Rolle spielt. Der Geruch eines genetisch sehr verschieden ausgestatteten Menschen wird als angenehmer empfunden, während man einen Menschen mit eher ähnlichen Genanlagen instinktiv weniger attraktiv findet. Auf diese Weise reduziert die Natur die Gefahr von Erberkrankungen beim gemeinsamen Nachwuchs. Doch auch wer keine Kinder möchte, kann sich gegen die Geruchsprägung nicht wehren. Deshalb tut man bei der Partnerwahl gut daran, den Auserwählten auch mal ohne Parfum zu „beschnuppern". Auch die Pille scheint den Geruchssinn der Frauen zu manipulieren, die dann genetisch ähnlich ausgestattete Menschen attraktiver finden.

Bei schwülem Wetter schwitzen wir mehr

Der Körper schwitzt, wenn er überhitzt ist. Das hat mit der Feuchtigkeit der Umgebungsluft zunächst nichts zu tun. Ist die Luft aber trocken, so verdunstet der Schweiß oft so schnell, dass man ihn kaum bemerkt. Die Verdunstung erzeugt sogar eine angenehme Kühle. Je feuchter die Luft jedoch ist, desto weniger kann sie zusätzliche Flüssigkeit aufnehmen. Die Folge ist, dass der Schweiß nicht oder nur wenig verdunsten kann und am Körper kleben bleibt. Da die Kühlung durch die Verdunstung ausbleibt, schwitzt der Körper in der Folge tatsächlich etwas stärker.

Schweiß stinkt

Wäre das so, dann hätte sich nie eine Saunakultur etablieren können. Doch Schweiß riecht zunächst überhaupt nicht. Erst wenn körpereigene Bakterien beginnen, die enthaltenen organischen Stoffe zu zersetzen, entstehen übel riechende Abfallprodukte wie die ranzige Buttersäure oder die stechende Ameisensäure.

Bei großer Kälte bekommt man Frostbeulen

Wenn es richtig kalt ist, holt man sich Erfrierungen. Frostbeulen dagegen entstehen, wenn Menschen mit Durchblutungsstörungen wiederholt nasser Kälte ausgesetzt sind. Die juckenden, bläulichen Knoten bilden sich vor allem an Fingern, Ohren und Zehen, die generell weniger durchblutet sind. Wer gesund ist, bekommt jedoch keine Frostbeulen.

Nach dem Tod wachsen Nägel und Haare noch eine Weile weiter

Diese gruselige Legende ist Quatsch. Ist der Mensch gestorben, dann bedeutet das das Ende aller Körperfunktionen. Was also sollte die Haare wachsen lassen? Betrachtet man Tote nach einigen Tagen, kann allerdings tatsächlich der Eindruck entstehen, Fingernägel oder Barthaare wären gewachsen. Das liegt jedoch nur daran, dass die Haut austrocknet und schrumpelt und Nägel und Haare deutlicher hervortreten.

Nach dem Baden schrumpelt die Haut

 So scheint es. Doch in Wahrheit ist es gerade andersherum. Warmes Wasser weicht die Haut auf. Sie schrumpelt also nicht zusammen, sondern wird gedehnt und wirft Falten, weil sie nun gewissermaßen zu groß für den Körper ist, den sie umschließt. Zum Glück „schrumpelt" sie aber bald wieder auf Normalgröße zusammen.

Wer „verkalkt", hat Kalk im Kopf

 Teilweise schon. Kalziumkarbonate oder Kalk gehören zu den Stoffen, die sich in den Gefäßen des menschlichen Körpers ablagern können und sogenannte Plaques bilden, die die Funktionsweise dieser Gefäße stören. Neben der Alzheimerkrankheit sind verstopfte Gefäße der größte Risikofaktor für Demenz, aber keineswegs der einzige. Verkalkte Gefäße können jedoch auch zu ganz anderen Krankheiten führen, etwa zu Herzinfarkt.

Indianer vertragen keinen Alkohol

 Alkohol ist für den Organismus ein Gift und wie viel jemand davon verträgt, hängt entscheidend davon ab, wie schnell es sein Körper abbauen kann. Dazu sind Enzyme nötig. Viele Ostasiaten jedoch verfügen über einen geringeren Anteil des Enzyms Alkoholhydrogenase und/oder über eine weniger wirksame Version des Enzyms Acetaldehyddehydrogenase. Das führt dazu, dass sie schneller, heftiger und länger unter den Folgen des Alkohols leiden. Besonders ausgeprägt sind diese Probleme beim Alkoholabbau bei den Indianern und Inuit, deren genetische Wurzeln ja ebenfalls in Ostasien liegen.

Afrikaner vertragen keine Milch

 In der südlichen Hälfte Afrikas sind es je nach Region 80 bis 100 Prozent aller Menschen, die keine Milch vertragen, in der nördlichen etwa 60 bis 80 Prozent. Ähnlich sieht es in Südamerika und Südasien aus. Doch das Verwunderliche ist weniger, dass dort so wenige Menschen Milch vertragen, sondern dass so viele Europäer sie vertragen. Denn Milch als Nahrungsmittel für erwachsene Menschen war von der Evolution erst einmal nicht vorgesehen. Nicht die Laktoseintoleranz beruht auf einer genetischen Mutation, sondern die Fähigkeit erwachsener Menschen, Milchzucker abbauen und damit

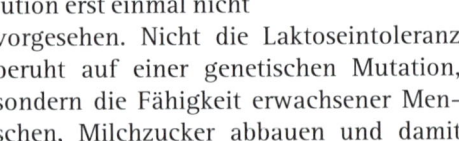

Milch verdauen zu können. Dieser „Defekt" erwies sich jedoch im kalten Norden als echter Überlebensvorteil, da über die Milch wichtiges Kalzium aufgenommen wird, das der Körper zwar selbst bilden kann, jedoch nur in ausreichender Menge, wenn er genug Sonne abbekommt. Auch im Norden Asiens und Amerikas vertragen relativ viele Erwachsene Milch, während sich in Europa in deutliches Nord-Süd-Gefälle zeigt. So vertragen in Schweden nur 2 Prozent der Erwachsenen keine Milch, während es auf Sizilien 70 Prozent sind.

Wenn man zu viel isst, platzt der Magen

Das ist unwahrscheinlich, sogar extrem unwahrscheinlich. Aber nicht ganz ausgeschlossen. Unter normalen Umständen wird das Essen seinen Weg aus einem überfüllten Magen über den einfachsten Weg nehmen: über die Speiseröhre. Im Klartext: Man wird sich heftig übergeben. Lediglich wenn jemand bereits eine geschädigte, poröse Magenwand hat, dann ist es denkbar, dass diese Risse bekommt. Aber zu einem explosionsartigen Platzen kommt es auch dann nicht.

Wenn man lange wenig isst, schrumpft der Magen

Auch wenn es sich nicht so anfühlt: Der Magen behält seine Form. Wenn man sich nach einer längeren Fastenperiode trotzdem schneller satt oder gar „überfressen"

fühlt, dann liegt das daran, dass der Magen sich an die kleinen Portionen gewöhnt hat und auf die plötzliche Überforderung unzureichend reagiert. Im Extremfall kann es sogar zu schweren Komplikationen kommen. Manch einer, der das Ende einer Fastenzeit mit einer Völlerei gefeiert hat, ist schon in der Klinik gelandet.

Sauer macht lustig

Wer ein Faible für saure Lebensmittel hat, der wird beim Essen von Essiggurken, saurem Hering oder Zitronen sicher auch leicht in ausgesprochen gut gelaunte Stimmung geraten. Doch hinter dieser alten Weisheit steckt etwas anderes. Nicht „lustig" hieß es ursprünglich, sondern „gelustig". Saure Nahrung, so die Aussage, weckt also Gelüste. Und das stimmt. Säure im Essen hat eine appetitanregende Wirkung, da sie den Speichelfluss fördert und die Verdauungsorgane aktiviert. Außerdem beschleunigt Essigsäure den Stoffwechsel und hilft beim Abbau von Fett und Kohlenhydraten.

Sehr saure Nahrung kann ein Loch in die Magenwände ätzen

Mit dieser Drohung versucht manch ein Erziehungsberechtigter, Kinder vom massenhaften Konsum stark säurehaltiger Süßigkeiten wie Brausepulver abzubringen. Doch es ist ein Ammenmärchen, das eigentlich nur bei Menschen funktioniert, die noch nicht wissen, dass der menschliche Magen Salzsäure enthält, um die Nahrung zu verdauen. Ganz klar, dass eine Magenwand, die das aushält, nicht plötzlich durch Zitronensäure in Süßigkeiten löchrig wird.

Essen macht müde

Eigentlich führt man dem Körper mit einer Mahlzeit ja Energie zu. Das müsste bewirken, dass wir nach einer Mahlzeit umso fitter werden. Doch so schnell geht die Sache nicht. Erst einmal muss die Nahrung verdaut werden, und das kostet Energie. Während der Verdauung gelangt vermehrt sauerstoffreiches Blut in den Bauchraum. Das fehlt dann anderswo. Gehirn und Muskeln werden während des Verdauungsvorgangs eher unzureichend versorgt, weshalb man ihnen keine allzu großen Belastungen abverlangen sollte. Ein Mittagsschläfchen macht also durchaus Sinn.

Im Frühjahr bekommt man Frühjahrsmüdigkeit

Eigentlich erscheint es widersinnig: Während draußen die Natur in Schwung gerät und die Tage wieder länger werden, fühlen sich viele Menschen müde und schlapp. Doch das Phänomen der Früh-

jahrsmüdigkeit ist keine Einbildung. Der Grund für diese Abgeschlagenheit ist eigentlich auch ganz einleuchtend. Die länger werdenden Tage und die steigenden Temperaturen sorgen für eine hormonelle Umstellung des menschlichen Organismus und eine solche Umstellung stellt auch eine gewisse Belastung dar – für den einen Menschen mehr, für den anderen weniger. Ein sehr plötzlicher Temperaturanstieg im Frühjahr oder ein ständiger Wechsel zwischen strahlenden und trüben Tagen führen deshalb auch eher zur typischen Müdigkeit als ein sanfter, kontinuierlicher Frühlingsbeginn. Das Gegenmittel: der Müdigkeit nicht nachgeben, raus in die Sonne, Bewegung, gesunde Ernährung, kreislaufanregende Wechselduschen.

In überfüllten Räumen wird der Sauerstoff knapp

Dass in überfüllten Räumen mit der Zeit die Luft schlecht wird, ist unbestritten. Doch niemand muss Angst haben, in diesem Mief zu wenig Sauerstoff einzuatmen. Der normale Sauerstoffgehalt unserer Luft beträgt 21 Prozent und selbst die verbrauchte Luft, die wir ausatmen, enthält noch knapp 15 Prozent davon. Selbst wenn der Sauerstoffgehalt irgendwann auf 20 Prozent absinken sollte, stellt das noch kein spürbares Problem dar. Entscheidend ist etwas anderes: Normale Luft enthält nur 0,04 Prozent Kohlendioxid, ausgeatmete Luft aber über 5 Prozent. Es ist also leicht möglich, dass sich der natürliche Gehalt in einem mit Menschen gefüllten, geschlossenen Raum verzehnfacht. Und das merkt man! Gegen diese dicke Luft hilft dann nur: Fenster auf!

Die Hautatmung ist lebenswichtig

Welch fiese Mordmethode! Im James-Bond-Film *Goldfinger* lässt der titelgebende Schurke Auric Goldfinger (Gert Fröbe) die Bond-Gespielin Jill Masterson (Shirley Eaton) vollständig mit Gold überziehen, was sie prompt das Leben kostet. Bond (Sean Connery) liefert die fehlende Hautatmung als fachliche Begründung. Sie entbehrt bloß jeder Grundlage. Menschen nehmen gerade mal 1 Prozent ihrer Atemluft über die Haut auf und können auch ohne Hautatmung auskommen. Realistisch wäre allerdings gewesen, wenn das Bond-Girl nach Luft gejapst hätte. Denn schließlich spielte die Szene bei tropischen Temperaturen und der Goldüberzug hinderte die schöne Jill daran, sich durch Schwitzen Abkühlung zu schaffen. Im Extremfall wäre sogar ein Hitzschlag denkbar.

Gähnen ist ein Zeichen für Sauerstoffmangel im Gehirn

Der Gähnreflex ist für die Wissenschaftler immer noch ein ziemliches Rätsel. Es gibt viele Theorien, wie er ausgelöst wird und welchem Zweck er dienen soll. Doch wirklich wissen tut man noch sehr wenig. Dass das Gähnen aber irgendetwas

mit einer mangelnden Sauerstoffversorgung zu tun hat, scheint mittlerweile ausgeschlossen. Testpersonen, die sehr sauerstoffreiche Luft zum Atmen bekommen haben, haben nämlich genauso viel gegähnt wie solche mit Sauerstoffmangel.

Gähnen ist ansteckend

Sogar sehr. In Tests hat sich Gähnen als hochansteckend erwiesen. Selbst Versuchspersonen, die nur über das Gähnen gelesen haben, mussten meist auch selbst Gähnen. Das bringt manche Forscher auf die Idee, Gähnen könne ein Relikt aus der Zeit sein, als die frühen Menschen noch nicht sprechen konnten. Das gemeinsame Gähnen sorgte dafür, dass die ganze Urmenschenhorde zur selben Zeit müde wurde und so einen einigermaßen koordinierten Tagesablauf hatte. Allerdings gähnen Menschen nicht nur am Abend, sondern auch morgens nach dem Aufstehen. Auch Langeweile führt zu vermehrtem Gähnen, bei vielen aber auch große Anspannung, etwa vor einem Wettkampf.

Der Schlaf vor Mitternacht ist der gesündeste

Wenn man gewohnt ist, vor zehn Uhr schlafen zu gehen, schon. Denn Tatsache ist, dass der Schlaf in den ersten zwei bis drei Stunden nach dem Einschlafen am tiefsten, am erholsamsten und damit auch am gesündesten ist. Außerdem ist es gesund, wenn man einen einigermaßen regelmäßigen Rhythmus hat. Plötzlich viel früher ins Bett zu gehen als sonst, nur um noch einige Stunden vor Mitternacht schlafen zu können, ist also Quatsch. Überhaupt haben die Forscher noch keinen Hinweis gefunden, ob Frühaufstehen oder Langschlafen gesünder ist. Fünf Stunden jedoch gelten als das Minimum für einen gesunden Schlaf. Neuere Studien haben ergeben, dass für die schlanke Linie sieben bis acht Stunden Schlaf am besten sind. Menschen, die deutlich weniger oder mehr schlafen, neigen eher zu Übergewicht.

Schlafwandler sind mondsüchtig

🐱 Das glaubte man früher. Inzwischen kann man das Schlafverhalten und seine Störungen in Schlaflabors wissenschaftlich untersuchen und weiß, dass es nicht stimmt. Schlafwandeln ist eine Aufwachstörung. Der Schlaf wird durch einen äuße-

ren Reiz gestört, aber der Schlafende wacht nicht richtig auf. Ein solcher Reiz kann ein Geräusch, eine volle Blase, Stress, Krankheiten, sonstiges Unwohlsein, aber auch eine Lichtquelle sein, also auch ein sehr hell ins Zimmer scheinender Mond. Auch beim „Wandeln" streben die meisten Schlafwandler Lichtquellen zu. Doch während es früher meist keine Alternative zum Mond gab, üben heute weniger mythisch umwobene Leuchtkörper wie etwa Straßenlaternen oft eine viel größere Anziehungskraft aus.

Schlafwandler soll man nicht ansprechen

🐱 Damit sollte man tatsächlich vorsichtig sein. Wird der Schlafwandler plötzlich aus seinem Zustand gerissen, dann reagiert er erschreckt und orientierungslos. Befindet er sich z. B. gerade auf einer Treppe, kann er böse stürzen. Außerdem gibt es auch die sprichwörtliche schlafwandlerische Sicherheit nicht. Schlafwandler können sich zwar einerseits erstaunlich sicher bewegen und komplexe Tätigkeiten ausführen, sich aber andererseits auch den Hals brechen. Das gilt vor allem dann, wenn der gerade Weg mit Hindernissen versehen ist. Deshalb sollte man einen Schlafwandler auch nicht sich selbst überlassen, sondern behutsam in sein Bett zurück dirigieren. Ein sanftes Zureden ist dabei durchaus okay. Manche Schlafwandler sind auch zu Unterhaltungen fähig, allerdings mit eher wirrem Inhalt.

Gegen Hypnose kann man sich nicht wehren

In Fachkreisen gilt es als ausgemacht, dass kein Mensch gegen seinen Willen hypnotisiert werden kann. In Trance fällt nur derjenige, der innerlich mit dem Experiment einverstanden ist. Über die Frage, ob Menschen in Hypnose verleitet werden können, Dinge zu tun, die ihren Moralvorstellungen entgegenlaufen, herrscht dagegen mehr Unsicherheit. Doch auch hier geht man eher davon aus, dass Menschen sich in Hypnose nicht verbiegen lassen. Dass sie bei einer Showhypnose auf Befehl vielleicht unsinnige oder peinliche Dinge tun, steht auf einem anderen Blatt. Doch auch hier nimmt man an, dass die Hypnotiseure sich potenzielle Opfer suchen, von denen sie annehmen, dass sie eher leicht zu beeinflussen sind.

Genie und Wahnsinn liegen dicht beieinander

In dieser alten Lebensweisheit offenbart sich nicht nur ein Vorurteil der Spießbürger gegen Künstler, Genies und andere unkonventionell lebende Menschen. Untersuchungen haben ergeben, dass berühmte Künstler tatsächlich weit öfter unter psychischen Erkrankungen wie Depressionen oder Schizophrenie leiden als „normale" Menschen. Auch die Selbstmordrate ist signifikant höher. Forscher der Harvarduniversität stellten fest, dass bei besonders kreativen Menschen geringere Filterfunktionen im Gehirn stattfin-

den. Während sich das Gehirn anderer Menschen also vor einer Überforderung durch äußere Eindrücke schützt, indem es manches abblockt und als unwichtig abtut, sind Genies offener. Das führt dazu, dass sie einerseits nie Dagewesenes schaffen können, sie aber andererseits auch anfälliger für psychische Überforderungen sind.

Am häufigsten bringen sich alte Menschen um

Es spricht sich langsam herum, dass nicht die Jugendlichen die Altersgruppe sind, in der Selbstmord das größte Problem ist. Zwar ist Suizid bei den 15- bis 35-Jährigen nach Unfällen die zweithäufigste Todesursache. Doch das liegt daran, dass man in diesem Alter seltener stirbt. Geht man jedoch von Prozentzahlen aus, dann sind es eindeutig die alten Menschen, die sich am häufigsten umbringen. Bei den über 85-Jährigen sind es fast 40 von 100.000 (Bevölkerungsschnitt: 14 von 100.000). Und die Tendenz ist bei den Alterssuiziden steigend, während sie insgesamt eher zurückgeht.

Im Fitnessstudio nimmt man ab

Wer regelmäßig ins Fitnessstudio geht, baut Fett ab und Muskelmasse auf. Dem Körperumfang und

der Silhouette tut das gut, denn Fett ist voluminöser als Muskelmasse. Auf der Waage bleibt der Erfolg allerdings oft aus. Es kann sogar passieren, dass das Gewicht steigt: Muskeln sind schwerer als Fett.

deckt hat. Allerdings kann es passieren, dass eine Anlage zum Stottern erst durch Angst, Unsicherheit, Stress und unsensible Reaktionen der Umwelt zu einem wirklichen Problem wird. Bei vielen Kindern legt sich das Stottern meist von alleine wieder. Nur ein Bruchteil, meist Männer, neigt auch nach der Pubertät noch zum Stottern.

Wenn man alt wird, bekommt man graue Haare

Die Haarfarbe ändert sich beim scheinbaren Grauwerden eigentlich nicht, es wird nur weniger davon gebildet. Im Alter kann der Körper nicht mehr so viel Melanin bilden, das für die Haarfarbe verantwortlich ist. Das Melanin im Haarschaft wird stattdessen durch Luftbläschen ersetzt. Wird nur noch Luft eingelagert, dann erscheinen die Haare strahlend weiß. Übrigens ergrauen Schläfen und Bart schneller, weil die hier wachsenden Haare eine kürzere genetische Lebensdauer haben.

Stottern ist ein Zeichen von Schüchternheit

Wer stottert, muss sich meist nicht nur mit seinem Sprachproblem herumschlagen, sondern auch mit dem Vorurteil, gehemmt zu sein. Doch heute sind sich die Experten ziemlich sicher, dass das Stottern physiologische, also körperliche Ursachen hat, auch wenn man diese noch nicht ent-

Menschen, die stottern, können fehlerfrei singen

Die meisten Stotterer haben tatsächlich beim Singen keinerlei Sprachprobleme. Auch Flüstern oder ein extrem monotoner Sprachrhythmus macht meist keine Schwierigkeiten. Warum das so ist, weiß man noch nicht. Möglicherweise hat Stottern etwas mit der Wahrnehmung der eigenen Stimme oder aber mit der Atemtechnik zu tun, die beim Singen oder beim Flüstern anders ist. Wenn jemand durch seinen Sprachfehler allerdings psychisch schon schwer belastet ist, dann kann es passieren, dass er auch singend oder flüsternd über die Silben stolpert.

Die Menschen werden immer dicker

Alle Statistiken weisen darauf hin, dass der Anteil der übergewichtigen Menschen steigt. Und zwar nicht nur in den Industrie-, sondern oft auch in den Schwellenländern. Doch ein Teil dieser Steigerung geht auch auf Kosten eines neuen Berechnungssystems, das die Weltgesundheitsorganisation (WHO) Ende der 1990er-Jahre eingeführt hat, den Body-Mass-Index (BMI). Dabei wird das Gewicht durch das Quadrat der Körperlänge geteilt. Ab einem BMI von 25 gilt man als übergewichtig, ab 30 als krankhaft fettsüchtig. Vorher galt ein Mensch als gesund, wenn sein Gewicht der Körperlänge minus 1 Meter entsprach – mit einem Toleranzrahmen von 10 Prozent nach oben und unten. Wer 1,75 Meter groß ist, durfte demnach bis zu 82,5 Kilo wiegen. Heute hätte er damit einen BMI von fast 27 und wäre übergewichtig. Der BMI gilt vielen Kritikern als zu streng, zu willkürlich in den Grenzwerten und zu wenig angepasst an Faktoren wie Körperbau und Alter. Außerdem gibt es Studien, die darauf hindeuten, dass Menschen, die gemäß BMI ein leichtes Übergewicht haben, am längsten leben.

Wenn Füße eingeschlafen sind, kribbeln sie

Beim Phänomen der eingeschlafenen Füße sind die Füße weder wirklich eingeschlafen noch sind sie es, die kribbeln, auch wenn es sich so anfühlt. Stattdessen wird eine Nervenbahn so gequetscht, dass der Körper keine Informationen mehr aus dem Fuß erhält. Die permanente Meldung, die dem Gehirn signalisiert, wo sich der Fuß gerade befindet und in welchem Zustand er ist, ist unterbrochen. Das führt zu Falschinformationen zwischen dem Gehirn und dem gequetschten Nerv, die sich kribbelnd bemerkbar machen.

Großstadtkinder denken, Kühe seien lila

Kinder malen gerne lila Kühe, wie es die Milka-Kuh ist. Aber deswegen glauben sie – wie 1997 eine Studie der Universität Marburg festgestellt hat – noch lange nicht, dass Kühe wirklich lila sind, auch wenn diese Behauptung stets zitiert wird, wenn mehr Umweltbildung für Kinder gefordert wird. Trotzdem betonten auch die Marburger Forscher die Wichtigkeit der Umweltbildung. Denn sie stellten fest, dass Natur, vor allem Wald und Tiere, für die meisten Kinder etwas Tolles ist, aber viele überhaupt nicht über konkrete Naturerlebnisse berichten konnten. Damit einher ging ein „Bambi-Syndrom", eine unrealistische Verniedlichung der Natur.

Ein Hundejahr entspricht sieben Menschenjahren

Was die reine Lebensdauer angeht, so passt diese Formel auf viele Hunderassen, denn sie werden im Schnitt elf bis zwölf Jahre alt, was in etwa mit der menschlichen Lebensdauer korrespondiert, wenn man das Ganze mal sieben nimmt. Es gibt allerdings auch Rassen, vor allem kleine, die leicht 15 Jahre und älter werden. Betrachtet man den Lebenszyklus der Hunde, dann passt die Formel nicht. Viele Hunde werden schon geschlechtsreif, bevor sie ein Jahr sind und sind, spätestens mit anderthalb Jahren ausgewachsen.

Hunde und Katzen vertragen sich nicht

 In der Regel nicht: In freier Wildbahn sind Hund und Katze Nahrungskonkurrenten und meiden einander meist. Treffen sie doch aufeinander, dann wird abgeklärt, wer der Stärkere ist. Auch wenn es nicht um Reviere geht, haben Hunde und Katzen schlechte Voraussetzungen, einander zu verstehen, denn ihr Kommunikationsverhalten ist sehr unterschiedlich. Ein schwanzwedelnder Hund etwa will spielen, während ein hin und her peitschender Schwanz bei einer Katze eine Drohung bedeutet. Wachsen Hund und Katze allerdings zusammen auf und müssen sich nicht ums Futter streiten, dann können sie beste Freunde sein.

Hunde, die bellen, beißen nicht

 Hunde, die bellen, können sehr verschiedene Absichten haben. Die einen wollen tatsächlich nur spielen, andere erheischen die Aufmerksamkeit der Menschen.

Aber Bellen dient auch als Drohung. Wird diese respektiert, dann beißen sie in der Regel tatsächlich nicht. Ignoriert ein Mensch aber die Warnung, dann kann es leicht passieren, dass die Hunde zuschnappen. Das aber hängt vom individuellen Charakter des Hundes ab. Andere bellen tatsächlich nur, trauen sich aber nicht, ernst zu machen. Dass Hunde ohne vorheriges drohendes Bellen zubeißen, ist eher selten. Meist fühlen sie sich dann auch sehr spontan bedroht.

Katzen, die schnurren, fühlen sich wohl

 Nicht unbedingt. Auch kranke oder ängstliche Katzen schnurren oft. Wissenschaftler nehmen an, dass das Schnurren vor allem die Katze selbst beruhigt. Also schnurren Katzen nicht nur aus Behagen, sondern gerade auch dann, wenn es ihnen nicht gut geht als Abhilfe. Besonders intensiv schnurren Katzenmütter, um ihre Jungen zu beruhigen. Übrigens weiß man immer noch nicht, wie das Schnurren eigentlich zustande kommt. Fachleute diskutieren, ob das Vibrieren im Kehlkopf, mit den Stimmbändern, mit dem Zungenbein oder gar in den Lungen erzeugt wird.

Katzen landen immer auf ihren Füßen

 Jede fallende Katze ist imstande, in Sekundenbruchteilen eine schnelle, komplizierte Drehung auszuführen, die sie in eine optimale Landeposition bringt. Dabei tritt die paradoxe Situation auf, dass sich Katzen, die aus größerer Höhe fallen, sogar weniger verletzen als bei sehr kurzen Stürzen, weil sie während des Fallens an der Feinjustierung ihrer Gliedmaßen arbeiten können. Das Ganze gilt allerdings nicht bei blinden Katzen: In Versuchen fielen sie meist sehr ungeschickt zu Boden.

Dreifarbige Katzen sind immer Weibchen

Katzen mit einem gelborange-schwarzweiß gemusterten Fell, die auch als Schildpatt-, Kaliko- oder Glückskatzen bezeichnet werden, haben immer zwei X-Chromosomen und sind damit in der Regel weiblich. Ausnahmen sind männliche Katzen mit dem Klinefeltersyndrom, die neben einem Y-Chromosom zwei X-Chromosome haben. Denn die Erbinformation für die Fellfarben Orange oder Schwarz sitzt auf dem X-Chromosom und nur Tiere mit zwei X-Chromosomen können die Anlage für beide Farben haben. Die Informationen für die weißen Fellpartien dagegen befindet sich auf einem anderen Chromosom.

Katzen mögen Milch

Setzt man sie ihnen vor, dann trinken sie sie meist auch. Doch die meisten Katzen, vor allem ältere, vertragen die enthaltene Laktose nicht besonders gut. Das kann sich dann mit Durchfall rächen. Deshalb ist Wasser die gesündere Ernährung für die Tiere.

Katzen sehen im Dunkeln

Katzen sehen im Düsteren sehr gut. Ihre Pupillen können so stark geweitet werden, dass sie fast die ganze Augenfläche einnehmen. Dadurch können sie mehr Licht aufnehmen. Außerdem besitzen sie auf der Augenrückseite eine reflektierende Netzhaut. Diese ist dafür verantwortlich, dass die Katzenaugen im Dunkeln leuchten. Beides hilft den Katzen, mit etwa einem Sechstel der Lichtmenge auszukommen, die wir Menschen brauchen, um noch gut sehen zu können. Bei vollkommener Dunkelheit dagegen können auch Katzen nichts mehr sehen.

Kühe, die Mozart hören, geben mehr Milch

Tests haben ergeben, dass klassische Musik wie Mozarts Kleine Nachtmusik tatsächlich einen positiven Effekt auf die Milchproduktion hat – auch wenn die Erhöhung bei nicht viel mehr als einem halben Prozent lag. Der Grund: Die Milchleistung erhöht sich, wenn sich die Tiere wohlfühlen. Klassische Musik hat diesbezüglich offenbar einen positiven Einfluss. Punkrock und sogenannte Volksmusik allerdings scheinen nicht zum Wohlbehagen der Kühe beizutragen: Der Milchertrag ging sogar um über 2 Prozent zurück.

Rülpsende Rinder tragen zur Klimaerwärmung bei

Es klingt wie ein schlechter Scherz, aber es ist Tatsache. Wiederkäuer wie Rinder, Schafe und Ziegen setzen bei der Verdauung beträchtliche Mengen an Methan frei, eine Kuh etwa 200 Liter pro Tag. Methan aber ist für das Weltklima noch weit gefährlicher als Kohlendioxid (CO_2). Es heizt die Atmosphäre etwa 23-mal so stark auf. Neben Wiederkäuern setzen auch Reisfelder beträchtliche Mengen an Methan frei. Deshalb gibt es Versuche, leistungsstarke Trockenreissorten zu züchten. Auch Sümpfe erzeugen Methan. Besonders schlimm für die Umwelt ist es, wenn Urwälder, die auf sumpfigem Grund stehen, niedergebrannt werden.

Rot macht Stiere wild

Rinder sind farbenblind und können kein Rot erkennen. Beim Stierkampf wurden sie früher auch mit einem weißen Tuch wild gemacht. Warum sie wild werden, dafür gibt es zwei Erklärungen, die möglicherweise beide passen. Zum einen scheinen den Stier die schnellen Bewegungen mit dem Tuch zu reizen. Hält der Torero das Tuch dann aber neben seinen Körper, dann sieht der Stier wahrscheinlich einen Konkurrenten vor sich. Folgerichtig gilt sein Angriff dem Tuch, das er für den Rumpf und damit die empfindlichste Stelle des Gegners hält.

Esel sind dumm

Esel sind stur. Wenn ihnen eine Sache nicht geheuer ist, dann reagieren sie erst einmal mit Verweigerung. Aber für einen Menschen kann es natürlich lästig sein, wenn sein Esel vor einer schmalen Brücke erst einmal eine halbe Stunde Risikoabschätzung betreibt, bevor er seine Hufe daraufsetzt. Bleibt ein Esel aber bei seiner Weigerung, dann kann es klug sein, ihm zu vertrauen. Denn ein spanisches Sprichwort rät Menschen, die sich in den Bergen verirrt haben: „Folge einer Ziege und du stürzt in den Abgrund. Folge einem Esel und er führt dich ins Dorf."

Füchse sind schlau

In Tierfabeln wird der Fuchs meist als das schlaueste und gerissenste aller Tiere dargestellt. Moderne Forscher können diese Schlauheit des roten Räubers durchaus bestätigen. Sie haben allerlei Verhaltensweisen von Füchsen beobachtet, die direkt aus der Fabel entsprungen sein könnten. So stellten sich Füchse beispielsweise tot, um Krähen anzulocken, die sie dann überwältigten. Im Gegensatz etwa zu Mäusen gehen Füchse auch nicht leicht in

Fallen, sondern schaffen es oft, den Köder zu rauben, ohne den Mechanismus der Falle auszulösen.

Füchse stehlen Gänse

So erzählt es zumindest ein bekanntes Kinderlied. Aber in Wahrheit sind Gänse für die zierlichen Räuber zu schwere Brocken. Sie bringen ein ähnliches Gewicht auf die Waage, sind aber wesentlich höher gebaut als ein Fuchs und haben kräftige Flügel, mit denen sie ihm leicht – und sehr effektiv – eine wischen können. Gänseeier, Jungtiere und Hühner sind dagegen willkommene Beute.

Wölfe heulen den Mond an

Wölfe heulen, um ihr Revier abzugrenzen und um nach der Jagd das Rudel wieder zu sammeln. Dabei recken sie ihre Köpfe gen Himmel. Mit dem Mond hat das aber nichts zu tun.

Ein Hirsch ist so alt wie die Zahl seiner Geweihspitzen

In den ersten beiden Lebensjahren stimmt diese Regel meist noch. Danach hängt es jedoch von der genetischen Veranlagung und der Gesundheit der Tiere ab, wie groß ihr Geweih wird und wie viele Spitzen es bekommt. Zunächst wächst das Geweih von Jahr zu Jahr, doch es kann auch wieder kleiner werden. Das ist gerade

bei einstigen Platzhirschen der Fall, deren Kräfte durch die aufreibenden Revierkämpfe aufgezehrt worden sind.

Kamele speichern in ihren Höckern Wasser

In ihren Höckern können Kamele einen Fettvorrat einlagern, der ihnen erlaubt, 30 Tage ohne Nahrung auszukommen. Nach einer Wüstendurchquerung sind die Vorräte abgebaut und die Höcker hängen schlaff herunter. Allerdings setzt dieser Fettabbau auch Wasser frei. Zusätzliches Wasser speichern die Tiere in ihrem Magen. Dort können sie über 100 Liter bunkern, was ihnen für zwei Wochen als eiserne Reserve reicht.

Elefanten vergessen nicht

Elefanten sind sehr intelligente, lernfähige Tiere und haben tatsächlich ein sehr gutes Gedächtnis. Bei verschiedenen Experimenten erinnerten sich Elefanten nach Jahren an Dressuren, die man ihnen einmal beigebracht hatte. Und zwar nicht nur an körperliche Dressuren, sondern etwa auch an das Erkennen von Bild- oder Tonfolgen oder das Unterscheiden verschiedener Bilder. Auch in der Natur scheinen sie sich nach Jahren an Orte zu erinnern und vergangene Erlebnisse damit zu assoziieren. Die gern erzählte Geschichte, dass ein gefangener Elefant nach vielen Jahren seinen Peiniger wiedererkannte und dann tottrampelte, ist aber nicht belegt und eher unwahrscheinlich.

Affen lausen sich

 Wenn Affen einander das Fell absuchen, entfernen sie vor allem Hautschuppen und andere Verunreinigungen, selten auch einmal Ungeziefer. Vor allem aber dient die Fellpflege der Kontaktaufnahme. Die Affen wollen sich beim „Boss" einschmeicheln, Allianzen knüpfen oder Spannungen abbauen. Forscher haben direkte Zusammenhänge zwischen der Dauer und Art der Fellpflege und dem Sozialgefüge einer Gruppe feststellen können.

Waschbären waschen ihr Futter

 Wilde Waschbären leben vor allem von kleinen Krebsen, Würmern, Schnecken und Larven, die sie aus seichtem Wasser fischen. Nach dem Fang prüfen sie ihre Beute durch Abtasten und Beschnuppern, bevor sie sie fressen. Dieses Verhalten muss angeboren sein, sodass gefangene Waschbären ihr Futter erst ins Wasser werfen,

dann wieder herausfischen und einer eingehenden Prüfung unterziehen.

Kaninchen erstarren aus Angst vor der Schlange

 Das Erstarren ist ein angeborener und äußerst kluger Reflex. Schlangen können nämlich schlecht sehen. Ihre Opfer machen sie über ein Wärmebild ausfindig. Das funktioniert aber nur, wenn sich etwas nicht nur durch seine größere Wärme von der Umgebung abhebt, sondern auch noch bewegt. Ein vollkommen erstarrtes Kaninchen kann die Schlange nicht wahrnehmen. Sich wie ein Kaninchen vor der Schlange benehmen, heißt also streng genommen nicht, aus Angst zu erstarren, sondern sich unsichtbar zu machen.

Marder mögen Gummi

 Wenn Marder die Kühlschläuche eines Autos zerbeißen, dann hat das keine kulinarischen Gründe. Sie tun das nämlich nur, wenn sie im Motorraum, wo sie sich wegen seiner Wärme gern verkriechen, den Duft eines anderen Marders riechen. Dann beißen sie wild um sich und Gummischläuche fallen dem zum Opfer. Probleme mit Marderbissen bekommt man also erst, wenn man mit seinem Auto, in dem es sich schon einmal ein Marder bequem gemacht hat, in das Revier eines anderen Tieres fährt. Übrigens: Der beste Schutz gegen (weitere) Marderbisse ist es, einen kaputten Schlauch längs aufzuschlitzen und über

Mäuse fressen gerne Käse

Mäuse fressen so ziemlich alles: Obst, Gemüse, Fleisch, Getreide und natürlich auch Käse. Sie haben jedoch keine besondere Vorliebe dafür. Käse gilt nur deshalb als die Mäusenahrung, weil Menschen in der Regel eine Mausefalle lieber mit einem Stück Käse als leicht gammelnden Obst- oder Fleischbrocken bestückt haben. Nüsse erfüllen diesen Zweck aber auch. Und angeblich sollen Süßigkeiten mit Pfefferminzduft für die kleinen Nager ganz besonders verlockend sein.

Maulwürfe sind blind

Der Maulwurf mit dem Blindenstock ist eine beliebte, aber falsche Karikatur. Denn Maulwürfe können sehen, allerdings nicht gerade viel. Im Wesentlichen können sie zwischen Hell und Dunkel unterscheiden. Das bedeutet: Sie können feststellen, ob sie sich gerade über oder unter der Erde befinden. Mehr braucht es auch nicht. Denn in den dunklen, unterirdischen Gängen, in denen sie meist leben, könnten sie schließlich auch mit einem besseren Sehvermögen nichts erkennen. Dort benutzen sie ihre Nase und die Tasthaare an ihrer Schnauze, um sich zu orientieren.

Lemminge begehen kollektiven Selbstmord

Und zwar, indem sie sich über eine Klippe ins Meer stürzen. Dies zeigte die Disney-Dokumentation *White Wilderness* im Jahre 1958. Doch dieser Lemming-Selbstmord wurde künstlich inszeniert. Im wahren Leben können Lemminge schwimmen, solange der Seegang nicht zu schwer und die Entfernungen nicht zu groß sind. Tatsache ist, dass sich Lemming-Populationen immer wieder explosionsartig vermehren, wenn ihre Feinde, vor allem das Hermelin, gerade eine Schwächeperiode durchmachen. Dann kommt es zu großen Wanderbewegungen, bei denen schon manch ein Rudel in einen Abgrund gestürzt sein mag. Einen Selbstmordtrieb besitzen die Tiere aber nicht.

Igel fressen Schnecken

Igel sind Allesfresser, die sich vor allem von Insekten, Würmern und Obst ernähren. Aber auch Schnecken verschmähen sie nicht, jedenfalls nicht die Gelege und kleinere Tiere der bei uns einheimischen Arten. Die von den Gärtnern so gehassten Nacktschnecken dagegen meiden sie wegen ihres bitteren Schleims. Übrigens: Es ist eine Legende, dass Igel ihre Nahrung auf ihren Stacheln in den Bau tragen. Man sollte ihnen auch keinesfalls Milch hinstellen, denn sie vertragen keine Laktose.

Hühner legen jeden Tag ein Ei

 „… und sonntags auch mal zwei." Doch das stimmt nicht. Selbst die modernsten, hochgezüchteten Legerassen bringen es auf nur etwa 300 Eier pro Jahr. Und zwei Eier pro Tag sind sowieso ein Ding der Unmöglichkeit, da die Produktion eines Eis 24 Stunden dauert. Früher waren die Legeleistungen weit niedriger und Wildhühner beschränken sich sogar auf einige Dutzend Eier pro Jahr. Nun ist es aber so, dass auch Menschen im Schnitt nicht täglich ihr Ei verzehren, sondern in Deutschland etwa 220 Stück im Jahr, sodass ein Huhn gut den Eierkonsum eines Menschen bedienen kann.

Zum Eierlegen brauchen Hennen einen Hahn

 Dann gäbe es keine Legebatterien. Zum Glück für den menschlichen Eierkonsum und zum Pech der Hennen funktioniert das Eierlegen bei ihnen unabhängig davon, ob sie sich vorher mit einem Hahn gepaart haben oder nicht. Die Eier werden nämlich während ihrer Entwicklung im Eiergang der Hennen in einem Stadium befruchtet, in dem sie noch keine Schale haben. Nach einer Paarung bleibt das Sperma des Hahnes etwa zehn Tage im Eiergang der Henne aktiv, sodass diese in dieser Zeit befruchtete Eier legt, aus denen sich Küken entwickeln können. Äußerlich sieht man den Eiern jedoch nicht an, ob sie befruchtet sind.

Hühner können auch ohne Kopf noch herumlaufen

 Wer per Hand ein Huhn schlachten will, der hackt ihm in der Regel den Kopf ab. Doch die Bewegung eines Huhnes wird nicht allein durch das Gehirn, sondern auch durch Nervenknoten im Rückenmark, den Ganglien, gesteuert. Diese funktionieren auch noch, wenn das Huhn keinen Kopf mehr hat. Deshalb können enthauptete Hühner noch einen kleinen Moment herumflattern oder laufen, wobei ihre Bewegungen allerdings ziemlich unkoordiniert sind, bevor der Organismus vollständig zusammenbricht. Ähnlich unheimlich ist das Schlachten von Aalen: Auch ein zerteilter Aal bleibt noch einige Zeit erstaunlich „lebendig".

Huhn und Hahn gehören zusammen

 Präzise muss es heißen: Henne und Hahn. Auch wenn in der Alltagssprache der Begriff Huhn oft nur für weibliche Hühner gebraucht wird, ist er eigentlich ein geschlechtsneutraler Gattungsbegriff für diese Vogelart.

Adler haben Adleraugen

 Die haben sie tatsächlich. Um wie ein Adler sehen zu können, bräuchte ein Mensch ein Fernglas mit etwa siebenfacher Vergrößerung. Diese scharfe Sicht kommt vor allem daher, dass die Augen des Adlers auf der gleichen Fläche etwa fünfmal so viel Lichtrezeptoren haben wie die des Menschen. Im Gegensatz zum Mensch hat der Adler mit seinen seitlich sitzenden Augen auch ein größeres Gesichtsfeld. Er kann etwa in einem Winkel von 300 Grad sehen, das sind fünf Sechstel von einem totalen Rundumblick. Allerdings haben andere Greifvögel ähnlich gute Augen. In der Nacht dagegen ist es mit den berühmten Adleraugen nicht so weit her.

*R*aben sind Rabeneltern

⚡ Mit diesem Vorurteil wird den armen Raben gründlich unrecht getan. Sie sind sogar höchst fürsorgliche Eltern. Jedenfalls so lange, wie die lieben Kleinen noch nicht flügge geworden sind. Ist der Nachwuchs dann aber alt genug, um sich mit eigenen Schwingen fortzubewegen, werden die jungen Raben von ihren Eltern recht rüde aus dem Nest geschubst. Allerdings gehen viele andere Tiereltern mit ihren herangewachsenen Kindern ähnlich rigoros um.

*E*lstern stehlen Schmuck

⚡ Elstern sind gelehrige Vögel, sodass man sie durchaus darauf abrichten kann, glitzernde Dinge wie Schmuck zu stehlen. Aber noch hat kein Ornithologe in einem Elsternnest einen verbor-

genen Schatzhort gefunden. Da Elstern Allesfresser sind und zudem die Angewohnheit haben, Futterdepots für schlechte Zeiten anzulegen, sammeln sie aber tatsächlich alles Mögliche und haben so eine gewisse „diebische" Anlage. Unter anderem stehlen sie auch Eier und Jungvögel aus anderen Nestern, um sie zu verspeisen, was stark zu ihrem schlechten Ruf beigetragen haben dürfte.

*S*trauße stecken bei Gefahr ihren Kopf in den Sand

⚡ Die viel geschmähte Vogel-Strauß-Haltung, nämlich vor drohenden Gefahren die Augen zu verschließen, wird von den Straußen selbst nicht praktiziert. Bei Gefahr laufen sie weg und können dabei 80 Stundenkilometer schnell werden. Wenn sie ihren Kopf oft sehr nahe am – aber nicht im – Boden haben, dann stellen sie sich nicht etwa taub, sondern sind im Gegenteil bemüht, Vibrationen wahrzunehmen, die eine drohende Gefahr anzeigen.

*V*ampire saugen Blut

⚡ Das tun sie. Aber natürlich sind Vampire keine mutierten Menschen, die selbst einmal von einem Vampir gebissen wurden, sondern Fledermäuse. Es gibt drei Arten von Vampirfledermäusen, die in Süd- und Mittelamerika leben. Diese ernähren sich ausschließlich von Blut. Dazu betäuben sie die Haut ihres Opfers erst einmal mit ihrem Speichel. Der Biss der spitzen Zähne ist dann meist so schmerzlos, dass ein schlafendes Opfer nicht davon aufwacht. Da ein Vampir nur etwa 20 Milliliter Blut abzapft, könnte man sagen, eine solche Attacke wäre vollkommen harmlos. Ist sie aber nicht, denn viele sind mit gefährlichen Krankheiten wie Tollwut infiziert und können sie übertragen.

Fledermäuse können sich in den Haaren verfangen

Keine Sorge: Fledermäuse sind hervorragende Orientierungskünstler. Sie können Hindernisse von weniger als 1 Millimeter Stärke erkennen und werden deshalb nie mit einem Menschen oder seinem Haupthaar kollidieren. Aber wenn sich eine Fledermaus z. B. in eine Wohnung verirrt, dann kann es schon passieren, dass sie so haarscharf an den Häuptern der Bewohner vorbeischießt, dass diese fast schon die Krallen der Tiere in ihren Haaren zu spüren vermeinen.

Fliegende Fische fliegen

Nicht wirklich. Die sogenannten fliegenden Fische, die vor allem in tropischen Meeren vorkommen, springen aus dem Wasser. In der Luft gleitend können sie dann Distanzen von knapp 200 Metern zurücklegen. Beim Gleiten helfen ihnen ihre flügelähnlichen Flossen. Doch da sie mit diesen „Flügeln" nicht schlagen, also keinen Antrieb erzeugen, fliegen sie nicht tatsächlich. Ihre Antriebsenergie resultiert allein aus dem Sprung. Mit diesen Sprüngen bringen sich die Fische vor ihren Feinden in Sicherheit.

Der gefährlichste Hai ist der Weiße Hai

Die ISAF, eine Statistik der Universität von Florida über Haiattacken, führt den Weißen Hai an der Spitze, vor dem Tiger- und dem Bullenhai. Demnach ist der Weiße Hai für über ein Drittel der registrierten Angriffe verantwortlich. Die Forscher warnen aber, dass die Tiere oft nicht korrekt identifiziert würden und im Zweifelsfall jeder große Hai für einen Weißen Hai gehalten werde. Andere Forscher kommen zu dem Ergebnis, dass der Gemeine Grundhai, der auch Stier- oder Bullenhai genannt wird, gefährlicher ist, auch deshalb, weil er seine Opfer oft sofort zerfleischt, während der Weiße und andere Haie sich in der Regel nach der ersten Attacke zurückziehen, sodass viele Opfer gerettet werden können. Der Bullenhai ist auch deshalb besonders gefährlich, weil er sich nicht nur im tiefen Wasser, sondern auch in manchen großen Flüssen wie dem Amazonas aufhält.

Blut zieht Haie an

Haie können Blut tatsächlich auf eine große Entfernung wittern und gehen dieser Duftspur auch oft nach. Aber deswegen greifen sie das blutende Opfer noch lange nicht an. Es muss auch nach Beute aussehen. Am ehesten greifen Haie an, wenn jemand in Panik gerät und hektisch versucht wegzuschwimmen und dabei noch Geräusche von sich gibt. Experten raten deshalb in einer solchen Situation: Ruhe bewahren, eine senkrechte Position einnehmen, sich langsam auf den Hai zubewegen und dabei abwehrend mit der Hand wedeln. Weder Angreifer noch senkrechte Objekte passen in das Beuteschema des Hais, weshalb er vermutlich irritiert abdrehen wird. Eine Garantie ist das natürlich nicht, weshalb man Haien grundsätzlich besser nicht begegnet.

Piranhas fressen ihre Opfer bis auf die Knochen ab

In der Regel fressen eher Amazonasbewohner gefangene Piranhas bis auf die Gräten ab. Die berüchtigten Fische gelten in Südamerika nämlich als Delikatesse. Umgekehrt gilt, dass nur ganz wenige Piranha-Arten für den Menschen gefährlich werden, während andere sich sogar vegetarisch ernähren. Doch auch die gefährlichen sind meist nicht so wild, wie gängige Horrordarstellungen suggerieren. In der Regel greifen sie nämlich keine schwimmenden Menschen an, sondern stürzen sich auf blutige, zappelnde Körper, die schon von anderen Wasserbewohnern gerissen worden sind. Etwas anderes ist es, wenn ein Piranhaschwarm im Sommer in

einen Flussarm gerät, der langsam austrocknet und den Kontakt zum Hauptstrom verliert. Solcherart gefangene hungrige Piranhas werden wirklich extrem gefährlich.

Wale blasen Wasserfontänen in die Luft

Die eindrucksvollen Fontänen über dem Kopf mancher Walarten bestehen nicht aus Wasser, sondern nur aus heißer Luft. Nach einem Tauchgang stoßen die Tiere die verbrauchte Atemluft durch die Nasenöffnung in ihrer Stirn aus. Die ist im Inneren des Tieres jedoch gut aufgewärmt worden und kondensiert, sobald sie mit der kühlen Luft in Berührung kommt.

Seelachs ist Seelachs

Es gibt zwei Fischarten, die als Seelachs bezeichnet werden, die beide der Familie der Dorsche angehören. Das eine ist der recht kräftig schmeckende Atlantikseelachs oder Köhler, der seinen Namen von der Lebensmittelindustrie erhielt, weil er früher, entsprechend eingefärbt, auch als Lachsersatz verkauft wurde. Das andere ist der Alaskaseelachs oder Alaskapollack, der gerne zu Fischstäbchen verarbeitet wird. Während der Köhler zu den wenigen nicht überfischten Seefischarten gehört, gibt es beim Alaskapollack überfischte und intakte Bestände. Umweltschützer empfehlen deshalb, beim Kauf auf das Qualitätssiegel MSC (Marine Stewartship Council) zu achten.

Lachsforelle ist gleich Lachsforelle

Es gibt zwei Forellenarten, die als Lachsforelle vermarktet werden. Beide haben lachsrotes Fleisch. Das bekommen sie, weil sie sich von Krebsen ernähren, die den Farbstoff Astaxanthin enthalten, ein Carotinoid. Die eine ist die Meerforelle, die über 1 Meter lang und bis zu 20 Kilo schwer werden kann. Sie ernährt sich natürlicherweise von diesen Krebsen. Sie ist hierzulande selten, aber in Skandinavien häufig zu finden. Das andere sind Bach- oder Regenbogenforellen, die in Fischzuchten aufwachsen und mit Astaxanthin gefüttert werden. Das ist unschädlich und eine rein verkaufsfördernde Maßnahme. So lecker diese „künstlichen" Lachsforellen sind, an den Geschmack einer Meerforelle kommen sie nicht heran.

In großen Muscheln hört man das Meer rauschen

Muschelgehäuse bestehen aus zwei zusammenklappbaren Schalen. Gewundene Gehäuse stammen eigentlich von Schnecken. Aber auch in den großen Meeresschneckengehäusen kann man nicht die Brandung wahrnehmen, selbst wenn man scheinbar ein fernes Rauschen hört, wenn man sie fest ans Ohr drückt. In Wirklichkeit stammt das Rauschen vom Blut, das in den eigenen Ohren zirkuliert. Die glatten Wände des Schneckengehäuses werfen dessen Schall als Echo zurück.

Der Tyrannosaurus Rex war der gefährlichste Saurier

Niemand kann sagen, welcher Saurier der gefährlichste war. Denn auch wenn die Tiere noch so groß waren und ein noch so furchterregendes Gebiss hatten: Es herrscht meist Uneinigkeit darüber, wie die massigen Tiere sich bewegt haben und wie sie jagten und sich ernährten. Viele waren möglicherweise nur Aasfresser oder jagten kleinen Tieren die schon erlegte Beute ab, die sie selbst nie hätten erwischen können. Sicher ist, dass der T-Rex mit etwa 10 Meter Körperlänge nicht der größte Saurier war. Inzwischen hat man mehrere größere Arten entdeckt. Derzeitiger Spitzenreiter ist der Spinosaurus, der in der Kreidezeit, also vor 125 bis 95 Millionen Jahren, in Afrika lebte und bis zu 18 Meter lang wurde.

Manche Lebewesen haben ein „drittes Auge"

Das stimmt. Allerdings dient es nicht dazu, die Zukunft oder gar übernatürliche Dinge, die anderen Lebewesen verschlossen bleiben, zu sehen, wie das asiatische Religionen und esoterische Lehren verkünden. Das dritte Auge ist eine Stelle am Schädelknochen mancher Reptilien und Vögel, die so dünn ist, dass Licht hindurchfallen kann. Scheinbar registrieren die Tiere mit diesem „Auge", welche Jahreszeit herrscht. Enten, denen man die Stelle mit einem Hut verdeckt hatte, wussten auf einmal nicht mehr, wann sie anfangen sollten zu brüten oder wann es Zeit war, sich einen Winterspeck zuzulegen. Relikt dieses „Auges" bei höheren Lebewesen wie den Menschen ist die Zirbeldrüse.

Frösche sind Wetterpropheten

Wenn Frösche nach oben streben, dann soll es gutes Wetter geben. Da gibt es tatsächlich einen Zusammenhang: Bei schönem, trockenem Wetter halten sich die Fliegen und Mücken, von denen die Frösche leben, nämlich nicht am Boden, sondern auf den Blättern der Büsche auf. Die Frösche müssen ihnen also nachklettern. Aber das Ganze funktioniert natürlich nur im Freien und nicht in einem Einmachglas mit Leiterchen. Noch bessere Wetterpropheten sind die Schwalben. Fliegen sie tief, dann deutet das auf Regen hin, weil die Insekten, die ihre Beute bilden, sich dann eher bodennah aufhalten, während sich Vögel und Insekten bei gutem Wetter in sehr hohen Luftschichten tummeln.

Wer eine Kröte berührt, bekommt Warzen

Kröten haben zwar eine warzige Haut, aber sie rufen deswegen noch keine hervor, wenn man sie anfasst. Doch wenn sie sich bedroht fühlen, können einige Krötenarten ein Sekret ausscheiden, das ein leichtes Brennen auf der Haut verursacht. Die tatsächliche Ursache für Warzen sind immer Viren.

Chamäleons passen ihre Farbe der Umgebung an

Chamäleons können mit erstaunlicher Geschwindigkeit ihre Farbe wechseln, doch sie tun dies nicht, um sich ihrer Umgebung anzupassen. Faktoren wie Temperatur, Luftfeuchtigkeit und Licht spielen eine Rolle, vor allem aber die psychische Verfassung des Tieres. Während ängstliche Chamäleons sich grau und unscheinbar geben, haben aggressive oder balzende Tiere viel auffallendere Farben. Diese dienen also vor allem der Kommunikation mit Artgenossen. Die verschiedenen Farbpigmente sind in Schichten in der Haut der Tiere eingebettet. Mithilfe winziger Muskeln können sie eine bestimmte Farbe aktivieren.

In New York leben Alligatoren in der Kanalisation

Ab und zu sollen tatsächlich schon entlaufene Reptilien im New Yorker Untergrund gefunden worden sein, meistens tauchen sie aber nur in Zeitungsenten auf. Mit Sicherheit lebt dort keine dauerhafte Krokodilpopulation. Das Abwassersystem einer Stadt wie New York ist den Tropentieren nämlich viel zu kalt. Jeder Alligator oder Kaiman, der tatsächlich dort landen sollte, dürfte binnen kurzer Zeit zugrunde gehen.

Krokodile vergießen Krokodilstränen

 Krokodile können in der Tat weinen. Das tun sie zum Beispiel, wenn sie eine so große Beute erwischt haben, dass das Hinunterschlingen sehr anstrengend ist. Aus dieser Tatsache entstand die Legende, Krokodile würden generell beim Fressen weinen. Als Krokodilstränen bezeichnet man daher ein falsches, heuchlerisches Weinen – so wie fressenden und gleichzeitig weinenden Krokodilen ihr Opfer eben auch nicht wirklich leidtut.

Wenn man einen Regenwurm teilt, leben beide Hälften weiter

 Das nicht. Aber in den meisten Fällen lebt immerhin eine Hälfte weiter. Der Regenwurm hat in seinem Kopf nämlich einen Nervenknoten. Dieser kann neue Ringsegmente erzeugen und einen amputierten Wurm wieder ergänzen. Doch da es nur einen Nervenknoten gibt, kann auch nur eine Hälfte weiterleben. Nur weniger kompliziert gebaute Würmer wie etwa Strudelwürmer können tatsächlich aus fast jedem abgetrennten Körperteil einen neuen Wurm bilden.

Die Punkte eines Marienkäfers verraten sein Alter

 Aber warum hat man dann noch nie einen Marienkäfer mit einem Punkt gese-
hen? Weil es keinen gibt. Die Anzahl der Punkte, die ein Marienkäfer hat, hängt einzig und allein von der Art ab, der er angehört, und verändert sich während seines Lebens nicht. Allein in Deutschland gibt es etwa 80 Arten, die zwischen zwei und 24 Punkten auf ihren Flügeln haben. Am bekanntesten ist der rote Coccinella septempunctata, der sieben schwarze Punkte auf seinen Flügeln hat.

Wenn Spinnen Netze bauen, wird das Wetter schön

 Spinnen können offenbar tatsächlich heranziehende Wetterfronten fühlen. Jedenfalls arbeiten sie bevorzugt dann an ihren Netzen, wenn sich stabile Schönwetterlagen nähern, während sie sich bei heranziehenden Tiefs eher verkriechen. Dieses Verhalten ist durchaus sinnvoll, denn auch die Beuteinsekten sind bei schönem Wetter aktiver und geraten so leichter in die Spinnennetze. Regen und Sturm dagegen lassen kaum einen Fang erwarten und können die Netze zudem zerstören.

Spinnen krabbeln durch die Abflussrohre der Badewanne

 Auch wenn Spinnen manchmal aus dem Abfluss der Badewanne oder eines Waschbeckens krabbeln: Sie sind nicht durch die Wasserrohre dorthin gekommen. Dazu müssten sie schwimmen und unter Wasser atmen können. Fällt eine Spinne jedoch in die Badewanne und gerät dann in den Abfluss, dann gelingt es vielen, ihren Körper auf dem Wasserstrudel zu balancieren, sodass sie nicht mit untergehen. Lässt der Wasserstrom nach, kriecht so manche schon tot geglaubte Spinne wieder aus dem Abfluss heraus.

Vogelspinnen können Menschen töten

🐱 Angenehm ist er sicher nicht, der Biss einer Vogelspinne. Das Gift einiger asiatischer Arten kann auch zu Muskelkrämpfen und Benommenheit führen. Doch tödlich ist es nicht, wenn jemand nicht gerade allergisch darauf reagiert. Doch mit ihrer Spannweite von bis zu 30 Zentimetern und ihren dicken haarigen Beinen wirken die Tiere auf die meisten Menschen äußerst abstoßend. Auch die Tarantel, der man früher nachsagte, ihr Biss mache wahnsinnig (was dem Tanz Tarantella seinen Namen gab), ist weit weniger gefährlich als ihr Ruf. Aber mit einigen Beschwerden sollte man schon rechnen, wenn man sich von ihr beißen lässt.

Ohrkneifer kneifen Menschen in die Ohren

🐱 Oder benutzen sie ihre Zangen sogar, um das Trommelfell zu zerstören und dann ihre Eier in den menschlichen Gehörgang zu legen? Alles Ammenmärchen. Ohrkneifer, auch Ohrwürmer genannt, obwohl sie Insekten und keine Würmer sind, haben mit menschlichen Ohren nichts am Hut. Sie sind brave Bodenlebewesen, die sich von Pflanzenabfällen und kleinen Insekten ernähren. Woher ihr Name kommt, ist umstritten. Eine Theorie meint, es wären die ohrmuschelartigen Hinterflügel, die den Tieren ihren Namen gegeben hätten. Eine andere geht davon aus, dass getrocknete, pulverisierte Ohrwürmer früher als gutes Mittel gegen Ohrenschmerzen galten.

Schmetterlinge darf man nicht anfassen

🐱 Denn schon bei der geringsten Berührung werden ihre zarten Flügel zerstört, wird oft gewarnt. Doch das stimmt nicht. Das Einfangen in der hohlen Hand etwa schadet den Tieren nicht. Man hat auch schon Schmetterlinge fliegen sehen, deren Flügel nach einem Angriff eines Vogels ziemlich beschadigt waren.

Insekten fliegen zum Licht

🐱 Es ist andersherum. Insekten, die in einen Lichtkegel geflogen sind, finden nicht mehr heraus. Man vermutet, dass das daran liegt, dass die Tiere sich nachts am Mond orientieren. Solange der Winkel zum Mond einigermaßen gleich bleibt, fliegen sie ungefähr geradeaus. Geraten sie jedoch in den Bereich einer künstlichen Lichtquelle, dann versagt ihr Navigationssystem völlig und sie beginnen hilflos zu flattern. Aber es ist auch nicht wirklich das sichtbare Licht, das sie irritiert, sondern der für Menschen unsichtbare UV-Anteil. Deshalb sind Lampen, die ein anderes Lichtspektrum haben, etwa Natriumdampflampen, für Insekten kein Problem.

Fliegenfangen ist so schwer, weil sie den Luftzug spüren

Es ist nicht der Luftzug, den Fliegen spüren, wenn sich ihnen eine menschliche Hand nähert. Mit ihren Facettenaugen können sie dagegen Änderungen in der Helligkeit weit besser wahrnehmen als der Mensch. Das Nähern einer Hand spüren sie sofort und weichen aus. Das komplizierte Lochmuster einer schnell bewegten Fliegenklatsche dagegen überfordert die Tiere. Küchenschaben dagegen reagieren tatsächlich auf Luftzug. Den einer sich nähernden Fliegenklatsche spüren sie genau, weshalb sie mit diesen Geräten kaum zu erlegen sind.

Eintagsfliegen leben nur einen Tag

Als Fliegen existieren Eintagsfliegen tatsächlich nicht länger als einen Tag, meist sogar nur wenige Stunden lang. In dieser Zeit suchen sie einen Partner, produzieren Eier und sterben dann sofort. Auf ein längeres Leben sind sie nicht ausgelegt. Sie besitzen nicht einmal Mundwerkzeuge, um Nahrung zu sich nehmen zu können. Davor haben die Tiere allerdings schon bis zu vier Jahren als Larve im Wasser gelebt.

Wer süßes Blut hat, wird leichter gestochen

Stechmücken verfügen zwar über erstaunliche Sinne, aber das Blut in unseren Adern können sie nicht analysieren. Es hat andere Gründe, dass manche Menschen mehr gestochen werden als andere. Zum einen verfügen Stechmücken über ein gutes Wärmeempfinden. Sie können Unterschiede von 0,05 Grad wahrnehmen und finden Menschen mit einer hohen Körpertemperatur offenbar besonders attraktiv. Zum anderen werden sie von bestimmten Gerüchen angezogen, von anderen aber abgestoßen. Versuche haben ergeben, dass die Buttersäure im Schweiß genauso attraktiv wirkt wie manche Parfumingredienzien. Andere Kosmetika oder auch Medikamente dagegen wurden abgelehnt. Als besonders widerlich für Mücken gelten Knoblauch, Lavendel und Eukalyptus.

Schnaken stechen

Im Süden Deutschlands und in Österreich schon. Denn dort bezeichnet man jede Mücke als Schnake. Echte Schnaken gehören jedoch nicht zu den Stechmücken. Sie sind etwa 4 Zentimeter groß, haben aber keinen Stachel und ernähren sich von Blütennektar. Anzapfen können sie nichts, nicht einmal Pflanzen, weil ihre Mundwerkzeuge dazu zu schwach sind.

Zecken lassen sich von Bäumen fallen

Oder wie kommen sie sonst auf unseren Kopf und den Oberkörper? Doch es verhält sich anders: Zecken legen ihre Eier auf dem Boden ab. Dort schlüpfen die Jungen und krabbeln anschließend auf Grasspitzen. Dort warten sie, bis ein Wirtstier vorbeikommt, auf das sie springen können. Wer mit bloßen Waden durch hohes Gras geht, ist also besonders gefährdet, Zecken abzubekommen. Und von den Beinen können die kleinen Tierchen meist unbemerkt an eine geschützte Stelle mit zarter Haut krabbeln, wo sie dann in Ruhe zubeißen.

Bienen sterben nach dem Stich

Jedenfalls wenn sie einen Warmblüter mit weicher Haut stechen, einen Menschen etwa. Denn der Stachel ist mit einem Widerhaken versehen und bleibt fast immer in der Haut stecken. Die Versuche der Bienen, sich von ihrem Opfer wieder zu lösen, enden fast immer damit, dass sie sich einen großen Teil des Hinterleibs herausreißen. Das ist dann ihr Ende. Andere Insekten und Vögel dagegen können Bienen gefahrlos stechen. Und das sind auch ihre eigentlichen Feinde. Die Verteidigung einer Biene gegen einen Menschen, eine Kuh oder ein Pferd ist in der Natur also gar nicht vorgesehen.

Drei Hornissenstiche töten einen Menschen

... und sieben ein Pferd, heißt die alte Volksweisheit. Wenn jemand allergisch gegen Insektengift ist, dann kann aber auch schon ein Stich tödlich sein. Genauso wie der einer Wespe oder Biene. Für Nichtallergiker sind Hornissenstiche aber im Allgemeinen auch nicht gefährlicher als die anderer Insekten. Zudem sind Hornissen sehr friedliche Gesellen, die nur selten zustechen. Es ist allein ihre Größe, die sie so bedrohlich macht und ihnen ihren schlechten Ruf einbrachte.

Niemand weiß, warum Hummeln fliegen können

Es ist ein hübscher und recht beliebter Aphorismus: „Nach den Gesetzen der Aerodynamik können Hummeln nicht fliegen. Wie gut, dass die Hummel das nicht weiß." Doch seit 1996 ist das Geheimnis gelüftet. Wissenschaftler der Universität Cambridge machten Flugversuche mit Motten, die mit ihrer plumpen Gestalt und den zarten Flügeln ebenso allen bekannten Gesetzen der Aerodynamik spotteten wie die Hummeln. Die Forscher entdeckten dabei, dass die Tiere nicht mit den Flügeln schlagen wie andere Flieger, sondern ein kompliziertes Muster erzeugen. Dadurch entstehen Luftwirbel, die auch Schwergewichten wie Hummeln und Motten den nötigen Auftrieb verleihen.

Natur und Technik

Das Häuschen im Grünen ist umweltfreundlich

 Wer der Umwelt etwas Gutes tun will, der sollte sich eine Wohnung in einem möglichst großen Mehrparteienhaus in möglichst kurzer Entfernung zu Schule, Arbeit und anderen Orten suchen, die er regelmäßig aufsucht. Denn dadurch verbraucht er weniger Fläche und verschwendet weniger Energie für die Wege. Außerdem mindern sich die Heizkosten beträchtlich, wenn die eigenen vier Wände an mehreren Seiten von ebenfalls geheizten Wohnungen umgeben sind.

Wasser und Luft sind wieder sauberer geworden

 Hier hat der Umweltschutz funktioniert. Sowohl Flüsse und Seen als auch die Luft sind heute wieder beträchtlich sauberer als noch in den 1970er-Jahren. Im Rhein zum Beispiel ist die Konzentration an Schadstoffen um mehr als die Hälfte gesunken, dafür leben dort wieder doppelt so viele Fischarten. Aus der Luft ist vor allem der giftige Schwefel fast verschwunden. Leider hat man inzwischen neue Probleme entdeckt, etwa, dass das eigentlich nicht giftige Kohlendioxid zu großen Klimaveränderungen führen kann.

Netze mit größeren Maschen schonen die Fischbestände

 Netze mit besonders großen Maschen sollen die Bestände in den überfischten Meeren schonen, indem sie Jungfischen ein Entschlüpfen erlauben. Die Maschengröße ist gesetzlich vorgeschrieben und wird aufwendig kontrolliert. Doch es hat sich gezeigt, dass innerhalb weniger Jahrzehnte Fische wie der Kabeljau deutlich kleiner geworden sind, weil kleinwüchsige Exemplare ihre Gene weitergeben konnten und großwüchsige in der Pfanne landeten. Der Effekt hat sich damit ins Gegenteil verkehrt: Um den Fischhunger der Welt zu decken, müssen noch mehr Fische gefangen werden.

Licht- und Schall-geschwindigkeit sind relativ

Die Schallgeschwindigkeit wird meist mit 331 Metern pro Sekunde angegeben. Diese Geschwindigkeit gilt jedoch nur für Temperaturen von 0 Grad. Ist es wärmer, wird auch der Schall etwas schneller. Überschallflugzeuge, die bei sehr niedrigen Temperaturen fliegen, durchbrechen die Schallmauer also früher. Auch bei der Lichtgeschwindigkeit kommt es auf die Verhältnisse an. Im Vakuum ist Licht knapp 300.000 Sekundenkilometer schnell. In der Erdatmosphäre breitet es sich bereits langsamer aus und im Wasser sind es schließlich nur noch 230.000 Kilometer in der Sekunde. Schall dagegen wird im Wasser wesentlich schneller, nämlich fast 1500 Meter pro Sekunde.

Direkt über der Wasseroberfläche hört man besonders gut

Das funktioniert, wenn die Wassertemperatur kühler ist als die Luft. Dies führt dazu, dass die Luftschicht direkt über dem Wasser ebenfalls kühler ist. Unterhalten sich nun etwa zwei Schwimmer, dann breitet sich der Schall vor allem in dieser kühleren Schicht aus. Es kommt zu einer Art Schalltunnel, in dem die Geräusche besonders weit und deutlich zu hören sind. Deshalb sind vertrauliche Gespräche im Badesee besser zu belauschen als solche auf einer grünen Wiese.

Wasser kocht bei 100 Grad

Wann Wasser kocht, das hängt von den Verhältnissen ab. Wenn der Luftdruck rundherum 1 Bar beträgt, dann kocht Wasser bei exakt 100 Grad. In der Höhe, wo der Luftdruck niedriger ist, kann es deshalb schon bei 90 Grad kochen, während es an Punkten, die unter dem Meeresspiegel liegen, mehr als 100 Grad braucht. Im Labor lassen sich sogar Druckverhältnisse erzeugen, die Wasser bei 0 Grad zum Kochen bringen.

Auf dem Mount Everest kann man kein Ei kochen

Schließlich kocht das Wasser aufgrund des geringeren Luftdrucks dort ja bereits bei 70 Grad. Doch auch die reichen, um ein Ei hart zu bekommen. Es dauert nur ziemlich lange, über eine Stunde. Im Übrigen lassen sich die Himalajaverhältnisse ziemlich leicht in der eigenen Küche simulieren. Messen Sie die Temperatur mithilfe eines Küchenthermometers und stellen Sie bei 70 Grad die Hitzezufuhr so ein, dass die Temperatur konstant bleibt.

In einem Wasser-kocher kocht Wasser am schnellsten

Die energiesparendste Methode, Wasser zu erhitzen, ist tatsächlich ein elektrischer Wasserkocher. Denn während auf der Kochplatte erst einmal der

Topf erhitzt wird und dieser dann die Wärme an das Wasser weitergeben muss, wird in einem Wasserkocher das Wasser direkt mit Wärmeenergie gespeist. Mit einem Wasserkocher braucht man deshalb nur etwa 0,12 Kilowattstunden, um 1 Liter Wasser zum Kochen zu bringen, auf der Kochplatte dagegen etwa 0,17. Auch die Mikrowelle ist nicht energiesparender, da erst einmal Energie für die Erzeugung der Mikrowellen aufgebracht werden muss.

Je heißer eine Flüssigkeit ist, desto schneller kühlt sie ab

 Hat man zwei gleiche Behälter mit Flüssigkeit vor sich, etwa zwei Tassen Kaffee, dann wird die heißere in derselben Zeit proportional gesehen mehr Wärme abgeben, weil der Unterschied zwischen der Temperatur des Kaffees und der Raumluft größer ist. Das beantwortet auch die Frage, wie man den Kaffee schneller auf eine trinkbare Temperatur herunterkühlt: Die kalte Milch nicht gleich dazuschütten, sondern erst nach ein oder zwei Minuten. Auch eine große Oberfläche lässt den Kaffee schneller auskühlen. Ein Trick für ganz Eilige: den Kaffee erst in eine und nach kurzer Zeit in eine andere Tasse schütten. Denn die kühle Gefäßwand wird der Flüssigkeit jeweils Wärme entziehen.

Heißes Wasser gefriert langsamer als kaltes

 Schließlich muss es mehr Wärme loswerden, um auf 0 Grad zu kommen. Doch die Praxis beweist, dass diese logische Erklärung nicht zutrifft. Heißes Wasser gefriert schneller als kaltes und die Wissenschaftler zerbrechen sich den Kopf, warum das so ist. Eine Vermutung war, dass heißes Wasser sowohl Energie als auch Masse durch Verdunstung verliert. Doch auch wenn man die Verdunstung reduziert, indem man die Gefäße abdeckt, friert das heiße Wasser immer noch schneller.

Wasser gefriert bei 0 Grad

 Gefrorenes Wasser taut bei 0 Grad auf. Das Gefrieren ist jedoch ein komplizierterer Prozess, der unter anderem davon abhängt, welche Teilchen im Wasser enthalten sind, die als Kristallisationskeime für die Eisbildung dienen können. Je reiner das Wasser ist, desto kälter muss es sein, um zu gefrieren. Ganz ohne Kristallisationskeime kann Wasser erst bei etwa –40 Grad gefrieren.

Mineralwasser aus dem Gefrierfach gefriert erst beim Öffnen

 Damit Flüssigkeiten gefrieren, brauchen sie nicht nur Kristallisationskeime, sondern auch eine gewisse Bewegung. Völlig unbewegtes Wasser dagegen kühlt nur ab. Deswegen gefrieren Getränkefla-

schen, die im Winter draußen vergessen werden oder länger im Gefrierfach liegen, auch nicht sofort ein. Werden sie dann aber bewegt, beginnt die Eisbildung. Auch der Gasaustausch beim Öffnen stellt eine solche Bewegung dar. Gerade kohlendioxidhaltiges Mineralwasser kann deshalb beim Öffnen schlagartig gefrieren.

Blüten lassen sich durch Eis vor dem Erfrieren schützen

Es klingt verrückt, aber es funktioniert: Manche Obst- und Weinbauern vereisen ihre Reben und Obstbäume im Frühjahr, um sie vor starken Nachtfrösten zu schützen. Der Grund: Eis ist wegen seiner Kristallstruktur ein schlechter Wärmeleiter. Wenn nun die Pflanze in Eis eingeschlossen wird, dann wird ihre Wärme in diesem Panzer quasi konserviert. Sie muss nur die Oberflächentemperatur des Eises überstehen, die knapp unterhalb des Gefrierpunktes liegt, nicht aber die noch kältere Luft „draußen". Auf diese Weise funktioniert auch ein Iglu. Das Innere wird von der Körperwärme der Bewohner aufgeheizt, diese warme Luft jedoch von den massiven Schneewänden kaum nach außen abgegeben.

Gewässer frieren immer von oben her zu

In der Regel ja, denn bei tiefen Temperaturen kühlt das Wasser von der Oberfläche her ab. Doch eine starke Strömung verhindert die Eisbildung. Deshalb bildet sich bei schnell fließenden Gewässern nur dort Eis, wo die Strömung relativ langsam ist, nämlich am Ufer und am Grund des Flusses oder Baches. Dieses Grundeis, das ja leichter als Wasser ist, kann sich jedoch lösen und als Treibeis nach oben steigen.

Pro Grad Wassertemperatur übersteht man in kaltem Wasser nur eine Minute

Selbstverständlich kann man in 20 Grad warmem Wasser länger als 20 Minuten schwimmen. Aber wie sieht es bei Tiefsttemperaturen aus? Wer bei einem Bootsunglück in extrem kaltes Wasser fällt, kann leicht einen Kälteschock bekommen und auf der Stelle ertrinken. Ansonsten hilft kräftige Bewegung, die den Körper von innen her heizt. Seenotexperten schätzen, dass man in 0 Grad kaltem Wasser auf diese Weise bis zu zwölf Minuten überleben kann, bei 5 Grad sogar bis zu einer Stunde. Schützende, aber nicht zu saugfähige Bekleidung, eine gute körperliche Konstitution und etwas isolierender Speck auf den Rippen können die Auskühlung bremsen. Doch die Gefahr, schneller zu entkräften und panisch zu verkrampfen ist groß, vor allem im Meer bei Wellengang, wenn man ständig Salzwasser verschluckt. Übrigens: Wirklich geschützt vor Auskühlung ist man nur in Wasser, das über 28 Grad warm ist. Denn bei einer Abkühlung der Kerntemperatur des Körpers unter 28 Grad bricht der Kreislauf zusammen. Doch bis der Körper sich in so warmem Wasser der Wassertemperatur angeglichen hat, vergeht mindestens ein halber Tag.

Menschen können im Treibsand untergehen

Die spektakulären Kinobilder, die zeigen, wie ein Mensch vom Treibsand geradezu eingesaugt wird, sind Humbug. Zum einen gibt es Treibsand nur unter speziellen Bedingungen. Es handelt sich dabei um nassen Sand, der in Bewegung gekommen ist, zum Beispiel in einer Flussmündung oder nach einem Erdbeben. Meist wird der Effekt schnell wieder vergehen, es sei denn, fließendes Wasser hält das Wasser-Sand-Gemisch permanent in Bewegung. Zweitens wird ein Mensch, der in Treibsand gerät, zwar einsinken, aber wegen seines Auftriebs nicht ganz untergehen. Nur wenn er in Panik gerät und wild zu strampeln beginnt, kann es passieren, dass er das Treibsandgemisch in Bewegung hält und tatsächlich noch weiter einsinkt. Ob er sich aber selbst wieder befreien kann, das hängt davon ab, inwieweit der Treibsand zur Ruhe kommt. Verfestigt er sich wieder, dann wird man eventuell mit der Zeit wieder „ausgespuckt". Ansonsten empfehlen Experten, ein Bein ruhig zu halten und zu versuchen, sich mit dem anderen zu befreien. Oder auf Hilfe von außen zu warten.

Auch Luft hat Gewicht

Es sind etwa 1,2 Kilo pro Kubikmeter. Das Gewicht kommt durch die Moleküle der einzelnen Gase, vor allem Stickstoff, Sauerstoff und Kohlendioxid zustande. Immer wenn es um Luftdruck geht, dann ist von diesem Gewicht der Luft die Rede. Dieser Druck ist dicht am Boden stärker als etwa in großer Höhe, weil die Luftmoleküle enger zusammengequetscht werden. Auch kalte Luft ist dichter und wiegt mehr als warme. Ganz deutlich spürt man die „Masse" der Luft, wenn sie einem mit Windenergie ins Gesicht geblasen wird.

Bei jedem Atemzug atmen wir Luft, die auch schon Caesar atmete

Es ist ein Rechenexperiment: Nimmt man an, dass sich die Luftmoleküle aus Caesars letztem Atemzug – oder von wem auch immer – gleichmäßig über die ganze Erdatmosphäre verteilen würden, dann würde jeder Mensch mit jedem beliebigen Atemzug ein bis zwei dieser Moleküle einatmen. Dies illustriert, welch unglaublich große Anzahl an Luftmolekülen sich in einem halben Liter Luft – dies ist ungefähr die Menge eines Atemzuges – befindet. Ein Sauerstoffmolekül beispielsweise ist etwa 60 Picometer groß. Dies sind 60 Billionstel eines Meters. Aber natürlich weiß kein Mensch, wie sich die Moleküle aus Caesars letztem Atemzug tatsächlich verteilt haben und wie viele davon inzwischen mit anderen Stoffen reagiert haben und gar nicht mehr in der Atemluft enthalten sind.

Flugzeuge sinken in Luftlöchern ab

📲 Luft hat keine Löcher. Wenn ein Flugzeug plötzlich absackt, dann liegt das entweder am Wind oder an den thermischen Verhältnissen, die es aus seiner Bahn werfen. Da das Flugzeug schnell unterwegs ist und deswegen mit großer Wucht auf diese atmosphärischen Turbulenzen trifft, kann der Zusammenstoß sehr heftig sein.

Wenn man eine Flasche schwenkt, kann man sie schneller leeren

📲 Manchmal kommt es auf Sekunden an, und die lassen sich tatsächlich einsparen, wenn man eine Getränkeflasche schwenkt, bevor man sie in ein anderes Behältnis umgießt. Der Grund: Durch den Wirbel in der Flasche strömt die Luft kontinuierlicher in eine Flasche hinein, was auch dazu führt, dass die Flüssigkeit gleichmäßiger ausläuft. Es entstehen keine „Staus", weil sich Luft und Flüssigkeit beim Austausch behindern.

In Australien läuft das Badewasser andersherum ab

📲 Die Sache erscheint logisch. Die Rotation der Erde erzeugt die Corioliskraft, die dafür sorgt, dass sich etwa die Luft um Tiefdruckgebiete auf der Nordhalbkugel immer gegen den Uhrzeigersinn bewegt und auf der Südhalbkugel mit dem Uhrzeigersinn.

Warum sollten Wasserwirbel anders als Luftwirbel reagieren? Doch der Wirbel über dem Ausfluss einer Badewanne ist schlicht zu klein, um von dieser Kraft beeinflusst zu werden. Ob rechtsherum oder linksherum, das hängt ausschließlich von den unmittelbaren Strömungsverhältnissen in der Wanne ab.

Badewasser läuft schneller ab, wenn man noch in der Wanne sitzt

📲 Der Eindruck täuscht nicht. Wenn man in der Wanne sitzen bleibt, nachdem man den Stöpsel gezogen hat, dann läuft das Wasser schneller ab als aus der leeren Wanne. Denn der Körper in der Wanne verdrängt das Wasser, sodass es höher steht. Damit ist die Wassersäule direkt über dem Ausfluss größer und auch schwerer. Dieser Druck führt zu einem schnelleren Abfließen.

Duschvorhänge wehen immer nach innen

📲 Genau genommen wehen sie nicht, sondern sie werden angesaugt. Der Grund sind Strömungsverhältnisse in der Kabine während des Duschens. Zum einen verdrängt ein starker Wasserstrahl Luft, sodass neue angesaugt wird. Zum anderen steigt beim Heißduschen erwärmte Luft nach oben und von unten strömt kalte nach. Alle diese Ausgleichsströmungen erzeugen einen leichten Unterdruck, der Duschvorhänge anzieht. Dieser Effekt ist umso stärker, je länger und heißer geduscht wird, je stärker der Strahl ist und je leichter der Vorhang. Und natürlich macht sich das Ganze umso stärker bemerkbar, desto enger die Kabine ist.

Die natürliche radioaktive Strahlung ist höher als die Emission eines Kernkraftwerkes

Radon im Boden und in der Luft und radioaktive kosmische Teilchen sorgen für eine stetige radioaktive Strahlung, der kein Mensch entgehen kann. Etwa 2,4 Millisievert Strahlung im Jahr nimmt der Mensch allein aus natürlichen Quellen auf, das ist normalerweise deutlich mehr als die Hälfte der Gesamtbelastung. In manchen Gegenden ist die natürliche Strahlung sogar noch weit höher. Die zweite große Strahlenquelle ist die Medizin. Eine Röntgenaufnahme des Brustkorbs schlägt mit etwa 0,1 Millisievert zu Buche, eine Computertomografie-Aufnahme kann dagegen schon 10 Millisievert Belastung mit sich bringen. Dagegen nehmen sich die Kernkraftwerke harmlos aus. 0,001 Millisievert soll die mittlere Jahresdosis betragen, die wir hierzulande durch die Emissionen der Kernkraftwerke abbekommen. Der Abbau von Kohle setzt da mehr Strahlung frei. Auch in unmittelbarer Nähe der Kernkraftwerke liegt die Strahlung unter der natürlichen Belastung. Alles ganz harmlos also? Eine im Dezember 2007 veröffentlichte Studie des Bundesamtes für Strahlenschutz belegt, dass im Umkreis von 50 Kilometern rund um ein Kernkraftwerk die Leukämierate bei Kindern unter fünf Jahren deutlich erhöht ist. Je näher die Kinder am AKW wohnten, desto mehr steigt das Risiko. Kein Grund also, Entwarnung zu geben: Die Studie zeigt, dass die Kernkraft Risiken birgt, von denen wir bislang keine Ahnung haben.

Kernkraft erzeugt kein Kohlendioxid

Kernkraft wird immer wieder als Lösung genannt, wenn es um die Minderung des klimaschädlichen Kohlendioxids geht, das bei der Energiegewinnung aus Kohle, Öl und Gas in großer Menge erzeugt wird. Es stimmt auch, dass Kernenergie an sich kein Kohlendioxid erzeugt. Es fällt jedoch bei der Gewinnung des Urans, bei Aufbereitung und Transport sowie beim Bau, Betrieb und Abriss der aufwendigen Kraftwerke an. Eine Gesamtbilanz ist jedoch schwer zu erstellen und so wird gestritten, ob die Gesamt-CO_2-Bilanz von Kernkraftwerken mit denen erneuerbarer Energien oder doch nur mit modernen Kraftwerken mit Kraft-Wärme-Kopplung verglichen werden kann. Auf jeden Fall liegt sie deutlich unter der konventioneller Kraftwerke.

von Nervenzellen gleich, dann ist übrigens das Gehirn immer noch leistungsfähiger. Während die schnellsten Computer mehrere Billionen Signale pro Sekunde verarbeiten, können es im Gehirn sogar Billiarden sein. Allerdings sind die Bereiche des Gehirns spezialisiert. Die gigantische „Rechenleistung" der Nerven kann also nicht einfach komplett für das Lösen mathematischer Gleichungen benutzt werden, sondern nur ein winziger Teil davon. Bei solchen Spezialanforderungen sind Computer also zweifellos besser und auch viel genauer.

Ein Download im Internet kann so viel Energie verbrauchen wie ein kompletter Waschgang

Das Internet ist tatsächlich ein Energiefresser und der Download eines rund 20 Megabyte großen Dokuments frisst ähnlich viel Strom wie eine Waschmaschine in Aktion. Im Jahr 2010 werden vermutlich allein in Deutschland über 30 Milliarden Kilowattstunden Strom allein durch den Internetbetrieb verbraucht werden. Verbrauchsärmere Technologien sind deshalb ein wichtiger Forschungsbereich für die Zukunft. Wer wissen will, wie viel sein persönlicher Rechner frisst, der sollte sich einen Verbrauchszähler kaufen oder leihen und zwischen Kabel und Steckdose zwischenschalten. Der Zähler lässt sich natürlich auch zur Kontrolle aller anderen Elektrogeräte verwenden und liefert mit Sicherheit einige überraschende Erkenntnisse.

Das World Wide Web ist das Internet

Das World Wide Web ist lediglich ein Internetdienst, der 1990 von dem britischen Informatiker Tim Berners-Lee (geb. 1955) ins Leben gerufen wurde. Im WWW werden Dokumente online zur Verfügung gestellt, die im Code HTML verfasst sind und eine www-Webadresse haben. Es ist der größte Internetdienst, aber keineswegs *das* Netz. E-Mail-Programme oder Chats z. B. werden teilweise von anderen Diensten nach anderen Standards angeboten. Die meisten Browser können jedoch alle diese Dienste verarbeiten.

„tv" am Ende von Internet-Adressen bedeutet „Fernsehen"

„tv" ist ein Ländercode und steht für den Inselstaat Tuvalu, östlich von Papua-Neuguinea. Der hat die Namensrechte allerdings für 50 Millionen Dollar verkauft. In der Pra-

xis sind es dann tatsächlich meist Fernsehsender und andere Medienunternehmer, die
die tv-Adressen gekauft haben.

Eine Homepage ist dasselbe wie eine Website

Auch wenn viele Menschen ihren gesamten Internetauftritt oder den anderer
Anbieter als Homepage bezeichnen, ist die
Homepage eigentlich nur die Startseite einer
Internetpräsenz. Eine solche Präsenz wird
auch mit dem englischen Begriff „Website"
bezeichnet, der wörtlich übersetzt Netz-
standort lautet.

Ein Computerwurm ist dasselbe wie ein Computervirus

Im Alltag werden oft alle Fremdpro-
gramme, die einem Computer schaden
können, als Viren bezeichnet, doch die Experten teilen die „Malware" (Schaden an-
richtende Ware) in verschiedene Katego-
rien ein. Viren werden in Wirtsprogramme
eingeschleust und aktiviert, wenn dieses
Programm gestartet wird. Würmer dagegen sind schlimmer. Sie können sich nämlich selbst verbreiten. Während Viren nur
mit dem infizierten Programm gestartet
werden, werden Würmer aktiv, sobald sie
auf einem Computer gelandet sind – in der
Regel per E-Mail-Anhang. Ob sie dort
selbst massenhaft E-Mails verschicken
oder Programme zerstören, hängt von ihrer
Programmierung ab. Besonders tückisch
sind Trojaner. Über diese kann ein Fremder
Zugang zu den Daten des infizierten Com-
puters bekommen, Passwörter ausspähen
und sogar den Rechner steuern.

Es gibt vier Grundrechenarten

Streng genommen sind es nur zwei.
In der Algebra werden Zusammenzählen
(Addieren) und Abziehen (Subtrahieren)
als ein und derselbe Vorgang gesehen.
Das Abziehen ist nämlich nichts anderes
als das Addieren einer negativen Zahl,
also: 4 + (-2) = 4 – 2. Dasselbe gilt für Mal-
nehmen (Multiplizieren) und Teilen (Divi-
dieren). Das eine Mal wird eine Zahl mit
einer anderen ganzen Zahl multipliziert,
das andere Mal mit einer Bruchzahl:
4 : 2 wird also 4 x $^1/_2$.

Es gab einmal einen Mathematiker namens Adam Riese

Schließlich sagen wir: „Das macht
nach Adam Riese ..." Der Mann hat auch
tatsächlich gelebt. Er hieß jedoch Ries,
Adam Ries. Der „Riese" kam zustande, weil
man früher Substantiven im Dativ gerne
ein „e" anhängte, wie z. B. „dem Manne".
Ries lebte von 1492 bis 1559, war Leiter
einer Rechenschule in Erfurt und veröffentlichte mehrere Mathematikbücher, die
das Rechnen damals revolutionierten.
Unter anderem sorgte er dafür, dass sich die
viel praktischeren arabischen Zahlen gegenüber den unhandlichen römischen
durchsetzten.

Erde und Weltall

Es gibt einen Nord- und einen Südpol

Wenn man von *dem* Pol redet, dann meint man meist die gedachten Endpunkte der Achse, um die sich die Erde dreht. Dies sind die geografischen Pole. Daneben gibt es jedoch noch zwei andere, den magnetischen Nord- und Südpol. Sie sind die Enden eines Magnetfeldes, das die Erde der Länge nach durchzieht.

Kompassnadeln zeigen immer nach Norden

Ja, aber zum magnetischen Nordpol, nicht zum geografischen. Der magnetische Pol jedoch liegt gegenwärtig knapp 2000 Kilometer vom geografischen Nordpol entfernt bei den Königin-Elisabeth-Inseln in Kanada. Der magnetische Südpol befindet sich sogar rund 2500 Kilometer vom geografischen entfernt im Meer vor der Antarktisküste Richtung Australien. Die verschiedenen Abstände sind möglich, weil die magnetischen Pole keineswegs eine gerade Achse bilden. Außerdem wandern sie beträchtlich: Mehrere Kilometer

im Jahr sind möglich. Sogar Umkehrungen des Magnetfelds hat es im Lauf der Erdgeschichte schon mehrmals gegeben, wohl ohne dass dies größere Folgen hatte. Insgesamt ist das Erdmagnetfeld eine Erscheinung, die den Forschern noch ziemliche Rätsel aufgibt.

An den Polen versagt ein Kompass

Bei einer Nord- oder Südpolexpedition kann man mit einem normalen Kompass tatsächlich nichts mehr anfangen. Erstens orientiert er sich an den instabilen magnetischen Polen. Zweitens verlaufen die Linien des Erdmagnetfeldes in Polnähe ziemlich senkrecht. Die Kompassnadeln werden also nach unten gezogen und verhaken sich dann. Deshalb braucht man dort einen Kreiselkompass, der unabhängig vom Magnetfeld der Erde funktioniert.

Im Sommer ist die Erde der Sonne näher als im Winter

Ihren sonnennahesten Punkt erreicht die Erde Anfang Januar. Auf der Südhalbkugel herrscht da Sommer, im Norden nicht. Die Abstände der Sonne, die durch die elliptische Umlaufbahn entstehen, sorgen nur für geringe Temperaturunterschiede von maximal 4 Grad. Die Jahreszeiten dagegen entstehen, weil die Erdachse schräg steht. Je schräger die Strahlen auf die Erdoberfläche treffen, desto weniger Wärme können sie liefern. Wo Winter herrscht, da ist die Erde der Sonne also gerade ziemlich „abgeneigt".

Der Frühling beginnt am 21. März

🌐 Es gibt drei Arten, die Jahreszeiten zu messen. Astronomisch markieren die Sonnenwenden und die Tagundnachtgleichen den Beginn der Jahreszeiten. Da das Sonnenjahr knapp 6 Stunden länger als das normale Kalenderjahr dauert, können die Kalenderdaten variieren. Der Frühling etwa beginnt je nach Jahr am 19., 20. oder 21. März. Die Meteorologen dagegen setzen den Beginn der Jahreszeiten etwas früher an, nämlich am 1. März, am 1. Juni, am 1. September und 1. Dezember. Für die Biologen schließlich wird es in unseren Breiten Frühling, wenn die Schneeglöckchen blühen. Dies, so stellen sie fest, passiert tendenzweise immer früher.

Die Kontinente bewegen sich

🌐 Das tun sie tatsächlich, und zwar etwa 1 bis 2 Zentimeter im Jahr. Die Erdkruste ist nämlich keine feste Hülle, sondern besteht aus mehreren großen Platten: der Eurasischen, der Afrikanischen, der Nordamerikanischen, der Südamerikanischen, der Australischen, der Pazifischen und der Antarktischen Platte. An den dünnen Nahtstellen drückt immer wieder flüssiges Gestein aus dem Erdinneren nach oben und treibt die Platten langsam auseinander. Beispielsweise entfernen sich Nordamerika und Europa langsam voneinander, ebenso Asien und Afrika. Die Antarktis driftet Richtung Atlantik und Südamerika nähert sich Nordamerika sachte an. Das Mittelmeer wird von Afrika und Europa in die Zange genommen, während sich der Pazifik kräftig ausdehnt.

Es gibt fünf Kontinente

🌐 Nämlich Europa, Asien, Afrika, Amerika und Australien. Dies ist die traditionelle europäische Sichtweise, die jedoch nicht von der ganzen Welt geteilt wird. Denn geografisch gesehen ist ein Kontinent eine zusammenhängende Landmasse. Demnach wären Europa und Asien ein Kontinent, die beiden

amerikanischen Kontinente mit ihrer dünnen Landbrücke jedoch eher nicht. Außerdem ist natürlich auch die unbewohnte Antarktis ein Kontinent. Geografisch gibt es also eher sechs Kontinente: Eurasien, Afrika, Nordamerika, Südamerika, Australien und Antarktika.

Es gibt sieben Weltmeere

Diese Sichtweise ist nun wirklich lange überholt. Die klassischen sieben Weltmeere waren die Meere, die für die Seefahrer und Piraten früherer Tage die wichtigsten waren: Atlantik, Pazifik, Indischer Ozean, Ostsee, Mittelmeer, Karibik und Gelbes Meer. Heute werden die letzten vier eindeutig nur als Nebenmeere betrachtet. Lange Zeit galten deshalb nur Atlantik, Pazifik und Indischer Ozean als Weltmeere. Inzwischen gibt es jedoch einen neueren Ansatz, der sich nicht nur auf die Größe bezieht, sondern auf geschlossene Ökosysteme. Hier rechnen die Wissenschaftler auch das Nord- und das Südpolarmeer zu den Weltmeeren. Letzteres ist schlicht und einfach durch den 60. Breitengrad von den drei großen Weltmeeren getrennt. Dieser markiert die Packeisgrenze und damit tatsächlich eine Abgrenzung zwischen verschiedenen Ökosystemen.

Die Rossbreiten haben etwas mit Rössern zu tun

Vermutlich bekamen sie ihren Namen, weil hier früher regelmäßig Pferdekadaver im Wasser trieben. Denn die Rossbreiten sind zwei relativ windstille Zonen, die die Westwindzonen der Erde vom sogenannten Passatgürtel rund um den Äquator trennen. Sind früher die Segelschiffe der spanischen Eroberer auf dem Weg nach Amerika in diese windarmen Zonen geraten, konnte es passieren, dass die mitgeführten Pferde an Futter- und Wassermangel starben und über Bord geworfen wurden.

Am Südpol ist es kälter als am Nordpol

Nirgendwo auf der Welt ist es kälter als im Inneren der Antarktis. Dort herrschte 1983 mit −89,2 Grad die kälteste Temperatur, die je gemessen wurde, und auch der Jahresdurchschnitt ist mit −55 Grad extrem frostig. Das liegt nicht nur an der Pollage, sondern auch daran, dass die antarktische Landmasse sehr groß ist, sodass ein sehr kontinentales Klima herrscht. Außerdem ist das antarktische Plateau fast 3000 Meter hoch. In der sehr viel kleineren und flacheren Arktis dagegen liegt das Jahresmittel nur bei etwa −18 Grad.

Das Nordkap ist der nördlichste Punkt Europas

Der nördlichste Punkt Europas liegt auf dem Svalbard-Archipel (Spitzbergen), der zu Norwegen gehört. Lässt man nur das Festland gelten, dann befindet er sich an der Spitze der norwegischen Landzunge

Nordkinn. Das Nordkap befindet sich dagegen auf der Insel Magerøy, die der norwegischen Küste vorgelagert ist und so noch zum europäischen Festlandsockel gehört. Magerøy ist damit tatsächlich der nördlichste Punkt auf diesem Festlandsockel. Doch die nördlichste Spitze der Insel ist nicht das Nordkap, sondern die flache Halbinsel Knivskjelloden, die noch 1700 Meter weiter nach Norden ragt als das Nordkap, aber ziemlich unspektakulär ist.

Skandinavien ist ein Begriff für die nordeuropäischen Länder

Skandinavien ist eigentlich der Name jener Halbinsel, auf der Norwegen und Schweden liegen. Traditionell zählt man jedoch auch Dänemark zu den skandinavischen Ländern. Finnland und Island jedoch gehören nicht zu Skandinavien, sondern bezeichnen sich im Verbund mit den drei skandinavischen Ländern sowie den autonomen Gebieten Grönland und Alandinseln als die nordischen Länder.

Holland ist ein anderer Name für die Niederlande

Nord- und Südholland sind zwei von zwölf Provinzen der Niederlande. Sie liegen an der Küste südlich des Ijsselmeers und waren mit den Städten Leiden, Den Haag, Amsterdam und Rotterdam seit dem 16. Jahrhundert dominierender Bestandteil der Vereinigten Niederlande. Die übrigen Provinzen sind: Drenthe, Fleveland, Friesland, Gelderland, Groningen, Limburg, Nordbrabant, Overijssel, Seeland und Utrecht.

Die Südspitze Afrikas ist das Kap der Guten Hoffnung

Der südlichste Punkt Afrikas ist das Kap Agulhas (Nadelkap), das rund 65 Kilometer weiter nach Süden ragt als das Kap der Guten Hoffnung. Doch die markantere Stelle für die Seefahrer ist das Kap der Guten Hoffnung, das sein erster Umfahrer Bartolomeu Diaz 1488 noch als Cabo tormentoso (stürmisches Kap) bezeichnete. Der portugiesische König benannte es dann um, da er die Hoffnung hegte, dass seine Seefahrer nach der erfolgreichen Umschiffung des Kaps auch einen Seeweg nach Indien finden würden, was Vasco da Gama ein Jahr später auch gelang.

In Europa gibt es keine Urwälder

Nicht nur tropische Regenwälder sind Urwälder, sondern alle Wälder, die bislang noch nicht durch menschliche Eingriffe verändert wurden. Solche Wälder gibt es noch sowohl im Norden Skandinaviens als auch im Bialowieza-Nationalpark an der polnisch-russischen Grenze. In Deutschland gelten der Hainich und die Wälder auf Darß zumindest als urwaldähnlich. Biologen gehen davon aus, dass es nie wieder möglich sein wird, das perfekte biologische Gleichgewicht der Urwälder herzustellen, wenn diese einmal abgeholzt sind.

Regenwälder gibt es nur in den Tropen

 Regenwälder tragen diesen Namen, weil dort mindestens 2000 Liter Regen pro Jahr und Quadratmeter fallen – und zwar relativ gleichmäßig über das Jahr verteilt. Das gibt es auch an der nordamerikanischen, der chilenischen und der neuseeländischen Küste. Die Wälder dieser kälteren Zonen werden als boreale Regenwälder bezeichnet und sind ebenfalls spektakulär. So lässt der viele Regen z. B. die kalifornischen Mammutbäume wachsen. Auch hier ist die Abholzung ein großes ökologisches Problem.

Die Niagarafälle sind die höchsten Wasserfälle der Welt

 Denkt man an spektakuläre Wasserfälle, dann fallen den meisten Menschen sofort die Niagarafälle an der Grenze zwischen dem US-Bundesstaat New York und der kanadischen Provinz Ontario ein. Wahrscheinlich liegt das daran, dass die Fälle seit 1800 touristisch erschlossen sind. Ihre Fallhöhe ist mit 52 Metern jedoch ziemlich kurz. Der längste Wasserfall auf der Erde, der Angelfall in Venezuela, bringt es dagegen auf 979 Meter. Die gewaltigsten Wasserstürze befinden sich jedoch nicht an Land, sondern unter Wasser. Zwischen Island und Grönland stürzt auf einer Breite von 200 Kilometern kaltes Wasser mehrere Tausend Meter in die Tiefe und schiebt sich unter leichteres, wärmeres Atlantikwasser. Diese Unterwasserfälle sind vermutlich von elementarer Bedeutung für das Klima.

Der höchste Berg Europas ist der Montblanc

 Darüber kann man streiten. Denn zwischen Europa und Asien gibt es keine amtlich definierte Grenze. Die Dardanellen sowie der Ural (Gebirgszug und Fluss) sind jedoch allgemein anerkannt. Strittig ist der Grenzverlauf zwischen Schwarzem und Kaspischem Meer. Zur Debatte stehen ein eher kulturell-historisch definierter Grenzverlauf nördlich des Kaukasus in der Manytschniederung oder eine nach geografischen Gesichtspunkten gewählte Linie entlang der Wasserscheide auf den Gipfeln des Gebirges. Entscheidet man sich für Letzteres, dann gehört der höchste Gipfel des Kaukasus, der Elbrus, noch zu Europa. Mit 5642 Metern ist er deutlich höher als der Montblanc (4792 Meter).

Das Tote Meer ist das salzhaltigste Gewässer auf der Erde

Das Tote Meer hat einen Salzgehalt um die 30 Prozent. Es geht jedoch noch salziger. Der Assalsee im afrikanischen Djibouti liegt etwa 174 Meter unter dem Meeresspiegel und enthält fast 35 Prozent Salz. Der hohe Salzgehalt kommt einerseits daher, dass der See aus dem Indischen Ozean und nicht mit Süßwasser gespeist wird, andererseits von der enormen Verdunstung, die große Salzmengen zurücklässt.

Im Bermudadreieck verschwinden besonders viele Schiffe

In den 1960er- und 70er-Jahren haben mehrere Bücher den Mythos vom Bermudadreieck begründet, in dem Schiffe und auch Flugzeuge spurlos verschwinden. Inzwischen sind die meisten Sensationsgeschichten aber wieder relativiert. Tatsache ist, dass die Sargassosee zwischen Miami, Puerto Rico und den Bermudainseln innerhalb der Hurrikanzone liegt und deshalb nicht ungefährlich ist. Doch es gibt deswegen nicht mehr Unfälle als in ähnlichen Gegenden. In der Vergangenheit hat man jedoch oft alles, was in der Karibik passierte, großzügig dem Phänomen „Bermudadreieck" zugerechnet, darunter auch die Abstürze einiger unerfahrener Piloten während des Zweiten Weltkriegs. Allerdings haben Geologen in dieser Region große Methanhydratvorkommen im Meer

registriert. Kommt es zu einem plötzlichen Temperaturanstieg oder einem Druckabfall, können große Mengen des Hydrates schmelzen und als Gas an die Oberfläche steigen. Nun wäre folgendes Szenario denkbar: Ein Schiff, das sich direkt über einem sogenannten Methan-Blow-out befindet, sackt nach unten, weil Methan eine geringere Dichte als Wasser hat und das Schiff damit weniger Auftrieb. Auf diese Weise könnte ein Schiff tatsächlich vom Meer verschluckt werden. Es gibt aber keinen Hinweis darauf, dass es jemals so einen Unfall gegeben hat. Außerdem existieren auch noch viele andere Methanhydratvorkommen, sowohl in den Welt- wie den Binnenmeeren. Meist befinden sie sich am Abhang der Kontinentalsockel.

Gold befindet sich in Goldadern

Der größte Teil des auf der Erde vorkommenden Goldes schwimmt vermutlich im Meer. Experten schätzen den Goldgehalt der Weltmeere auf ungefähr 10 Milliarden Tonnen Gold. Doch die Wassermengen, auf die diese großen Mengen verteilt sind, sind ihrerseits wiederum derart riesig, dass der Goldgehalt des Meeres bei nur 40 Milligramm Gold pro Kubikmeter Wasser liegt. Da dies zudem noch hauchfein verteilt ist, lohnt sich die Gewinnung nicht, obwohl es ein deutscher Chemiker in den 1930er-Jahren einmal versuchte. Auch in der Erde gibt es viel Gold, das zu fein verteilt ist, als dass es gefördert werden könnte.

Ein Großteil der Ölreserven ist verbraucht

⚡ Selbst pessimistische Schätzungen gehen davon aus, dass es noch Ölreserven von über 1000 Milliarden Barrel gibt. Das ist etwas mehr als das, was bislang weltweit verbraucht wurde. Doch die Situation ist alles andere als entspannt. Derzeit liegt der weltweite Verbrauch bei etwa 87 Millionen Barrel pro Tag. Damit würden die Vorräte nicht mehr viel länger als 30 Jahre reichen. Doch der Verbrauch ist steil ansteigend. Die Ölkonzerne rechnen damit, dass schon ab 2010 die Nachfrage die Förderkapazitäten übersteigen wird.

Eine Fata Morgana gibt es nur in der Wüste

⚡ Das Phänomen kann auch über anderen Flächen auftauchen, wenn darüber eine Luftschicht mit extrem anderer Temperatur liegt. In der Wüste kommt es meist zu Spiegelungen, wenn über dem heißen Sand kalte Luft liegt. Auf dem Meer fangen die Seeleute plötzlich an, Geisterschiffe zu sehen, wenn sich über dem kalten Wasser eine sehr heiße Luftschicht befindet, in der sich weit entfernte Schiffe spiegeln. Aber auch in unseren Breiten flimmern heiße Asphaltflächen manchmal, als wären sie aus Wasser. Das liegt dann meist daran, dass sich in einer nur wenige Zentimeter hohen Luftschicht der Himmel spiegelt.

In der Wüste kann man nicht geradeaus gehen

⚡ Viele Menschen, die sich in der Wüste verirrt haben, laufen tatsächlich im Kreis herum oder driften zumindest stark nach einer Seite ab und beschreiben so einen großen Bogen. Die Erklärung dafür ist, dass die meisten Menschen einen natürlichen Linksdrall haben und ihr rechtes Bein deswegen etwas stärker ausschreitet bzw. ihr linkes bei „Linksfüßern". Im Alltag, wo man seine Richtung meist klar vor Augen hat, korrigiert man solche Unregelmäßigkeiten des Körpers automatisch und ohne es zu merken. In der Wüste jedoch hat man keine Orientierungspunkte und so beeinflussen diese Unregelmäßigkeiten den Gang und damit die Richtung.

In den Tropen ist es heiß und feucht

⚡ Die Tropen erstrecken sich zwischen den beiden Wendekreisen der Sonne, die jeweils gut 2600 Kilometer vom Äquator entfernt liegen. In Afrika verläuft der nördliche Wendekreis durch die Sahara, der südliche durch die Kalahariwüste. Die Tropen können also extrem trocken sein. Auch warm ist es nicht immer. Im Hochland von Abessinien oder rund um den Victoriasee kann es ziemlich kühl werden. Die äquatornahen Hochgebirgsregionen Kilimandscharo, Mount Kenya und Ruwenzori sind sogar stark vergletschert. Das, was man allgemein als tropisches Klima bezeichnet, findet man nur in den tieferen Lagen und dem inneren Bereich der Tropen.

Am Äquator ist es am wärmsten

Am Äquator gibt es die direkteste Sonneneinstrahlung, doch es ist auch sehr feucht und die vielen Wolken schirmen die Erde gegen die Sonnenstrahlen ab. Deshalb ist es direkt am Äquator weniger heiß als in den Wüstenregionen der mittleren Tropen. Die höchste bislang gemessene Temperatur haben Satelliten 2007 in der iranischen Wüste Lut mit 70,7 Grad gemessen. Darunter muss jedoch niemand leiden. In der Lut gibt es weder Menschen noch Tiere oder Pflanzen. Selbst Mikroorganismen scheint es zu heiß und zu lebensfeindlich zu sein.

Ohne Eis wäre Grönland grün

Ein großer Teil von Grönland besteht nur aus Eis. Unter dem weißen Panzer verbergen sich nämlich zwei Gebirgszüge im Osten und Westen, die eine Fläche umrahmen, deren Boden unter dem Meeresspiegel liegt. Im Falle einer großen Schmelze würde hier also ein Binnenmeer entstehen. Weltweit wäre das Schmelzen des grönländischen Eises übrigens gleichbedeutend mit einem Anstieg der Meere um etwa 6 Meter.

Die letzte Eiszeit ist lange vorbei

Als Eiszeit oder Eiszeitalter bezeichnet man in den Geowissenschaften eine Periode, in der beide Pole der Erde vereist sind. Demnach leben wir noch in einem Eiszeitalter, auch wenn das Schmelzen der Pole dessen Ende absehbar macht. Auch in früheren Eiszeitaltern haben sich Wärme- und Kälteperioden abgewechselt. Die momentane Eiszeit herrscht nun schon seit 2,5 Millionen Jahren und das, was man gemeinhin als Eiszeiten bezeichnet, waren nur die Kaltperioden. Deren letzte war die sogenannte Weichsel- oder Würmeiszeit vor etwa 115.000 bis 10.000 Jahren. Seitdem leben wir wieder in einer Wärmeperiode, die vielleicht schon bald von einer wirklichen Warmzeit abgelöst wird.

Die gefühlte Temperatur unterscheidet sich oft von der real gemessenen

Das Kälteempfinden jedes Menschen ist natürlich immer erst einmal subjektiv. Was sich für den einen bereits frostig anfühlt, ist für den anderen nur leicht kühl. Doch wenn

Meteorologen von gefühlten Temperaturen sprechen, dann steckt dahinter ein messbarer Effekt, der auch als Windchill bezeichnet wird. Bei Windstille bildet sich nämlich direkt an der warmen menschlichen Haut ein kleines Polster mit wärmerer Luft. Wird dieses durch den Wind weggeblasen, dann fühlt sich die gleiche Außentemperatur plötzlich viel kälter an, weil sie direkt auf die Haut kommt. Der Effekt tritt vor allem bei tiefen Temperaturen auf. –10 Grad fühlen sich bei Windgeschwindigkeiten von nur 35 Kilometer pro Stunde wie –20 bei Windstille an.

*I*n der Stadt ist es wärmer als auf dem Land

Es gibt eine Vielzahl von Faktoren, die bewirken, dass sich die Luft in der Stadt stärker aufheizt als über dem Land. Zum einen erhitzen sich die Oberflächenmaterialien, vor allem der Asphalt der Straßen, viel mehr als Wiesen, Felder und Wälder. Zum anderen gibt es weniger Wasser, das in der Sonne verdunstet und dadurch für eine Abkühlung sorgt. Auch Pflanzen tragen durch die Fotosynthese zur Abkühlung bei, während Menschen und Tiere Abwärme erzeugen, die die Luft aufheizt. Ebenso erzeugen elektrisches Licht und technische Geräte eine Menge Abwärme. Dazu kommt, dass das Innere von Städten durch die hohen Bauten windgeschützt ist. Dies alles führt dazu, dass es in Städten meist einige Grad wärmer ist als

im Umland. Es hat auch zur Folge, dass es in der Stadt häufiger regnet. Denn die wärmere Luft über den Städten kann einerseits mehr Feuchtigkeit aufnehmen und steigt andererseits nach oben. Trifft die feuchte Luft dann in großer Höhe auf kalte Luftschichten, wird aus der Luftfeuchtigkeit Wasser, also Regen.

*A*n Lichtmess Sonnenschein, der bringt noch viel Schnee herein

Das kirchliche Fest Mariä Lichtmess oder Darstellung des Herrn wird am 2. Februar gefeiert. Gemäß den alten Bauernregeln kündigt ein schöner Lichtmesstag noch einen langen, kalten Winter an, der bis Ostern dauern kann. „Wenn es aber stürmt und schneit, ist der Frühling nicht mehr weit", lautet der zweite Teil der Regel. Laut Auswertungen der Wetterstation Göttingen trifft zumindest der erste Teil der Regel in 67 Prozent aller Jahre zu.

Die Nacht zu Petri Stuhl zeigt an, was wir 40 Tag für Wetter han

Das Fest St. Petri Stuhlfeier findet sich im Heiligenkalender am 22. Februar und verschiedene alte Bauernregeln weisen darauf hin, dass das Wetter an diesem Tag sich noch für eine längere Zeit hält. Auch hier haben Meteorologen festgestellt, dass die Prognose erstaunlich oft zutrifft. Auf einen trockenen Petri-Stuhl-Tag folgt tatsächlich in 90 Prozent der Fälle ein überdurchschnittlich trockener März. Wärme bzw. Kälte deuten in immerhin knapp zwei Drittel der Fälle auf einen sehr warmen bzw. sehr kalten März hin. Tage wie Petri Stuhl werden als Lostage bezeichnet: Tage, um die herum sich tatsächlich meist entscheidet, welche Großwetterlage sich für die nächsten Wochen durchsetzt.

Auf einen milden Winter folgt häufig ein kalter März

Die Meteorologen kennen dieses Phänomen als Märzwinter. Mitte März kann in unseren Breiten gerade nach einem milden Winter von Osten her die polare Kaltluft mit sehr frostiger, trockener Luft hereinbrechen.

Der April macht, was er will

Es ist nicht nur eine Redensart. In unseren Breiten ist der April wirklich ein Monat mit besonders wechselhaftem Wetter. Das liegt daran, dass in Mitteleuropa die noch sehr kalte Luft, die im Norden und über dem eurasischen Festland liegt, und die Luftmassen aus dem Süden, die über dem Atlantik bereits ziemlich stark aufgewärmt worden sind, aufeinandertreffen. Wo die Luftmassen zusammenkommen, entstehen dann Winde und Tiefdruckgebiete, die für häufige Wetterwechsel sorgen.

An den Eisheiligen wird es kalt

Die Eisheiligen sind fünf Tage vom 11. bis einschließlich dem 15. Mai, an denen angeblich oft noch einmal mit einem kräftigen Kaltlufteinbruch mit Nachtfrösten zu rechnen ist. Frostempfindliche Pflanzen sollen deshalb erst nach der Kalten Sophie (15. Mai) ins Freie gepflanzt werden. Neuere Wetterbeobachtungen konnten dies jedoch nicht bestätigen. Zwar kann es im Mai durchaus noch einmal kalt werden, doch sehr selten frostig. Die Kälteeinbrüche korrespondierten auch eher selten mit den Eisheiligen. Manchmal traten sie noch später auf.

Im Juni kommt die Schafskälte

Die Schafskälte ist nach den armen Schafen benannt, denen ihr Winterpelz schon geschoren wurde und die deshalb ziemlich frieren, wenn es etwa um den 11. Juni herum noch einmal zu einem Kälteeinbruch kommt. Dieser ereignet sich tatsächlich in fast 90 Prozent aller Jahre. Schuld daran ist eine Tiefdruckrinne, die sich zwischen dem bereits erwärmten europäischen Kontinent und einem Hochdruckgebiet über dem Atlantik bildet. In ihr strömt aus nordwestlicher Richtung nasse und kühle Luft ein, die ein sehr wechselhaftes Wetter und Temperaturen im einstelligen Bereich mit sich bringt.

*D*as Wetter um den St. Urban zeigt auch des Herbstes Wetter an

St. Urban ist der Tagesheilige des 25. Mai und gilt auch als Patron der Weinbauern. Angeblich zeigt sich am Urbanstag, welches Wetter zur Weinlese herrschen wird. Obwohl diese beiden Ereignisse ziemlich weit auseinanderliegen und der Urbanstag damit kein Lostag für eine unmittelbar folgende Großwetterlage ist, korrespondiert laut den Erhebungen der Wetterstation Göttingen in 60 Prozent der Fälle ein sonniger Urbanstag mit einem sonnigen September, ein verregneter 25. Mai aber sogar in drei Viertel aller Jahre mit einem verregneten September.

*W*ie das Wetter am Siebenschläfer sich verhält, ist es sieben Wochen lang bestellt

An dieser alten Bauernregel ist etwas dran. Der Siebenschläfertag ist am 27. Juni und benannt nach sieben frühchristlichen Martyrern. In dieser Zeit oder etwas später entscheidet sich, ob das Azorenhoch auf der Höhe des Mittelmeers oder nördlicher liegt. Eine nördliche Lage sorgt in Deutschland vor allem im Süden für eine stabile, mehrwöchige Hochdrucklage, während eine südlichere Lage Tiefdruckgebieten erlaubt, über Deutschland zu ziehen, was für wechselhaftes und nasskaltes Wetter sorgt. Vermutlich stammt die Siebenschläferregel aus der Zeit, in der noch der julianische Kalender galt. Dieser war länger als eine Umdrehung der Erde um die Sonne, was dazu führte, dass sich der tatsächliche Jahresablauf und die Kalenderzählung immer mehr gegeneinander verschoben. Im Laufe der Jahrhunderte kamen schließlich elf Tage zusammen, die bei der Kalenderreform, die regional verschieden zwischen dem 16. und dem 18. Jahrhundert stattfand, einfach gestrichen wurden. Dies bedeutet, dass der ursprüngliche Siebenschläfertag von der Jahreszeit her unserem 8. Juli entspricht. Tatsächlich pendelt sich das Azorenhoch meistens auch erst Anfang Juli auf seine langfristige Lage ein.

*D*ie Hundstage sind die heißesten Tage im Jahr

Und es wird selbst den Hunden zu warm. Das kann zutreffen, muss es aber nicht. Für die Hundstage gibt es heute nämlich zwei Definitionen. Die eine ist astronomisch: Die Hundstage sind die Zeit, in der der hellste Stern im Sternbild Großer Hund, der Sirius, zusammen mit der Sonne aufgeht. Im alten Rom war das vom 23. Juli bis zum 23. August der Fall. Später haben sich die Hundstage dann durch die Bewegungen des Sternbildes immer weiter nach hinten verschoben, sodass die astronomischen Hundstage heute erst in der zweiten Augusthälfte beginnen und bis weit in den September hinein dauern. Die Gleichsetzung der Hundstage mit Hitze, die selbst Hunde verrückt werden lässt, hat sich aber so sehr ins Bewusstsein geprägt, dass vielfach immer noch die römischen Hundstage als die richtigen gelten.

Laurentius heiter und gut, einen schönen Herbst verheißen tut

 St. Laurentius ist am 10. August, und nach Beobachtungen der Wetterstation Göttingen folgten einem überdurchschnittlich sonnigen Laurentiustag in 80 Prozent aller Jahre drei extrem trockene Herbstmonate.

Der Altweibersommer ist nach alten Frauen benannt

 Der Altweibersommer hat seinen Namen von den dünnen Flugfäden, mit deren Hilfe sich die Baldachinspinne im frühen Herbst oft Hunderte Kilometer weit durch die Lüfte treiben lassen. Früher sah man diese Fäden als Schicksalsfäden an, die die Nornen, die germanischen Schicksalsgöttinnen, spannen und nannte sie nach dem althochdeutschen Wort „weiben" (weben). In christlicher Zeit wurden die Fäden zu Haaren umgedeutet, die die heilige Maria bei ihrer Himmelfahrt verloren habe, oder aber, da sie farblos sind, auch zu den Haaren alter Frauen.

Im Altweibersommer ist das Wetter schön

 Das stimmt. Bloß ist der sogenannte Altweibersommer keine festgelegte Zeitspanne, sondern ein Name für stabile, schöne Herbsttage im September. Gibt es die nicht, gibt es in diesem Jahr also auch keinen Altweibersommer. Auch die Baldachinspinnen brauchen Hochdruckströmungen, um auf ihren Fäden durch die Luft zu segeln. Ihr Vorhandensein ist also kein Bote für gutes Wetter, sondern sie nutzen gutes Wetter, um zu segeln. In den meisten Jahren kann sich im September aber tatsächlich eine Hochdrucklage durchsetzen, sodass es einen schönen Altweibersommer gibt.

Bleibt St. Barthol im Regen stehn, ist ein guter Herbst vorherzusehn

 Auch der Barthel- oder Bartholomäustag am 24. August gilt im alten Bauernkalender als ein Lostag, an dem sich das Wetter für die nächste Zeit entscheidet. Auch diesen konnten die Beobachtungen der Göttinger Wetterstation bestätigen: Auf einen verregneten Barthelstag folgt in 80 Prozent aller Jahre ein trockener Oktober und immerhin in 67 Prozent auch ein trockener November.

Wie es um Kathrein, trüb oder rein, so wird auch der nächste Februar sein

🌐 Laut den Auswertungen der Meteorologen folgt auf einen trockenen St.-Katharina-Tag am 25. November in 80 Prozent aller Fälle auch ein sehr trockener Februar. Regnet es dagegen an diesem Tag, muss man nur mit einer Wahrscheinlichkeit von 60 Prozent mit einem überdurchschnittlich nassen Februar rechnen.

An Weihnachten ist es meistens nass und warm

🌐 Die Meteorologen kennen das Phänomen als „Weihnachts-Tauperiode". Zwischen dem 24. und dem 29. Dezember strömt in relativ vielen Jahren feuchtwarme Meeresluft aus dem Südwesten nach Mitteleuropa und bringt Wärme und viel Regen mit sich. Die Wahrscheinlichkeit, dass zu Weihnachten eventuell vorher schon gefallener Schnee taut, ist also größer als die, dass es weiße Weihnachten gibt. War es zuvor knackig kalt, dann kann es einerseits zu Hochwasser kommen, da der viele Regen nicht im gefrorenen Boden versickern kann, andererseits kann es an der Luftmassengrenze Eisregen geben. Rein meteorologisch ist der Weihnachtstermin also schlecht gewählt.

Ein Hoch bedeutet gutes Wetter, ein Tief schlechtes

🌐 Diese Vereinfachung stimmt oft, aber nicht immer. Ein Hoch ist zunächst einmal ein Gebiet mit hohem Luftdruck, ein Tief eines mit tiefem. Hochs können deshalb nicht so leicht verdrängt werden und führen zu ziemlich stabilen Wetterlagen. Das kann mit Sonne und blauem Himmel einhergehen, aber auch mit hartnäckigen winterlichen Inversionswetterlagen, die zu hoher Smogbelastung führen. Die leichten Tiefs dagegen sind instabil, sodass sich das Wetter ständig ändert.

Abendrot verheißt schönes Wetter

🌐 „Morgenrot: Schlechtwetter droht; Abendrot: Gutwetterbot." An dieser alten Bauernregel ist tatsächlich etwas dran. Denn damit der Himmel sich rot färbt, dürfen dort, wo die Sonne steht, keine Wolken sein, während es über dem Betrachter Wolken gibt, die durch die Sonnenstrahlen beleuchtet werden. Da das Wetter in unseren Breiten in der Regel vom Westen kommt, entsteht Morgenrot beim Heranziehen einer Wolkenfront, Abendrot dagegen beim Abziehen. Allerdings: Leuchtet der Himmel abends tiefrot, dann sind zahlreiche feuchte Staubteilchen in der Luft, aus denen sich bis zum nächsten Tag doch wieder Wolken bilden können. Ein zartes Rosa dagegen deutet auf trockene Luft und damit tatsächlich auf schönes Wetter hin. Die

Farbe Rot entsteht übrigens, weil aus dem Licht der flach stehenden Sonne die kurzwelligen blauen Strahlen herausgefiltert werden.

Ein Sonnenhof deutet auf schlechtes Wetter hin

Als Sonnenhof bezeichnet man verschiedene Lichteffekte um die Sonne, etwa einen Lichtring, Lichtsäulen über oder unter der Sonne oder gar eine „Nebensonne". Diese Effekte entstehen, wenn die Sonnenstrahlen bei ihrem Eintritt in die Atmosphäre durch Eiskristalle in der Luft etwa um 22 Grad abgelenkt werden. Die Eiswolken, in denen das Licht abgelenkt wird, ziehen jedoch immer einem Tiefdruckgebiet voraus. Deshalb kann man relativ sicher ein bis zwei Tage nach einer solchen Beobachtung mit schlechtem Wetter rechnen.

Kommenden Regen kann man riechen

Nicht direkt: Wenn es nach Regen riecht, dann ist es vielmehr das heranziehende Tiefdruckgebiet, das für charakteristische Gerüche sorgt. Aber natürlich geht tiefer Luftdruck häufig mit Regen einher. Bei schwachem Druck können sich bodennahe Gerüche besser entfalten als bei einem hohen Druck, der auf der Erde lastet. Das bedeutet, dass wir etwa den Geruch von Erdreich, Gras oder tierischen Duftmarken am Boden intensiver wahrnehmen als bei einem Wetterhoch.

In England regnet es ständig

Im Durchschnitt jeden zweiten Tag. Mit Ausnahme des Nordwestens sind die Wassermengen jedoch eher gering und London zählt mit knapp 600 Milliliter Niederschlag pro Jahr zu den trockenen Städten Europas. Das italienische Genua z. B. bekommt im Jahr fast doppelt so viel Regen ab. Allerdings fällt der nicht ständig, sondern weitgehend im Winterhalbjahr – dann aber ordentlich.

Wenn es kühler wird, fällt nachts Tau vom Himmel

Im Gegensatz zu Regen, Schnee und Hagel stammt Tau nicht aus den Wolken, sondern besteht aus dem Wasserdampf in der Luft. Wenn die Nächte viel kälter als die Tage sind, dann kondensiert der Wasserdampf über Nacht an kühlen Oberflächen. Dadurch bildet sich Tau. Sinken die Temperaturen unter 0 Grad, dann friert der Tau zu Reif.

Hagel entsteht, wenn Regen im Fallen gefriert

Gefrierender Regen bildet kleine Graupelkörner. Um Hagelkörner zu erzeugen, braucht es größere Wetterturbulenzen. Dazu müssen Regentropfen hoch in die Atmosphäre gewirbelt werden. In diesen kalten Schichten gefrieren sie dann. Je öfter die Hagelkörner nach oben geschleudert werden, bevor sie endlich zur Erde sinken können, desto größer werden sie.

Gelbe Wolken deuten auf Hagel hin

Hagel entsteht in mächtigen Gewitterwolken, die oben weiß, an ihrer Unterseite aber schwarz sind, da sie so dicht sind, dass sie kein Sonnenlicht durchlassen. Wenn sich an der Unterseite dieser Wolken fransige, gelbliche Gebilde zeigen, dann geht dort tatsächlich Hagel nieder, während dunkle Fransen auf starke Regenfälle hindeuten. Falls solche Wolken auf einen zu ziehen, kann man also tatsächlich oft sehen, ob Hagel oder nur Regen droht.

Jede Schneeflocke sieht anders aus

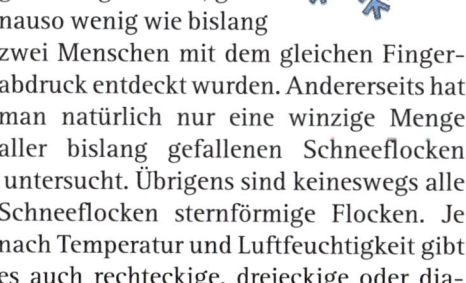

Jedenfalls hat man noch keine zwei exakt gleichen gefunden, genauso wenig wie bislang zwei Menschen mit dem gleichen Fingerabdruck entdeckt wurden. Andererseits hat man natürlich nur eine winzige Menge aller bislang gefallenen Schneeflocken untersucht. Übrigens sind keineswegs alle Schneeflocken sternförmige Flocken. Je nach Temperatur und Luftfeuchtigkeit gibt es auch rechteckige, dreieckige oder diamantförmige Plättchen oder Stäbchen. Bei der Bildung einer Schneeflocke lagern sich Wassermoleküle um einen sogenannten Kondensationskeim (z. B. ein Staubkorn). Diese Anlagerung geschieht bei jeder Flocke anders und darum sehen sie auch alle anders aus.

Bei Schnee hört man alles leiser

Winterlandschaften sind tatsächlich stiller, weil sich in einer Schneedecke viel Luft befindet. Deshalb reflektiert sie Schallwellen nicht, wie das festere Gegenstände tun, sondern schluckt einen Großteil davon. Wie stark dieser Effekt ist, hängt im Wesentlichen von der Dicke und Konsistenz der Schneedecke ab. Ein Meter Neuschnee macht die Welt sehr still, der Trubel in einem Skigebiet wird dagegen durch den festgewalzten Schnee auf den Pisten kaum gedämpft.

Man kann von Eiszapfen erschlagen werden

Nur wenn sie aus sehr großer Höhe auf einen herabstürzen. Eis fühlt sich zwar sehr hart an, hat aber keine große Dichte. Ein Eiszapfen richtet in etwa so viel Schaden an wie eine gleich große Kerze, die aus derselben Höhe herunterstürzt. Andererseits wird der Fall eines Eiszapfens wegen seiner aerodynamischen Form nur wenig abgebremst. Eiszapfen, die von Hochhäusern herunterstürzten, haben deshalb schon für tödliche Unfälle gesorgt.

Es gibt kein salziges Eis

Eigentlich müsste Meerwasser zu salzigem Eis gefrieren. Doch auch wenn man ein Stück Packeis aus dem Meer auftaut, dann erhält man Süßwasser. Zunächst einmal bewirkt das Salz im Meerwasser, dass das Wasser erst bei deutlich niedrigeren Temperaturen gefriert als Süßwasser. Man kennt diesen Effekt vom Streuen der Straßen im Winter, wo Salz ein Gefrieren trotz Frost verhindern kann (aber auch die Natur schädigt). Wenn das Salzwasser dann aber doch gefriert, werden die Salzionen aus dem Eis herausgedrängt und entweder ins Meerwasser abgegeben oder in sogenannten Salztaschen im Eis eingeschlossen. Sammelt sich konzentrierte Salzlake auf den Eisflächen der Pole, kommt es unter bestimmten Umständen auch vor, dass sogenannte Frost Flowers entstehen, blumenähnliche Eiskristallbildungen, die viel Salz enthalten.

Geschmolzener Schnee ist destilliertes Wasser

🌐 Nicht nur bei der Eisbildung auf dem Meere werden Salzionen aus der Gefriermasse gedrängt, sondern generell. Deshalb erhält man beim Schmelzen von Schnee und Eis Wasser, das kaum noch Salzionen enthält. Dies gilt nicht nur für Natriumchlorid oder Kochsalz, sondern auch für andere Salze. Die Warnung an Kinder, sie dürften deshalb keinen Schnee essen, da destilliertes Wasser ja gefährlich sei, entbehrt trotzdem jeder Grundlage.

Die Inuit haben mehr als 100 Ausdrücke für Schnee

🌐 Oder doch nur ganz wenige? Im Umlauf sind die verschiedensten Zahlen. Der Hintergrund: Anfang des 20. Jahrhunderts entdeckte der Ethnologe Franz Boas (1858–1942) vier Wortstämme für Schnee. Später glaubte man, noch mehr entdeckt zu haben, und irgendwann kursierten sensationell hohe Zahlen, die das Expertentum der Inuit in Sachen Schnee belegen sollten. Dagegen wandten sich dann wieder Experten, die darauf hinwiesen, dass Ausdrücke, die für verschiedenartigen Schnee verwendet werden, nicht originär mit Schnee zu tun haben; in etwa wie der süddeutsche Ausdruck „Sulz", der eigentlich für Gelee steht, aber auch für nassen, schweren Schnee gebraucht wird. Wie viele echte Schneewörter die Inuit nun haben, darauf haben sich die Sprachforscher offenbar noch nicht geeinigt.

Eis ist glatt

🌐 Nur dann, wenn die Oberflächen antauen. Dann liegt ein hauchfeiner Wasserfilm auf der Eisfläche, der ein Überqueren zu einer sehr rutschigen Angelegenheit macht. Bei kälterer Luft dagegen, die ein Tauen verhindert, kann Eis sehr rau und krustig sein.

Föhn gibt es nur in den Alpen

🌐 Fallwinde von der Art des Föhns gibt es bei fast allen großen Gebirgen der Erde: In den Anden sind sie als Puelche oder Zonda bekannt, in den Rocky Mountains als Chinook. Sie entstehen, wenn ein kühler, feuchter Wind über die Berge weht. Die Wolken regnen sich an den Gipfeln aus und die nun trockene Luft fällt an den Berghängen hinunter ins Tal. Dabei erwärmt sie sich pro 100 Meter um etwa 1 Grad. Diese plötzlichen Winde führen zu Schwankungen der Luftelektrizität, die bei manchen Menschen Kopfschmerzen auslösen. Sie können auch Temperaturanstiege um bis zu 20 Grad verursachen.

*I*m Auge eines Hurrikans ist es windstill

Im Vergleich zu den sonstigen Geschwindigkeiten eines Hurrikans von teils über 200 und 300 Stundenkilometern, ist es im Auge relativ ruhig, aber nicht windstill. Meist liegen die Geschwindigkeiten unter 50 Stundenkilometern, können in Ausnahmefällen aber auch höher werden. Die höchsten Geschwindigkeiten eines Hurrikans werden im Inneren, direkt am Rand des Auges gemessen. Außerdem treffen im Inneren des Hurrikans Wellen aus verschiedenen Richtungen aufeinander und potenzieren sich, sodass Wellenhöhen von etwa 40 Metern entstehen können. Für Schiffe ist also das Auge des Hurrikans die gefährlichste Zone.

*I*n Europa gibt es keine Hurrikans

Stimmt – noch. Im Oktober 2005 allerdings entstand ein Wirbelsturm namens Vince nur etwa 200 Kilometer von Madeira entfernt. Als er Europa dann tatsächlich erreichte, hatte er nicht mehr ganz Hurrikanstärke. Davon spricht man, wenn der Sturm sich mit mehr als 118 Stundenkilometer Geschwindigkeit bewegt. So weit östlich war bislang noch kein Hurrikan entstanden. Viele Wetterforscher schließen nun keineswegs mehr aus, dass im Zuge der Klimaveränderungen auch Europa schon bald von Hurrikans heimgesucht werden könnte.

*N*ordlichter sieht man nur im hohen Norden

Skandinavienreisende wissen: Je höher im Norden man sich befindet, desto besser wird die Aussicht, Nordlichter zu beobachten. Das liegt daran, dass dieses Phänomen rund um den Pol besonders stark auftritt. Doch selbstverständlich gilt das auch für den Südpol. Dieser ist nur etwas weiter von der menschlichen Zivilisation entfernt, sodass die „Südlichter" weniger Bewunderer haben. Grundsätzlich entstehen die Lichteffekte, wenn durch Explosionen auf der Sonne elektrisch geladene Teilchen in den Weltraum geschleudert werden. Treffen sie auf Luftteilchen, dann kommt es zu dem geheimnisvollen Leuchten, das als Aurora Borealis oder Nordlicht bezeichnet wird. Da die Sonnenteilchen von den magnetischen Polen angezogen werden, sind hier die stärksten und häufigsten Nordlichter zu beobachten. Doch bei starker Sonnenaktivität kann man gelegentlich auch in gemäßigten Breiten Nordlichter sehen.

Über dem Horizont ist der Mond größer als hoch am Himmel

 Der Mond wechselt natürlich seine Größe nicht und es gibt auch keine optischen Phänomene, die ihn direkt über dem Horizont größer erscheinen lassen als hoch am Himmel über uns. Die Sache spielt sich allein im Gehirn ab. Ein aufsteigender Mond über dem Horizont erscheint uns weiter entfernt als einer, der direkt über uns steht. Damit müsste er eigentlich kleiner erscheinen als ein Mond hoch am Himmel. Da er aber in Wahrheit gar nicht weiter entfernt ist, also nicht kleiner wird, kommt er uns größer vor. Wir nehmen also im Gehirn eine Korrektur vor, für die keine Grundlage besteht, was dann zu falschen Wahrnehmungen führt. Aus dem gleichen Grund haben wir auch den Eindruck, dass sich der Mond beim Aufgehen schneller bewegt als im Zenit.

Die Chinesische Mauer ist vom Mond aus zu sehen

 Aus dem All kann man sie tatsächlich sehen, aber nicht vom Mond aus. Die Grenze zwischen Erdatmosphäre und Weltall beginnt bei etwa 100 Kilometer Erdentfernung. Von dort aus kann man sowohl die Chinesische Mauer als auch andere größere menschliche Bauwerke wie etwa Großstädte noch sehen. Der Mond befindet sich jedoch im Schnitt etwa 380.000 Kilometer von uns entfernt und von dort aus betrachtet ist auch die Erde nur ein kleiner Ball.

Ein Streitpunkt ist, ob man die chinesische Mauer von der Raumstation ISS sehen kann, die etwa 350 Kilometer von der Erde entfernt ihre Bahn zieht. Von dort wollen schon Astronauten bei klarem Wetter die Mauer erspäht haben, während andere sie nicht sahen.

Der Mond wendet der Erde immer dasselbe Gesicht zu

 Und mit seinen Kratern und Gebirgen sieht es mit viel Fantasie tatsächlich wie ein Gesicht aus. Natürlich hat der Mond auch noch andere Seiten, doch die bekommt man von der Erde aus nicht zu sehen. Denn wie die Erde rotiert auch der Mond um seine eigene Achse, nur viel langsamer. Während die Erde einen Tag braucht, ist es beim Mond ein ganzer Monat – also exakt so lange, wie er braucht, um die Erde einmal zu umrunden.

In unserem Sonnensystem gibt es neun Planeten

 Der Merkspruch „Mein Vater erklärt mir jeden Sonntag unsere neun Planeten", um sich Merkur, Venus, Erde, Mars, Jupiter, Saturn, Uranus, Neptun und Pluto in der richtigen Reihenfolge zu merken, ist gestorben. Seit dem 24. August 2006 ist der Pluto zu einem Zwergplaneten herabgestuft worden und damit gibt es nur noch acht Planeten.

Der Grund: 2003 hatte man ein Objekt entdeckt, das größer als der Pluto war und
ebenfalls um die Sonne kreise. Nach einigen Debatten entschloss man sich, das erst
Xena, dann offiziell Eris (nach der griechischen Göttin der Zwietracht) benannte
Objekt nicht zum zehnten Planeten zu
erheben, sondern Pluto herabzustufen.
Denn unser Sonnensystem könnte durchaus noch einige weitere Überraschungen
dieser Größe auf Lager haben.

Sternschnuppen sind verglühende Sterne

🌐 Das glaubte man früher. In Wahrheit
verglühen bei einer Sternschnuppe jedoch
nur ganz kleine Materiebrocken, die in die
Erdatmosphäre gelangen. Manche sind
nicht größer als ein Sandkorn. Doch die
Reibung zwischen dem Gestein und der
Luft ist so stark, dass sich die Mini-Meteo-
riten sofort entzünden und verglühen. Im
August lassen sich Sternschnuppen besonders gut beobachten, weil sich die Erde
durch eine kosmische Staubwolke bewegt
und besonders viele Partikel einfangen
kann.

Sternzeichen benennen, in welchem Sternbild die Sonne steht

🌐 Das war einmal. Der Tierkreis unserer
Horoskope wurde vor gut 2000 Jahren fest-
gelegt. Damals gab das Tierkreiszeichen
Auskunft, welches Sternbild man um die

Sonne herum sehen würde, wenn dieses am
taghellen Himmel zu sehen wäre. Doch das
Weltall ist alles andere als ein statischer
Raum und deshalb ist es inzwischen zu
Verschiebungen gekommen. Die tatsächlichen Verhältnisse am Himmel hinken derzeit etwa einen Monat hinter dem Astro-
kalender hinterher. Die Sonne steht also
noch im Sternbild der Fische, während im
Tierkreis schon der Widder dran ist. Die
Astrologen sprechen deshalb gerne von
tropischen Sternzeichen. Als tropisches
Sternzeichen Widder etwa wird jenes
Zwölftel der Sonnenbahn definiert, auf
dem die Sonne während jener Zeit unterwegs ist, in der sie sich vor 2000 Jahren vor
dem Sternbild Widder bewegt hat.

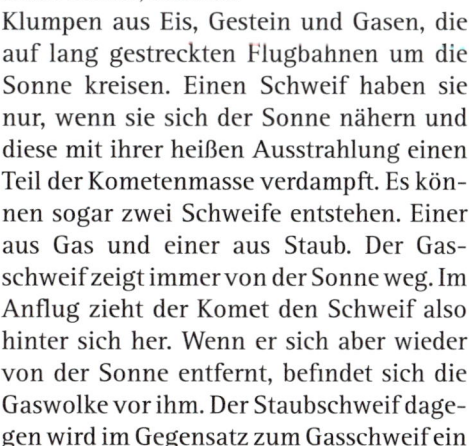

Kometen sind Schweifsterne

🌐 Kometen sind
keine Sterne, sondern
Klumpen aus Eis, Gestein und Gasen, die
auf lang gestreckten Flugbahnen um die
Sonne kreisen. Einen Schweif haben sie
nur, wenn sie sich der Sonne nähern und
diese mit ihrer heißen Ausstrahlung einen
Teil der Kometenmasse verdampft. Es können sogar zwei Schweife entstehen. Einer
aus Gas und einer aus Staub. Der Gasschweif zeigt immer von der Sonne weg. Im
Anflug zieht der Komet den Schweif also
hinter sich her. Wenn er sich aber wieder
von der Sonne entfernt, befindet sich die
Gaswolke vor ihm. Der Staubschweif dagegen wird im Gegensatz zum Gasschweif ein

bisschen in die Richtung abgelenkt, aus der der Komet gekommen ist. Diese Schweife können bis zu 100 Millionen Kilometer lang sein. Da Kometen mit jeder Sonnennäherung Masse verlieren, leuchtete z. B. der Halleysche Komet bei seinem letzten Auftauchen 1986 deutlich weniger spektakulär, als das in früheren Jahrhunderten beschrieben worden war. Irgendwann wird er ganz verschwunden sein.

Fixsterne bewegen sich nicht

Die Unterscheidung zwischen unbeweglichen Fixsternen und beweglichen Wandelsternen stammt noch aus einer Zeit, in der man die anderen Planeten unseres Sonnensystems als Sterne ansah. Da sie ihre Bahnen deutlich sichtbar durch den Sternenhimmel zogen, nannte man sie Wandelsterne, alle anderen aber, die scheinbar bewegungslos in festen Sternbildern verharrten, Fixsterne. Heute weiß man nicht nur, dass die Planeten keine Sterne sind, sondern auch, dass sich alle Sterne bewegen. Sie sind nur so unendlich weit weg, dass sich diese Bewegung nur über Jahrhunderte hinweg erkennen lässt. Der Begriff Fixstern ist also Geschichte.

Der Polarstern ist der hellste Stern am Himmel

Von den Sternen, die wir am Himmel zu sehen bekommen, ist Sirius der hellste. Im Gegensatz zum Polarstern ist Sirius aber (auf der Nordhalbkugel) nicht ganzjährig am Himmel zu sehen. Der Polarstern war früher für die Navigation von äußerster Wichtigkeit, weil er scheinbar bewegungslos am Himmelspol stand und sich alle anderen Sternbilder um ihn drehten. Doch auch das stimmt nicht. Denn der Stern, den man als Polarstern bezeichnet, war nicht immer derselbe. Heute ist es ein Stern aus dem Sternbild Kleiner Bär, der zwar nicht ganz, aber doch sehr nahe am Himmelspol steht. Das ist aber erst seit etwa 1000 Jahren so. Da sich auch Sterne und Sternbilder bewegen, nahmen früher andere Sterne den polnahesten Platz am nördlichen Sternenhimmel ein. Auch der heutige Polarstern wird wieder abgelöst werden: in etwa 13.000 Jahren von der Wega.

Wenn man die Deichsel des Großen Wagen siebenmal verlängert, kommt man zum Polarstern

Dass man den Polarstern am besten findet, wenn man von dem sehr auffälligen Sternbild Großer Bär oder Großer Wagen ausgeht, stimmt. Doch darüber, wo man ansetzen muss und wie lange diese Linie verlängern, darüber kursieren viele und auch viele falsche Rezepte. Tatsächlich muss man die hintere Wand des viereckigen Wagenkastens nach oben (oben ist da, wo vorne die Deichsel sitzt) etwa um das Fünffache verlängern.

Wirtschaft und Recht

*W*irtschaftswachstum schafft Arbeitsplätze

Nur, wenn das Wachstum höher ist, als die Zunahme der Produktivität. Solange technische Neuerungen erlauben, dass ein einzelner Arbeitnehmer mehr produziert und die bereits Angestellten noch schneller arbeiten oder noch mehr unbezahlte Überstunden leisten, entsteht kein Bedarf an neuen Arbeitskräften. Volkswirtschaftler sprechen deshalb von einer Beschäftigungsschwelle, die das Wachstum überschreiten muss, damit neue Arbeitsplätze entstehen. Aber in der globalisierten Welt ist es natürlich fraglich, ob die dann tatsächlich im Inland geschaffen werden.

*S*ilbergeld enthält Silber

Seit 1974 enthält in Deutschland kein Geldstück – mit Ausnahme von Gedenkmünzen – mehr Silber. Münzgeld besteht heute vor allem aus Kupfer. Auch die silbrig glänzenden Teile der Euromünzen sind – wie zuvor die Markstücke – eine Legierung aus Kupfer und Nickel. Für die golden glänzenden Teile wird Kupfer mit Zink und Zinn legiert.

*D*ie Pfennige waren mehr wert als ihr Nennwert

Das ist richtig, und das dürfte für die heutigen Eurocent auch noch gelten. Falsch ist jedoch, dass der Materialwert dieser kleinsten Münzen über ihrem Nennwert liegt und es sich deshalb lohnt, diese zu sammeln und einzuschmelzen. Denn sowohl die Pfennige als auch die Cent bestehen nicht aus reinem Kupfer, sondern aus Stahl mit einem dünnen Kupfermantel. Der Materialwert der Pfennige lag deshalb nur bei 0,2 Pfennigen. Der Mehrwert der Münzen entsteht durch die Herstellung. Diese soll früher pro Pfennig drei Pfennige teuer gewesen sein.

*V*erkäufer müssen große Mengen an Kleingeld nicht annehmen

Stimmt. Aber es handelt sich wirklich um sehr große Mengen. Für den ganzen Euroraum gilt, dass niemand verpflichtet ist, bei einer Zahlung mehr als 50 Münzen anzunehmen. Ob man seine Brautschuhe also gemäß der Tradition mit den zusammengesparten Cent zahlen kann, hängt von der Kulanz des Schuhgeschäftes ab. Aber unterhalb der 50-Münzen-Grenze darf kein Verkäufer die Annahme verweigern, auch wenn er noch so genervt ist. Und die Bundesbanken müssen darüber hinaus jede noch so große Kleingeldsammlung akzeptieren.

Auch zerrissene Banknoten sind noch gültig

Reißt einmal ein Geldschein, dann ist der größere Teil davon noch gültig. Allgemein gilt für schadhafte Geldscheine, dass die Bundesbank Ersatz leistet, wenn noch mehr als die Hälfte einer Geldnote vorhanden ist. Bei offensichtlich mutwillig zerstörten Scheinen, also wenn z. B. Muster hineingebrannt oder geschnitten wurden, kann sie sich jedoch weigern.

Münzen fallen weniger leicht durch Automaten, wenn man sie zuvor daran reibt

Ärgerlich, wenn Münzen immer wieder durch den Automaten fallen. Angeblich hilft kräftiges Rubbeln, weshalb sich neben den meisten Münzeinwurfschlitzen blank gescheuerte Stellen befinden. Doch physikalisch gesehen hilft Rubbeln überhaupt nichts. Dass der Trick manchmal erfolgreich zu sein scheint, liegt einfach daran, dass auch Geldstücke, die anfangs durchfallen, oft bei wiederholten Versuchen doch noch im Automaten bleiben.

Mit Gedenkmünzen kann man nicht zahlen

Wenn die Währung noch im Umlauf ist, dann kann man auch mit einer Gedenkmünze zahlen. Denn als Münzen bezeichnet man grundsätzlich nur Prägungen, die einen Nennwert haben und damit ein Zahlungsmittel sind (oder waren). Davon unterscheidet man die Medaillen, Gedenkprägungen, die keinen Nennwert haben, sondern nur in ihrer Form und Beschaffenheit einer Münze ähneln.

Finder bekommen 10 Prozent Finderlohn

Meist stehen dem Finder nur 5 Prozent zu, bei Dingen, die über 500 Euro wert sind, sogar nur 3 Prozent. Und das auch nur, wenn man etwas auf der Straße findet. In öffentlichen Räumen wie Behörden oder dem Nahverkehr ist es sogar nur die Hälfte. Leer geht man unter Umständen aus, wenn man eine Sache in einem Supermarkt oder einem Kino etc. findet. Denn dann ist man zwar rechtlich gezwungen, die Sache beim Betreiber abzuliefern, trotzdem gilt man nicht als der Finder: Das Anrecht auf den Finderlohn hat der Supermarkt- oder Kinobetreiber.

Kleine Geldfunde darf man behalten

Die Grenze liegt bei zehn Euro. Den gefundenen Zehner darf man also noch behalten. Alles, was darüber liegt, muss man beim Eigentümer oder Betreiber des betreffenden Gebäudes bzw. beim Fundbüro abliefern. Fundunterschlagung ist strafbar und kann in extremen Fällen sogar mit Gefängnis geahndet werden.

Werden gefundene Gegenstände nicht abgeholt, bekomm sie nach einem halben Jahr der Finder

Ganz so früh sollte man sich nicht freuen. Zwar bekommt man den gefundenen Gegenstand ein halbes Jahr nach der Anzeige beim Fundbüro ausgehändigt, wenn sich der Besitzer nicht gemeldet hat. Doch die Sache ist noch nicht verjährt. Meldet sich der richtige Besitzer innerhalb von drei Jahren, muss der Finder die Sache wieder herausrücken. Übrigens: Ein gefundenes Tier, das man gerne behalten möchte, darf man schon nach vier Wochen in Obhut nehmen. Ansonsten gelten aber dieselben Regeln wie bei Sachen.

Nur Scheine werden gefälscht

Das Münzenfälschen, so könnte man denken, lohnt den Aufwand und das Risiko nicht. Doch das stimmt nicht. Gerade die 2-Euro-Münzen werden oft und gerne gefälscht. Zum einen untersucht kein Mensch eine Münze, bevor er sie akzeptiert, zum anderen sind Falschmünzen sehr schwer zu erkennen. Indizien sind kontrastarme, unsaubere Symbole und eine verschwommene Inschrift am Rand. Bei den 2-Euro-Münzen kommt hinzu, dass es nicht nur die verschiedensten Rückseiten der einzelnen Länder gibt, sondern auch eine Reihe von Sondermünzen, sodass kaum jemand einen Überblick hat, welche Motive legal im Umlauf sind.

Blüten sind Falschgeld

Falschgeld ist Geld, das gefälscht wurde, um es zum Zahlen und damit zum Betrug zu verwenden. In der Umgangssprache sind das Blüten, im juristischen Sprachgebrauch bezeichnet man als Blüten jedoch Abbildungen oder Nachahmungen von Banknoten, die „nach dem Willen des Herstellers nicht als Zahlungsmittel verwendet werden sollen", also Spielgeld, das auf den ersten Blick als unecht zu erkennen ist.

Die Einführung des Euro war eine Währungsreform

Bei einer Währungsreform wird die alte Währung entwertet und durch eine neue ersetzt, in der Hoffnung, dass diese stabiler ist. Die Modalitäten, vor allem das Kursverhältnis zwischen alter und neuer Währung, werden dabei politisch festgesetzt, wie z. B. bei der Einführung der Rentenmark 1923 oder der Einführung der D-Mark 1948. Die Einführung des Euro war dagegen lediglich eine Währungsumstellung, da alle Werte exakt umgerechnet wurden.

Während einer Überweisung profitieren die Banken von den Zinsen

Und deshalb dauern sie so lange. Doch damit die Banken in der Zeit, in der die Summe vom Konto des Überweisenden abgebucht wurde, bis zu dem Zeitpunkt, an dem das Geld beim Empfänger eingeht, nicht noch irgendwelche lukrativen Zwischengeschäfte mit der Summe machen können, ist die Höchstdauer einer Überweisung gesetzlich geregelt. Innerhalb einer Filiale darf sie einen Tag betragen, zwischen Filialen derselben Bank zwei Tage, zwischen zwei deutschen Banken drei Tage und innerhalb von verschiedenen EU-Ländern fünf Tage. Die Fristen bestehen, weil die Überweisungen eines Tages nicht einzeln, sondern gebündelt weitergegeben werden und beim Empfänger dann der Reihe nach abgearbeitet werden.

Überweisungen kann man innerhalb von vier Wochen rückgängig machen

Eine Überweisung, die man selbst getätigt hat, kann man nicht wieder rückgängig machen, wenn sie bereits ausgeführt wurde. Hat man jedoch einem anderen eine Einzugsermächtigung gegeben, dann kann man innerhalb von sechs Wochen der Abbuchung widersprechen und eine Rückbuchung verlangen.

Montags sind die Aktienkurse niedriger als freitags

Tage, an denen die Börse geschlossen ist, bedeuten immer ein Risiko für die Aktieninhaber. Während des freien Tages könnten schlechte Nachrichten bekannt werden, ohne dass man gleich reagieren kann. Viele Unternehmen etwa veröffentlichen schlechte Zahlen gerne freitags nach Börsenschluss, in der Hoffnung, dass sich bis Montag die Aufregung schon wieder gelegt hat. Deshalb erscheint es oft besser, Geschäfte noch zu machen, bevor die Börse schließt. Das führte dazu, dass es tatsächlich den Montagseffekt gab, der sich in mangelnder Nachfrage und demzufolge niedrigeren Kursen niederschlug, da viele Geschäfte bereits am Freitag getätigt waren. Doch jede Gesetzmäßigkeit an der Börse hat Folgen für das Verhalten der Anleger. Viele versuchten, den Montagseffekt auszunützen und gerade dann billig zu kaufen, was zu Perioden führte, in denen die Kurse montags höher stiegen als freitags.

Die Blaue Mauritius ist die wertvollste Briefmarke der Welt

 Die Blaue Mauritius ist der Inbegriff einer seltenen, wertvollen Briefmarke. Das trifft zweifellos auch zu. Weltweit gibt es wohl nur zwölf Exemplare, von denen das teuerste für 1,1 Millionen Euro gehandelt wurde. Es gibt jedoch einige Marken, die noch seltener und auch wertvoller sind. An der Spitze steht seit 1996 die schwedische 3 Skilling Banco, Gelbe Fehlfarbe, die auf einer Auktion in Genf für rund 1,6 Millionen Euro versteigert wurde und das einzige bekannte Exemplar von einer Fehldruckserie ist, die aus Versehen gelb statt grün gedruckt wurde. Das Missgeschick ereignete sich 1855, als Schweden seine erste Briefmarkenserie überhaupt herausgab.

Spitzenverdiener zahlen 45 Prozent Einkommenssteuer

 Das klingt grausam. Doch so sehr werden auch die Superreichen nicht zur Kasse gebeten. Denn wie jeder andere Mensch zahlen auch sie auf einen Grundfreibetrag – derzeit 7664 Euro – überhaupt keine Steuern. Dann steigt die Belastung langsam an. Erst ab einer bestimmten Schwelle, die zurzeit bei 52.152 Euro liegt, werden 42 Cent Steuern auf jeden Euro fällig, der mehr verdient wird. Und seit 2007 gibt es eine weitere Schwelle. Der Teil des Einkommens, der über 250.000 Euro liegt, wird sogar mit 45 Prozent besteuert. Aber eben nur der. Ein Alleinstehender mit einem Jahreseinkommen von 100.000 Euro zahlt damit keine 42, sondern nur etwas über 34 Prozent an Einkommenssteuer (Stand: Juni 2008).

Man muss seine Steuererklärung bis zum 31. Mai abgeben

 Wenn man verpflichtet ist, eine Steuererklärung abzugeben, dann gilt der 31. Mai des Folgejahres als Frist. Doch Ersuche um eine Verlängerung werden eigentlich immer positiv beantwortet. Zu einer Steuererklärung verpflichtet sind jedoch nur Freiberufler und Gewerbetreibende. Angestellte und Arbeiter, deren Einkommenssteuer gleich vom Gehalt abgezogen wird, sind nicht zu einer Einkommenssteuererklärung verpflichtet. Schließlich geht es bei ihnen nur darum, einen Teil der gezahlten Steuern zurückzufordern. Das können sie innerhalb einer Frist von zwei Jahren tun. Erst dann verfällt der Anspruch.

Resturlaub muss man bis zum 31. März nehmen

Eigentlich verfallen Urlaubstage, die man noch nicht genommen hat, am Ende eines Jahres. Das Bundesurlaubsgesetz bestimmt jedoch, dass man noch eine Frist bis zum 31. März hat, wenn der Urlaub im vorigen Jahr aus betrieblichen oder persönlichen Gründen nicht genommen werden konnte. Man hat also keinen generellen Anspruch darauf seine Urlaubstage bis zum 31. März des Folgejahres zu behalten. Wenn der Chef dazu auffordert, den Jahresurlaub gefälligst im betreffenden Jahr zu nehmen, dann muss man schon Gründe anführen, warum das nicht möglich ist. Verweigert dagegen die Firma aus betrieblichen Gründen die Genehmigung zum Urlaub, dann hat man auch noch länger als bis zum 31. März des Folgejahres darauf Anspruch. Das sollte man sich allerdings schriftlich bestätigen lassen.

Reduzierte Ware kann man nicht umtauschen

Diesen Hinweis findet man oft bei Schnäppchenaktionen. Doch das sagt im Grunde nur aus, dass das Geschäft in diesem Fall nicht bereit ist, Dinge umzutauschen, weil jemand zu Hause festgestellt hat, dass sie ihm doch nicht gefallen oder nicht wirklich passen. Dazu sind die Geschäfte allerdings auch sonst nicht verpflichtet und tun es nur aus Kulanz. Fehlerhafte Ware dagegen muss vom Verkäufer immer zurückgenommen werden, wenn er nicht vorher den Kunden darauf hingewiesen hat. Wer also Pullover mit dem Hinweis „Achtung! Nicht farbecht" billig verramscht, muss sie tatsächlich nicht zurücknehmen, wenn die Farben dann ausbluten. Jeder andere schon.

Zum Umtausch braucht man einen Kassenzettel

Um eine Ware umzutauschen, braucht man einen Beweis, wo sie gekauft wurde. Das kann auch ein Kreditkartenbeleg, der Name des Geschäftes auf dem Preisetikett oder der Verpackung sein oder ein Zeuge. Aber ob Kassenzettel oder nicht: Einen Anspruch auf Umtausch hat der Kunde sowieso nur, wenn die Ware fehlerhaft ist oder in den Geschäftsbedingungen ausdrücklich eine Umtauschfrist eingeräumt wird. Bei der freiwilligen Frist kann das Geschäft dann auch einen Beweis fordern, wann die Ware gekauft wurde.

Zum Umtausch braucht man die Originalverpackung

Tauscht man eine Sache um, weil sie mangelhaft ist, dann kann kein Verkäufer die Originalverpackung verlangen. Hat der

Verkäufer jedoch eine freiwillige Umtauschgarantie ohne Angabe von Gründen zugesagt (z. B. volles Rückgaberecht innerhalb von 14 Tagen), dann kann er auch verlangen, dass die Ware in genau dem Zustand ist, in dem man sie gekauft hat – inklusive Verpackung.

Auf gekaufte Waren erhält man Garantie

Nicht Garantie, sondern Gewährleistung. Die gesetzliche Gewährleistungspflicht oder Mängelhaftung besagt, dass der Käufer einer Sache oder einer Dienstleistung zwei Jahre lang einen Anspruch darauf hat, dass Mängel, die bereits beim Verkauf bestanden haben, beseitigt werden, z. B. durch Reparatur oder Umtausch. Eine Garantie sind dagegen weitere Versprechen, die ein Verkäufer dem Kunden gibt, etwa eine Ersatzteilgarantie für zehn Jahre oder ein garantiertes Rückgaberecht.

Bei einer Reklamation muss man sich mit einer Gutschrift abspeisen lassen

Wenn eine gekaufte Sache Mängel aufweist, dann hat der Verkäufer diese zu beheben. Will oder kann er das nicht, dann hat der Käufer Anspruch darauf, sein Geld wiederzubekommen. Er muss keinen Gutschein akzeptieren, der ihn verpflichtet, wieder in diesem Geschäft einzukaufen. Alternativ können sich Käufer und Verkäufer natürlich auch auf einen geminderten Preis einigen.

Bei gebrauchten Produkten gibt es keine Gewährleistung

Grundsätzlich muss bei jedem Verkauf eine Gewährleistung für zwei Jahre gegeben werden. Bei gebrauchten Sachen kann diese auf ein Jahr reduziert werden. Das muss jedoch extra vor dem Kauf vereinbart werden. Ganz aus der Haftung stehlen können sich gewerbliche Händler nicht. Nur bei Privatverkäufen kann der Verkäufer vor dem Kauf eine Gewährleistung ausschließen, darf allerdings keine Mängel arglistig verschweigen.

Gutscheine verfallen nach einem Jahr

Seit 2002 gilt eine Frist von drei Jahren, es sei denn, eine kürzere Frist ist den „Gepflogenheiten des jeweiligen Geschäftsbereichs angemessen". Ein Urteil des Landesgerichts München vom April 2007 gegen den Internetbuchhändler Amazon machte jedoch deutlich, dass die Dreijahresfrist allgemein für Geschenkgutscheine gilt, die in Geschäften erworben werden. Etwas anderes sind natürlich Werbegutscheine, die von den Geschäften freiwillig abgegeben werden. In diesem Fall ist es völlig korrekt, wenn es das kostenlose Glas Prosecco beim nächsten Restaurantbesuch nur einen Monat lang gibt. Auch der Gutschein für das preisreduzierte Sommerspecial gilt natürlich nur während der Laufzeit des Angebots.

Der Rechtsweg ist ausgeschlossen

 Diesen Zusatz findet man bei nahezu jedem Preisrätsel. Er hat jedoch keine Bedeutung. Wenn es Rechtsverstöße gibt, z. B. wenn Gewinnzusagen nicht eingehalten werden, dann hat man auch in diesem Fall das Recht, den Rechtsweg zu beschreiten, also gegen die Verstöße Klage zu erheben.

In den USA wird davor gewarnt, Tiere nicht in der Mikrowelle zu trocknen

 Inzwischen schon. Und auch in Deutschland kann man Geräte kaufen, die mit dem Hinweis „Nicht zum Erwärmen von Tieren geeignet" versehen sind. Angeblich, so wird gerne erzählt, soll irgendwann in den 1970er-Jahren eine ältere Dame in den USA ihr Haustier in der Mikrowelle getrocknet haben. Als dieses starb, verlangte sie vom Hersteller Schadensersatz und soll tatsächlich recht bekommen haben. Journalisten, die die Geschichte nachrecherchiert haben, sind jedoch auf keinen derartigen Prozess gestoßen. Auch die Behauptung, seitdem würden in den USA Mikrowellen generell mit einem Warnaufdruck verkauft, war offenkundig falsch. Es dürfte sich also um eine sogenannte „urban legend", eine moderne Legende handeln. Mittlerweile gehen aber einige Händler auf Nummer sicher und sprechen die Warnung tatsächlich aus.

Kaufhausdetektive dürfen Taschen kontrollieren

 Nur die Polizei hat das Recht, Verdächtige zu durchsuchen. Ein Kaufhausdetektiv oder eine Kassiererin dürfen einen Kunden deshalb nur bitten, die Tasche zu öffnen. Weigert sich der Kunde, dann bleibt dem Detektiv nur, die Polizei zu rufen und den Kunden so lange festzuhalten. Das darf aber nur bei einem konkreten Verdacht und für höchstens zwei Stunden geschehen, sonst ist es Freiheitsberaubung. Etwas anderes ist es, wenn ein Unternehmen, etwa eine Disco oder ein Konzertveranstalter, das Recht auf Taschenkontrollen durch das Sicherheitspersonal in den Allgemeinen Geschäftsbedingungen (AGB) festgeschrieben hat. Da diese Bedingungen vom Kunden mit dem Kauf einer Eintrittskarte akzeptiert werden, muss er gegebenenfalls auch eine Kontrolle in Kauf nehmen.

Jedermann darf einen Dieb auf frischer Tat festnehmen

 Es gibt ein Jedermann-Festnahmerecht und das besagt, dass jeder einen Täter, der auf frischer Tat ertappt wird, festnehmen darf, wenn dies nötig ist, um entweder seine Identität festzustellen oder um seine Flucht zu verhindern. Kennt man also den Täter und ist nicht davon auszugehen, dass dieser wegen der Tat gleich untertaucht, dann darf man ihn auch nicht festhalten. Ein bloßer Verdacht reicht nicht für eine Festnahme. Auch wenn der Täter sich auf Aufforderung ausweist, darf er nicht festgehalten werden. Außerdem muss natürlich immer sofort die Polizei kontaktiert werden.

*W*as andere auf den Sperrmüll werfen, darf man mitnehmen

Das ist verboten. Auch wenn es viele Wegwerfer freut, wenn ihre alten Sachen doch nicht entsorgt werden sondern noch jemand etwas damit anfangen kann. Andere dagegen wollen, dass die Dinge wirklich entsorgt werden, und nicht etwa jemand in Omas alten Fotoalben stöbert. Sollte tatsächlich jemand Strafanzeige gegen einen Sperrmüllfledderer stellen, dann wird er vor Gericht auch Erfolg

haben. Da die Fledderer oft auch ein ziemliches Chaos anrichten, gibt es Landkreise, in denen das Mitnehmen von Gegenständen aus Sperrmüllsammlungen mit Bußgeldern geahndet wird. Ebenfalls verboten ist das Mitnehmen oder Durchsuchen von Altkleidersäcken, da die Waren ausdrücklich für die sammelnde Organisation bestimmt sind.

*A*uf Pfandsiegeln ist ein Kuckuck zu sehen

Wer das glaubt, der überschätzt den Humor von Behörden. Das Anbringen von Pfandsiegeln ist ein staatlicher Akt und deswegen trugen die Siegel, die auf beschlagnahmte Gegenstände geklebt wurden, früher ein Abbild des Reichsadlers, den der Volksmund abwertend in Kuckuck umgetauft hat. Vielleicht weil „Kuckuck" sprachlich früher oft als Umschreibung für den Teufel benutzt wurde. Heute steht in Deutschland schlicht „Pfandsiegel" auf dem Kuckuck.

„*M*ade in Germany" ist ein Qualitätssiegel

Ob es das noch ist, darüber kann man diskutieren. Im 20. Jahrhundert war es jedenfalls der Fall. Aber erfunden wurde das Siegel keineswegs als Qualitätskennzeichen. Im Jahr 1887 nämlich legte der britische Merchandise Marks Act fest, dass alle ausländischen Waren Herkunftsbezeichnungen tragen mussten, um sie von den einheimischen Qualitätsprodukten zu unterscheiden. Gerade deutsche Waren galten damals als billig und schlecht. Bis 1900 jedoch hatte sich das Bild gewandelt und „Made in Germany" stand plötzlich für Qualität.

$\mathcal{D}$ie Krümmung von Gurken ist per EU-Verordnung geregelt

 Es ist nicht nur ein böses Gerücht über die Regelungswut in Brüssel: Nach Verordnung 1677/88 EWG darf die maximale Krümmung 10 Millimeter auf 10 Zentimeter Gurkenlänge betragen. Und bei Porree muss mindestens ein Drittel einer Porreestange weiß sein. Von solchen Verordnungen gibt es eine ganze Reihe. Doch nicht irgendwelche weltfremden Bürokraten in Brüssel haben sich das ausgedacht, sondern sie haben nur umgesetzt, was die Mitgliedsländer wünschten. Und die kamen wieder den Wünschen der heimischen Wirtschaft nach, die bei einer Gurkenbestellung etwa in Spanien oder Holland nicht das Risiko eingehen wollte, zu krummes Gemüse zu bekommen, das die Verbraucher eventuell nicht kaufen. Also ordern sie Ware gemäß den Handelsklassen, wie sie die EU-Verordnung festlegt. Ein Vorstoß der

EU-Agrarkommission, die Gurken-Verordnung und einige ähnliche Regelungen abzuschaffen, stieß im Juni 2008 auf wenig Gegenliebe. Im Übrigen ist es keineswegs verboten, Obst und Gemüse zu verkaufen, das nicht der EU-Norm entspricht.

$\mathcal{N}$ach dem Tod kann man seinen Körper an die Anatomie verkaufen

 Früher haben anatomische Institute tatsächlich Leichen gekauft, heute jedoch nicht mehr. Ein Handel mit Leichen ist nämlich inzwischen in Deutschland verboten. Ein toter Körper kann nur dann jemandem gehören, wenn der Verstorbene ihn bereits zu Lebzeiten unentgeltlich gespendet hat. Etwa an ein anatomisches Institut, aber auch an den umstrittenen Plastinator Gunther von Hagens, der in seiner Ausstellung „Körperwelten" kunstvoll präparierte Leichen vorführt.

$\mathcal{M}$anche Leute sind einfach Pechvögel

 Es hat den Anschein, als wäre das tatsächlich der Fall. Die Auswertung von Versicherungsakten jedenfalls spricht dafür, dass es tatsächlich Unfallpersönlichkeiten gibt, die das Unglück geradezu anziehen. Psychologen gehen allerdings nicht von Pech aus, sondern glauben, dass beispielsweise Menschen, die sehr autoritär erzogen wurden, später dazu neigen, jegliche

Autorität und Einschränkung abzulehnen. Diese Ablehnung kann so groß sein, dass Vernunft und Vorsicht darüber vernachlässigt werden – was natürlich zu häufigen Unfällen führt.

*A*uch mündliche Verträge sind gültig

Das ist richtig. Ein mündlicher Vertrag ist rechtlich genauso bindend wie ein schriftlicher. Doch wenn es zu Streitigkeiten kommt, dann wird es schwierig, zu beweisen, dass es diesen mündlichen Vertrag gegeben hat. Von inhaltlichen Details einmal ganz zu schweigen. Am besten geht das noch, wenn bereits Fakten geschaffen sind. Wenn ein gekaufter Gegenstand ausgehändigt, eine Wohnung bezogen oder eine Arbeit begonnen wurde, dann hat die Gegenseite Schwierigkeiten glaubhaft zu machen, es wäre gar kein Vertrag geschlossen worden. Wenn ein Vermieter, Arbeitgeber, Käufer oder Verkäufer aber vorher einen Rückzieher macht, dann ist es in der Regel kaum möglich zu beweisen, dass eine bindende Zusage gegeben hat. Deshalb sind schriftliche Verträge zwar nicht bindender, aber in der Praxis meist doch mehr wert.

*H*austürgeschäfte kann man widerrufen

Egal, ob man sich von sogenannten Drückern an der Haustür unter Druck hat setzen lassen, eine Zeitschrift zu abonnieren, bei der Ausflugsfahrt eine Heizdecke gekauft hat, bei einer Tupperparty zugeschlagen, am Telefon einen Vertrag abgeschlossen oder an einem Stand in der Fußgängerzone einen scheinbar günstigen Handyvertrag unterschrieben hat: Derartige Geschäfte kann man innerhalb von 14 Tagen ohne Angabe von Gründen rückgängig machen. Es gibt allerdings Ausnahmen: Das Rückgaberecht gilt nicht für sofort bezahlte und entgegengenommene Gegenstände unter einem Wert von 40 Euro, nicht für Versicherungsverträge und nicht, wenn man einen Vertreter selbst bestellt hat.

*W*as im Kleingedruckten steht, gilt auf jeden Fall

Das Kleingedruckte sind in der Regel die Allgemeinen Geschäftsbedingungen. Nicht jeder macht sich die Mühe, diese zu lesen. Ein Fehler? In den AGB darf nichts stehen, was gegen Treu und Glauben verstößt. Kein Anbieter darf hier also Dinge verstecken, die der üblichen Geschäftspraxis widersprechen und zum Nachteil des Kunden sind. Man kann also über die AGB keine Preiserhöhung, keinen unüblichen Haftungsausschluss und schon gar keine Waschmaschine aufgedrückt bekommen. Andererseits kann sich auch niemand herausreden, dass er von üblichen Geschäftspraktiken, z. B. Stornogebühren bei Reiserücktritt, nichts gewusst habe, weil er die AGB nicht gelesen hat. Man sollte sie also zumindest überfliegen.

*E*heleute haften für die Schulden des jeweils anderen

 Im Prinzip nicht. Wenn nicht ausdrücklich eine Gütergemeinschaft vereinbart worden ist, dann haftet jeder Ehepartner nur für seine eigenen Schulden. Wurden die Schulden allerdings für Dinge gemacht, von denen beide profitieren, etwa für Lebensmittel, Möbel, normale Unterhaltungselektronik, das gemeinsame Haus, das gemeinsame Auto oder gemeinsame Reisen, dann haften auch beide und nicht nur der, der den Kredit unterschrieben hat. Kauft einer für sich allerdings einen teuren Sportwagen, dann braucht der Ehepartner für diese Schulden nicht aufzukommen.

*I*n einer Zugewinngemeinschaft gehört das Vermögen beiden Partnern zu gleichen Teilen

 Dies ist bei einer Gütergemeinschaft der Fall. In einer Zugewinnehe, der normalen wirtschaftlichen Form einer Ehe, die automatisch besteht, wenn die Partner nichts anderes vereinbart haben, behält jeder Partner das Eigentumsrecht an dem, was er vor der Eheschließung besessen hat. Als gemeinsamer Besitz gilt nur, was gemeinsam benutzt wird wie etwa das Haus oder der Hausrat. Ansonsten darf jeder der Partner mit seinem selbst verdienten Geld machen, was er mag. Der Zweitwagen z. B. gehört nur dem, der ihn gekauft hat und kann auch ohne Rücksprache wieder verkauft werden. Bei einer Scheidung jedoch wird das ganze Vermögen, das während der Ehe dazugekommen ist, in zwei gleiche Teile geteilt, unabhängig davon, wer wie viel davon verdient hat.

*G*eschenke kann man zurückverlangen

 Wenn sich jemand grob undankbar zeigt, dann hat man das Recht, Geschenke zurückzuverlangen. Auch wer bedürftig ist, darf Geschenke, die noch keine zehn Jahre zurückliegen, wieder zurückverlangen – bzw. das Sozialamt darf es für ihn tun. Wer etwa von seinen Eltern das gesamte Vermögen überschrieben bekommen hat und dann hofft, dass der Staat für den Unterhalt der „armen" alten Leute aufkommt, hat sich verrechnet.

*M*issratene Kinder können enterbt werden

 Nur teilweise. Wer Krach mit seinen Nachkommen oder auch dem Ehepartner hat, kann in seinem Testament bestimmen, dass diese nur den Pflichtteil erhalten. Das ist die Hälfte ihres normalen Erbes. Hat jemand z. B. drei Kinder, dann erben normalerweise sowohl der Ehepartner als auch jedes Kind ein Viertel des Vermögens. Ist ein schwarzes Schaf dabei, dann kann der Erblasser dessen Anteil auf ein Achtel reduzieren und das übrige Achtel nach Gutdünken verteilen. Doch man muss sich nichts zuschulden kommen lassen, um auf den Pflichtteil gesetzt zu werden. Jeder Erblasser hat das Recht, nur die Hälfte seines Vermögens den Pflichterben zukommen zu lassen und den Rest an gute Freunde oder gemeinnützige Organisationen zu verteilen. Um einen Pflichterben dagegen ganz aus dem Testament zu streichen, müsste sich dieser schon massiv gegen den Erblasser vergangen haben, ihm etwa nach dem Leben getrachtet haben.

Man kann sein Geld seinem Hund vererben

Erben können nur Menschen und juristische Personen, Tiere jedoch nicht. Wer möchte, dass sein Geld seinem Haustier zukommt, der muss das Geld an einen Menschen oder eine Einrichtung vererben, mit der Auflage, das Erbe für die Pflege des Tieres zu verwenden. Dabei kann er detaillierte Vorschriften machen, wie der kleine Liebling zu umsorgen ist.

Eine Verlobung ist ein rechtlicher Akt

Offizielle Verlobungen sind heute selten geworden, aber wenn sie stattfinden, sind sie von rechtlicher Relevanz. Mit dem Versprechen einander zu heiraten gehen die beiden Partner einen Vertrag ein und wenn einer diesen bricht, dann kann der andere Schadensersatz fordern. Ein gebrochenes Herz lässt sich natürlich nicht geltend machen, wohl aber finanzielle Nachteile. Das kann von der Rückgabe von ein paar Geschenken über die Bezahlung des bereits gekauften Hochzeitskleides bis hin zu zeitweiligem Unterhalt gehen, wenn etwa eine Frau auf den Wunsch ihres vermeintlich Zukünftigen ihre Stelle aufgegeben hat und nun arbeitslos dasteht.

Ehen gehen meistens im „verflixten siebten Jahr" auseinander

Gut 40 Prozent aller Ehen werden heute in Deutschland wieder geschieden, die meisten davon ziemlich schnell. Wer bereits sieben Jahre durchgehalten hat, kann aufatmen. Die höchsten Scheidungsziffern finden sich in Statistiken nach fünf Ehejahren, wobei die Trennung meistens deutlich früher erfolgte als die offizielle Scheidung. Am riskantesten sind also eher das dritte und vierte Ehejahr.

Kapitäne dürfen auf hoher See Trauungen durchführen

1929 wurde eine auf hoher See geschlossene Ehe in New York vor Gericht für legal erklärt, da man kein Gesetz fand, das

163

einer Eheschließung durch den Kapitän widersprochen hätte. Heute ist es in den meisten Ländern gesetzlich geregelt, dass nur Standesbeamte Trauungen durchführen dürfen und dies gilt auch für die Schiffe, die unter der Flagge dieser Länder fahren.

Jeder Mensch braucht einen Personalausweis

Jeder deutsche Staatsbürger über 16 Jahren ist ausweispflichtig. Das bedeutet, dass er entweder einen Personalausweis oder einen Reisepass besitzen muss. Der Reisepass hat den Vorteil, dass man damit in jedes Land reisen darf, was mit dem Personalausweis nicht geht, dafür ist er unhandlicher und die Adresse ist nicht amtlich vermerkt, weshalb manche Institutionen einen Pass nur mit Meldebescheinigung als Ersatz für einen Personalausweis akzeptieren. Im Übrigen ist man nicht verpflichtet, seinen Ausweis immer dabei zu haben. Das galt nur in Berlin vor der Wiedervereinigung. Andererseits ist die Polizei berechtigt, gegebenenfalls Leute, die ihrer Ausweispflicht nicht an Ort und Stelle nachkommen können, in Gewahrsam zu nehmen.

Mit dem 18. Geburtstag wird man rechtsfähig

Am 18. Geburtstag wird man in Deutschland volljährig und damit unbeschränkt geschäftsfähig. Rechtsfähig ist man dagegen schon vom Augenblick seiner Geburt an. Schließlich haben auch Säuglinge und Kinder Rechte – und auch Pflichten, wie etwa die Schulpflicht. Eine eingeschränkte Geschäftsfähigkeit erhalten sie dagegen erst mit sieben Jahren und die vollständige mit 18. Sechsjährige dürfen sich also – ohne Zustimmung ihrer Eltern – nicht einmal ein Eis kaufen.

Erst mit 14 Jahren kann man vor Gericht bestraft werden

Das stimmt. Kinder werden in Deutschland erst mit 14 Jahren strafmündig. Auch danach können sie nur für Straftaten belangt werden, deren Folgen sie – nach Auffassung des Richters – schon überblicken konnten. Allerdings kann das Vormundschaftsgericht Maßnahmen wie eine Heimunterbringung gegen kriminelle Kinder anordnen. Außerdem sind Kinder schon ab dem achten Lebensjahr bedingt deliktfähig. Das heißt, dass unter Umständen ein Schadensersatzanspruch gegen sie erhoben werden kann, wenn der Richter davon ausgeht, dass das Kind die Folgen seiner Tat überblicken konnte, etwa, wenn es Scheiben eingeworfen hat. In einem solchen Fall haften auch nicht die Eltern, da das Delikt nicht aus einer Verletzung der Aufsichtspflicht herrührt, sondern das Kind selbst. Wenn der Schaden aber die Geldmittel des Kindes übersteigt, muss der Ersatz erst geleistet werden, wenn dieses erwachsen ist. Die Ansprüche des Geschädigten bleiben deshalb 30 Jahre lang bestehen.

*E*ltern haften für ihre Kinder

Eltern haften nur dann, wenn sie ihre Aufsichtspflicht vernachlässigt haben. Bei Delikten, die sie schon überblicken können, haften Kinder selbst. Wo andere ihre Sorgfaltspflichten vernachlässigt haben, haften diese. Eine Baustelle etwa muss ausreichend gesichert werden. Ein Bauherr, der dies unterlässt, ist für Schäden und Unfälle haftbar – auch für die, die unberechtigt dort spielende Kinder anrichten. Da hilft es ihm auch nicht, wenn er ein gelbes Schild aufgehängt hat, dass die Verantwortung auf die Eltern abschiebt. Wenn Kinder in ausreichend gesicherte Baustellen eindringen, sieht die Sache natürlich anders aus. Dann haften entweder die Kinder selbst oder auch ihre Eltern, wenn diese davon wussten und nichts unternommen haben.

*E*ltern müssen für die Schulden ihrer Kinder aufkommen

Nur, wenn sie für sie gebürgt haben. Wer Minderjährigen trotzdem Kredit gibt, z. B. durch Überziehungskredite für Konten oder durch Telefonverträge, der kann die Schulden nur bei den Kindern eintreiben. Können die nicht sofort zahlen, dann bleiben die Ansprüche 30 Jahre lang bestehen. Allerdings können den verschuldeten Kindern hierfür Zinsen berechnet werden. Deshalb zahlen die meisten Eltern für ihre Kinder und regeln die Sache mit dem Schuldenabstottern dann intern. Aber verpflichtet sind sie dazu nicht.

*W*er nicht schuldfähig ist, muss auch keinen Schadensersatz leisten

Voll verantwortlich ist man für einen Schaden nur, wenn man ihn im vollen Bewusstsein begangen hat. Wer zum Zeitpunkt der Tat betrunken war oder mit Tabletten oder Rauschmitteln zugedröhnt, der kann immerhin noch wegen Fahrlässigkeit belangt werden. Nicht verantwortlich sind die, die nicht selbst an ihrem berauschten Zustand schuld sind, die geisteskrank sind oder zum Zeitpunkt der Tat bewusstlos waren, also z. B. hinter dem Steuer ihres Autos zusammengebrochen sind und dann mit diesem Auto einen Schaden verursacht haben. Trotzdem kann es sein, dass sie dem Opfer Schadensersatz leisten müssen. Paragraf 829 legt nämlich eine Ersatzpflicht aus Billigkeitsgründen fest. Das bedeutet: Ein reicher Schädiger muss einem armen Opfer den Schaden auch dann ersetzen, wenn er eigentlich nicht verantwortlich für seine Tat ist.

*M*ord ist geplant, Totschlag geschieht im Affekt

Diese Unterscheidung existiert im angelsächsischen Recht. In Deutschland dagegen liegt ein Mord vor, wenn jemand „aus Mordlust, zur Befriedigung des Geschlechtstriebs, aus Habgier oder sonst aus niedrigen Beweggründen, heimtückisch oder grausam oder mit gemeingefährlichen Mitteln oder um eine andere Straftat zu ermöglichen oder zu verdecken" tötet. Jede andere Tötung ist Totschlag. Geschieht ein Totschlag im Affekt, tötet also jemand, weil er „ohne eigene Schuld durch eine ihm oder einem Angehörigen zugefügte Misshandlung oder schwere Beleidigung von dem getöteten Menschen zum Zorn gereizt und hierdurch auf der Stelle zur Tat hingerissen worden ist", dann liegt ein minder schwerer Fall von Totschlag vor.

Mord verjährt nicht

Wer einen Mord oder gar Völkermord bzw. Verbrechen gegen die Menschlichkeit begangen hat, der kann tatsächlich solange er lebt zur Rechenschaft gezogen werden – egal, wie lange die Tat zurückliegt. Alle anderen Verbrechen, auch Totschlag, verjähren jedoch spätestens nach 30 Jahren.

Mordopfer werden von Pathologen untersucht

In fast jedem Krimi kommen Leichen in die Pathologie. Im wahren Leben landen sie in der Gerichtsmedizin. Pathologen dagegen beschäftigen sich mit krankhaften Veränderungen des lebenden Organismus. Sie sind z. B. gefragt, wenn es darum geht herauszufinden, ob ein Tumor gut- oder bösartig ist. Um Krankheitssymptome und ihren Verlauf zu studieren, führen auch Pathologen Obduktionen durch, aber sie sind dabei Krebs oder Alzheimer auf der Spur und suchen nicht nach Würgemalen oder Giftspuren wie Rechtsmediziner.

Polizisten sind nur im Dienst, wenn sie ihre Mütze aufhaben

Polizisten sind gehalten, ihre Dienstmützen zu tragen, wenn sie ihren Dienst ausüben. Aber an ihren rechtlichen Befugnissen ändert die Mütze überhaupt nichts. Allenfalls kann man sich vielleicht darauf hinausreden, dass man einer Aufforderung nicht sofort Folge geleistet habe, weil man den Beamten ohne seine Mütze nicht sofort als Polizisten erkannt habe.

Ein Richter wird mit „Euer Ehren" angesprochen

In den USA und Großbritannien schon. In Deutschland lautet die korrekte Anrede für einen Richter „Herr Vorsitzender" oder „Frau Vorsitzende". Noch so einiges mehr ist anders, als man es aus US-Filmen und Fernsehserien kennt. Es gibt zum Beispiel nur selten ein Kreuzverhör. Im Wesentlichen führt der vorsitzende Richter die Vernehmung des Angeklagten, der Zeugen und Sachverständigen durch. Verteidiger und Staatsanwalt dürfen nur ergänzende Fragen stellen.

Wer einen Polizisten beschimpft, begeht Beamtenbeleidigung

Nein, er macht sich ganz einfach der Beleidigung schuldig. Den gesonderten Straftatbestand der Beamtenbeleidigung gibt es in Deutschland nicht. Allerdings: Wird ein Beamter im Dienst beleidigt, dann wird das Delikt von Amts wegen verfolgt. Beleidigt jemand dagegen eine Privatperson, dann wird nur ein Verfahren eingeleitet, wenn der Beleidigte Klage erhebt.

Man kann wegen „groben Unfugs" verurteilt werden

Seit 1975 nicht mehr. Seitdem heißt dieser Tatbestand „Belästigung der Allgemeinheit", was den Kern besser trifft. Denn es geht nicht darum, dass das Gericht urteilt, ob eine Handlung sinnvoll oder Unfug ist, sondern ob Unschuldige dadurch unzumutbar belästigt werden.

Es gibt eine gesetzliche Nachtruhe

Sie gilt von 22 Uhr abends bis 6 Uhr früh. Während dieser Zeit sind laute Tätigkeiten untersagt. Baulärm ist sogar nur zwischen 7 Uhr und 20 Uhr erlaubt. Eine frühaktive Handwerkertruppe in der Nachbarschaft, die schon um 6 Uhr die Kreissäge anschmeißt, braucht also niemand hinzunehmen.

Einmal im Jahr darf man eine laute Party feiern

Es gibt kein Recht auf Party. Die Nachtruhe gilt von 22 bis 6 Uhr. Wenn sich in dieser Zeit ein Nachbar durch Lärm gestört fühlt, dann hat er das Recht, ein Beenden dieses Lärms zu fordern. Notfalls, indem er die Polizei ruft. Ebenso wenig gibt es ein Recht auf eine gewisse Anzahl von Grillpartys auf dem Balkon, wenn der Nachbar dadurch unzumutbar gestört wird. Wer solche Partys feiern will, der kommt nicht darum herum, sich mit seinen Nachbarn gütlich zu arrangieren.

Während es noch schneit, muss man nicht Schnee schippen

Generell gilt, dass man den Schnee vor seinem Haus unverzüglich räumen bzw. gegen Glätte streuen muss. Ansonsten haftet man für Schäden. Die genaue Regelung ist jedoch Ländersache. In den meisten Verordnungen ist man zwischen 20 und 7 Uhr nicht zum Schippen verpflichtet. Manche Länder gewähren morgens eine etwas längere Frist, verlangen dann aber, dass auch geschippt wird, wenn es noch schneit.

Tagsüber gilt meistens, dass die Gehwege spätestens eine Stunde nach Ende des Schneefalles wieder sicher begehbar sein müssen. Wer es genau wissen will, muss sich jedoch die Straßenräumungsgesetze seines Bundeslandes anschauen.

Mundraub ist nicht strafbar

 Das Delikt „Mundraub" gibt es seit 1975 im deutschen Strafrecht nicht mehr. Aber auch davor kamen Mundräuber keineswegs straflos davon. Wer Lebens- und Genussmittel oder Dinge des hauswirtschaftlichen Gebrauchs von geringem Wert stahl, konnte immerhin mit einer Geldstrafe von 500 Mark oder sechs Wochen Freiheitsentzug belegt werden. Heute gibt es nur noch das Delikt „Diebstahl", allerdings wird der Diebstahl von Dingen unter einem Wert von 50 Euro nur auf Antrag verfolgt.

Wer im Gasthaus nicht zahlt, begeht Zechprellerei

 Er begeht einen Betrug. Das Delikt „Zechprellerei" gibt es nicht. Betrug liegt allerdings nur vor, wenn der Gast von vornherein nicht vorhatte zu zahlen. Wer sich ganz plötzlich an einen wichtigen Termin erinnert und aus dem Gasthaus rennt, ohne zu zahlen, der macht sich noch nicht des Betruges schuldig, ist dem Wirt aber natürlich die offene Rechnung weiterhin schuldig.

Wenn man dreimal versucht hat zu zahlen, darf man gehen

 Wenn man seine Adresse hinterlässt, schon. Kein Gast muss seinen Zug oder den Beginn eines Konzertes verpassen, nur weil es der Wirt vorher beim Essen nicht geschafft hat, in vertretbarer Zeit die Rechnung zu kassieren. Doch erledigt hat sich die Sache damit nicht. Der Anspruch des Wirtes auf Bezahlung besteht weiterhin. Um nicht in den Verdacht des Betruges zu kommen, muss der Gast ihm also mitteilen, wo er seine Rechnung eintreiben kann.

Zecht eine Gruppe, muss der Letzte die offenstehende Rechnung bezahlen

 Wenn eine Gruppe gemeinsam im Gasthaus ist und jeder für sich selbst zahlt, dann ist es Sache des Wirtes, den Überblick zu behalten, wer was konsumiert. Tut er das nicht, dann ist er selbst schuld und kann nicht die haftbar machen, die am längsten geblieben sind.

Muss man zu lange auf das Essen warten, darf man wieder gehen

 Kein Gast ist verpflichtet, ewig auf sein Essen zu warten. 30 Minuten gelten als angemessen, was darüber hinausgeht, muss nicht akzeptiert werden. So gab das Landesgericht Karlsruhe einmal einem Gast recht, der sich nach eineinhalb Stunden Wartezeit weigerte, mehr als 70 Prozent der Rechnung zu bezahlen. Man ist auch berechtigt, das Restaurant wieder zu verlassen.

Schlechtes Essen darf man zurückgehen lassen

 Niemand ist verpflichtet, in einem Restaurant Dinge zu essen, die eindeutig nicht in Ordnung sind, also z. B. faulige, ranzige oder versalzene Gerichte, solche, die noch zu roh sind oder – bei warmen Essen – zu kalt. Das gilt auch, wenn sie nicht den Wünschen oder der Karte entsprechen, etwa, wenn ohne Rücksprache die Beilage geändert wurde oder das medium bestellte Steak durchgebraten ist. In einem solchen Fall hat der Gast zunächst ein Recht darauf, dass der Schaden behoben wird. Kann oder will der Wirt das nicht, dann darf der Gast den Preis mindern oder das Gericht ohne Bezahlung zurückgehen lassen. War ein Teil einwandfrei und wurde schon gegessen, dann muss dieser Teil jedoch im Zweifelsfall bezahlt werden, also z. B. wenn das Steak schon gegessen ist, bevor der Gast merkt, dass der Beilagensalat faul ist.

Man hat ein Anrecht auf das Angebot auf der Speisekarte

 Das hat man nicht. Wenn der frische Fisch aus ist, dann ist er aus und der Wirt braucht keine besonderen Anstalten zu machen, doch noch welchen zu beschaffen. Die Preise jedoch sind verbindlich. Der Fisch darf nicht plötzlich mehr kosten als auf der Karte ausgeschrieben.

Für Garderobe wird nicht gehaftet

 Dieses Schild findet sich in den meisten Gaststätten. Doch der Grundsatz gilt nur, wenn der Wirt Garderoben anbietet, die für den Gast gut einsehbar sind. Hat der Gast keine andere Möglichkeit, als seine Sachen an einen Platz zu hängen, den er nicht im Auge behalten kann, dann haftet der Wirt.

Das billigste Getränk in Gaststätten muss alkoholfrei sein

 Zumindest muss unter den billigsten Getränken auch ein nicht alkoholisches sein. Ein gleicher Preis – immer auf den Liter hochgerechnet – wie für die billigsten Alkoholika ist gestattet. Auch wenn dieses Gesetz landläufig Apfelsaftparagraf heißt, muss Apfelsaft nicht billiger als Bier sein. Meistens ist Mineralwasser am günstigsten. Allerdings sind Tricks verboten. Es darf sich nicht um ein Heißgetränk handeln, auch nicht um Unübliches wie z. B. Milch. Das Getränk darf auch nicht in unattraktiven Portionen, etwa nur als ganzer Liter, angeboten werden.

Ins Fitnessstudio darf man eigene Getränke mitnehmen

 Ja, das darf man. Auch wenn in den Allgemeinen Geschäftsbedingungen etwas anderes steht. Denn Allgemeine Geschäftsbedingungen dürfen keine Bestimmungen enthalten, die den Kunden unangemessen benachteiligen. Und es haben inzwischen mehrere Gerichte geurteilt, dass es eine unangemessene Benachteiligung wäre, bei einer so schweißtreibenden Angelegenheit wie Fitnesstraining auf das Getränkemonopol des Betreibers angewiesen zu sein.

Wer betrunken Fahrrad fährt, kann seinen Führerschein verlieren

 Man muss nicht einmal Fahrrad fahren. Wenn Polizei und Gericht zu dem Schluss kommen, dass jemand ein dauerhaftes Alkoholproblem hat und generell unfähig ist, Auto zu fahren, dann ist der Lappen weg – egal, ob man mit dem Fahrrad Schlangenlinien gefahren ist oder in der Fußgängerzone randaliert hat. Ist jemand jedoch kein Alkoholiker, sondern nur einmal im Vollrausch Fahrrad gefahren, dann kann er nur

für das bestraft werden, was er während dieser Fahrt angerichtet hat, etwa Verkehrsregeln missachtet oder andere Menschen gefährdet.

Für einen Führerschein braucht man einen Erste-Hilfe-Kurs

 Nur für einen Lkw- oder einen Busführerschein. Wer nur ein normales Auto oder ein Motorrad fahren will, der muss nur einen Kurs namens Lebensrettende Sofortmaßnahmen am Unfallort (LSM) vorweisen. Dieser umfasst vier Doppelstunden und beschäftigt sich mit der Herz-Lungen-Wiederbelebung, der richtigen Lagerung Bewusstloser und dem Stillen von Blutungen. Es macht jedoch Sinn, gleich einen kompletten Erste-Hilfe-Kurs zu absolvieren, der acht Doppelstunden umfasst und sich noch mit nicht verkehrstypischen Situationen wie Vergiftungen, Sonnenstich, Erfrierungen, Knochenbrüchen, Allergieschocks und Herzinfarkt befasst.

Alkohol am Steuer wird erst ab 0,5 Promille geahndet

 Wenn die Polizei jemanden stoppt, weil er Schlangenlinien gefahren ist, dann genügen schon 0,3 Promille, um wegen Alkohol am Steuer verurteilt zu werden. Außerdem ist die Buße sehr hart: sieben Punkte, ein Nettomonatsgehalt Strafe und mindestens zehn Monate Fahrverbot. Wer dagegen nicht auffällig geworden ist und im

Rahmen einer Routinekontrolle getestet wird, kann erst ab 0,5 Promille belangt werden. Die Strafe besteht dann aus einer Geldstrafe von 250 Euro, einem Monat Fahrverbot und vier Punkten in Flensburg.

Drogen am Steuer sind verboten

Das ist richtig, doch wie bei Alkohol gelten auch hier Grenzwerte. Wer etwa mit weniger als 1 Nanogramm des Haschisch- wirkstoffs THC im Blut erwischt wird, gilt als fahrtüchtig. Allerdings darf die Polizei ein medizinisches Gutachten verlangen, ob der Ertappte re- gelmäßig Drogen konsumiert. Ist das der Fall, kann das Opfer seinen Führerschein verlieren. Und die Kosten für das teure Gut- achten darf man auch selbst zahlen.

Nur wer am Steuer sitzt, kann wegen Alkohol im Verkehr belangt werden

Grundsätzlich kann jeder, der einen Führerschein besitzt, diesen entzogen be- kommen, wenn es Zweifel an seiner Fahr- tüchtigkeit gibt. Das bedeutet: Auch der Beifahrer kann bei einer Kontrolle getestet werden. Kommt der Eindruck auf, dass er regelmäßig Alkohol oder Drogen nimmt,

dann kann das überprüft und gegebenen- falls der Führerschein eingezogen werden.

Wer auffährt, hat Schuld

Grundsätzlich ist an einem Verkehrsun- fall derjenige schuld, der gegen die Ver- kehrsregeln verstoßen oder fahrlässig ge- handelt hat. Bei einem Auffahrunfall ist das meist der Hintere, da er Sicherheitsab- stand halten und auch damit rechnen muss, dass der Vordermann mal bremst. Fädelt der Vordermann jedoch in zu enge Lücken ein oder bremst er grundlos, dann ist natürlich er schuld.

Wegen eines unleserlichen Nummernschilds kann man bestraft werden

Ein Nummernschild muss lesbar sein. Deshalb kann die Polizei auch bei einem verdreckten Schild ein Verwarnungsgeld verhängen. Wer sein Nummernschild da- gegen absichtlich unleserlich macht, etwa indem er es verklebt, der kassiert auch einen Punkt in Flensburg.

Auch Langsamfahren kann bestraft werden

Das ist in der Tat so. „Ohne triftigen Grund dürfen Kraftfahrzeuge nicht so langsam fahren, dass sie den Verkehrsfluss behindern", heißt es in der Straßenver- kehrsordnung. Niemand darf also auf freier

Strecke Kolonnen hinter sich sammeln, weil er die schöne Gegend genießen möchte oder so ein schlechter Autofahrer ist, dass er sich auf der Autobahn nicht traut, schneller als 50 Stundenkilometer zu fahren.

Beim Herausfahren aus dem Kreisverkehr muss man blinken

Und zwar nur beim Herausfahren. Das Blinken beim Hereinfahren ist nicht nur unnötig (wo sollte man sonst hinfahren?), sondern in Deutschland auch verboten. Denn ein Autofahrer, der eine Einfahrt weiter wartet, könnte, wenn ein blinkendes Auto um die Ecke biegt, denken, dieser Fahrer wolle den Kreisverkehr sofort wieder verlassen. Dann biegt er unter Umständen selbst ein, obwohl der andere noch blinkt und keineswegs vorhat, die nächste Ausfahrt zu nehmen. Also: beim Rausfahren immer, beim Reinfahren nie.

Winterreifen sind nicht vorgeschrieben

Rechtlich vorgeschrieben ist nur eine den Witterungsverhältnissen angepasste Ausrüstung des Fahrzeugs, insbesondere was die Bereifung und Frostschutzmittel in der Scheibenwischanlage betrifft. Winterreifen sind also nicht explizit vorgeschrieben, wenn die Polizei die Sommerreifen aber für unangemessen hält, zahlt man trotzdem Strafe. Behindert man mit Som-

merreifen im Winter den Verkehr, sind sogar Punkte fällig.

In Flip-Flops darf man nicht Auto fahren

Man sollte im Interesse der eigenen Sicherheit und der der anderen Verkehrsteilnehmer Flip-Flops und andere offene Schuhe beim Autofahren meiden. Aber es stimmt nicht, dass Kfz-Haftpflichtversicherungen in diesem Fall nicht zahlen. Es ist allerdings denkbar, dass eine Vollkaskoversicherung versuchen könnte, sich auf grobe Fahrlässigkeit zu berufen.

Kinder bis sieben Jahre dürfen auf dem Fußweg Fahrrad fahren

Sie müssen es sogar. Laut Straßenverkehrsordnung dürfen Kinder unter sieben Jahren nicht auf der Straße Fahrrad fahren. Auch dann nicht, wenn ihre Eltern dabei sind. Zum Überqueren einer Straße müssen sie absteigen und schieben. Werden sie von ihren Eltern begleitet, dann müssen die die Straße benutzen und dürfen nicht auf dem Fußweg neben ihren Kindern herfahren. Acht- und Neunjährige dagegen dürfen entscheiden, ob sie auf der Straße oder dem Fußweg fahren, während Zehnjährige nicht mehr auf dem Fußweg fahren dürfen.

Die Rechtschreibung im Duden ist verbindlich

Nur für Schüler und Angestellte einer öffentlichen Behörde. Ansonsten kann jeder schreiben, wie er will – oder wie es sein Arbeitgeber von ihm verlangt. Wenn man nicht schreibt, wie das im Duden steht, dann gilt das zwar als falsche Schreibweise. Doch falsche Schreibweise ist Privatpersonen nicht verboten. Dass Rechtschreibfehler einen schlechten Eindruck machen, steht auf einem anderen Blatt.

Nur Adlige dürfen ein Wappen führen

Ein Familienwappen darf sich jeder zulegen, der das gerne möchte. Allerdings muss man bei der Auswahl aufpassen. Wappen, die bereits von Familien öffentlich geführt werden, sind geschützt. Wer sich diese oder sehr ähnliche zulegt, kann von den Trägern verklagt werden. Wer ernsthaft ein Wappen führen möchte, lässt dieses am besten von einem seriösen heraldischen Verein in der Wappenrolle eintragen. Damit stellt er nicht nur sicher, dass sein neues Wappen in Ordnung ist, sondern auch, dass es künftig gegen Nachahmer geschützt ist.

Ein Fußballspieler darf nicht im Abseits stehen

Ein Abseits liegt im Fußball vor, wenn sich ein Spieler der angreifenden Mannschaft im Augenblick der Ballabgabe vor dem Ball befindet und nicht mindestens noch zwei Spieler (in der Regel Torwart und einen Feldspieler) der gegnerischen Mannschaft vor sich hat. Dort darf er sich aber befinden, ohne dass der Schiedsrichter gleich eingreift. „Die Abseitsstellung eines Spielers stellt an sich noch keine Regelübertretung dar", stellen die internationalen Fußballregeln klar. Geahndet wird das Abseits nur, wenn der bewusste Spieler in irgendeiner Weise in das Spiel eingreift und sich einen Vorteil verschafft. Etwa, indem er den gespielten Ball annimmt, aber auch, wenn er nur den Gegner stört oder den gegnerischen Torwart irritiert.

Ein Handspiel im Fußball kann man auch mit der Schulter begehen

Die Definition der „Hand" ist in den Fußballregeln recht großzügig und umfasst den gesamten Arm bis hinauf zum Schultergelenk. Handspiel im Schulterbereich ist natürlich besonders heikel. Hat der Spieler den Ball wirklich noch mit dem beweglicheren Teil der Schulter außerhalb des Gelenks beeinflusst oder doch mit dem Oberkörper, dessen Einsatz erlaubt ist? Außerdem ist Handspiel ja nur strafbar, wenn ein Spieler absichtlich den Arm Richtung Ball bewegt und nicht etwa angeschossen wird. Im Falle der eigentlichen Hand ist die Unterscheidung meist noch recht deutlich, im Bereich der Schulter dagegen kaum.

Geschichte und Kultur

Die Neandertaler sind ausgestorben

Vor 40.000 bis 30.000 Jahren lebten Neandertaler und die Cromagnon-Menschen in Europa nebeneinander. Dass die Cromagnons Vorfahren des modernen Menschen sind, war immer unstrittig, aber wie steht es um die Neandertaler? Haben sie sich mit den Cromagnons vermischt oder sind sie wirklich komplett ausgestorben? Lange Zeit wurde das in der Wissenschaft kontrovers diskutiert, doch in den letzten Jahren haben DNA-Untersuchungen für Gewissheit gesorgt. Im Erbgut der heute lebenden Menschen lässt sich kein Hinweis auf Neandertaler unter den Vorfahren finden.

Die ägyptischen Könige hießen Pharao

Ja, ab etwa 950 v. Chr. tauchte der Titel Pharao (Großes Haus) in altägyptischen Urkunden auf. Vorher war er jedoch nur eine Umschreibung, mit der das einfache Volk seinen Kö-

nig benannte, weil dessen Name und Titel so heilig waren, dass es sie nicht zu verwenden wagte. Zum einfachen Volk gehörten natürlich auch die in Ägypten lebenden Israeliten. Auch sie verwendeten den Begriff Pharao und gaben ihn über die Bibel weiter.

Stonehenge war ein keltisches Heiligtum

Esoterische Zusammenkünfte von modernen Druiden im Steinkreis von Stonehenge vermitteln diesen Eindruck ebenso wie so manche historische Romane, die sich mit der Keltenzeit befassen. Doch der Steinkreis wurde viel früher errichtet, wohl zwischen 3200 v. Chr. und 1400 v. Chr., und es gibt keine Hinweise darauf, dass er noch eine Rolle spielte, als um 500 v. Chr. die Kelten nach Großbritannien kamen.

Platon propagierte Liebe ohne Sex

🏛 Mehr noch: Erotik ohne Sex, denn es ging dem berühmten griechischen Philosophen (427–347 v. Chr.) nicht um eine leidenschaftslose Freundschaft, sondern um eine Verbundenheit auf rein geistig-seelischer Ebene, die noch intensiver als Sex sei. Körperliches Begehren beschrieb Platon in seinem Werk *Symposium* nur als eine Vorstufe zu dieser vollkommenen geistigen Erotik, die sich an der Erkenntnis des absolut Guten, Perfekten entzündet.

„Gymnasium" ist die griechische Bezeichnung für eine höhere Schule

🏛 Das altgriechische Wort „Gymnasium" bedeutet übersetzt: Ort der Nackten (von griech. gymnos = nackt). Gymnasien kamen im 4. Jahrhundert v. Chr. auf und waren eine Art antike Fitnessklubs, in denen grundsätzlich nackt trainiert wurde. Sie dienten aber nicht nur der körperlichen Ertüchtigung, sondern spielten auch eine

wichtige Rolle im gesellschaftlichen Leben der bessergestellten Griechen, u. a. auch dadurch, dass sie ein anspruchsvolles Beiprogramm lieferten, etwa philosophische Vorträge.

Die alten Römer aßen im Liegen

🏛 Lange Zeit saßen sowohl Römer als auch Griechen aufrecht am Esstisch. Dann übernahmen im 6. Jahrhundert erst die Griechen die asiatische Sitte, sich zu Tisch zu legen, was sich wiederum die Römer abschauten. Das galt jedoch nur für Festmähler. Im Alltag aßen geschäftige Römer und Griechen meist in öffentlichen Garküchen – im Sitzen oder Stehen. Frauen und Kinder waren in Griechenland sowieso nicht und in Rom erst in der Spätzeit zu Gelagen zugelassen und lagen deshalb auch nicht zu Tisch.

Römische Gladiatoren grüßten: „Ave, Caesar, morituri te salutant"

🏛 Sie tun das zwangsläufig in jedem Film und jedem Roman, in denen sie auftauchen, doch aus der Antike gibt es nur einen Beleg für diesen Gruß. Im Jahr 52 ließ Kaiser Claudius (10 v. Chr.–54 n. Chr.) eine Naumachie veranstalten, eine nachgestellte Seeschlacht mit fast 40.000 Sklaven auf 100 Schiffen. Diese grüßten ihn mit obigem Spruch.

Das Publikum forderte mit gesenktem Daumen den Tod eines Gladiators

„Nun geben sie Gladiatorenkämpfe und, wie der Pöbel es mit gedrehtem Daumen verlangt, töten sie volkstümlich", rügte der Schriftsteller Juvenal (um 60–130) die Politiker seiner Zeit. Wie die Zuschauer ihre Daumen jedoch drehten, weiß man nicht. Manche Forscher gehen davon aus, dass der Zeichencode „Daumen hoch = positiv" und „Daumen gesenkt = negativ" erst viel später entstand. Die Zuschauer könnten mit ihren Daumen z. B. auch die Geste des Erstechens oder Halsabschneidens gemacht haben. Juvenals Kritik lässt sich auch entnehmen, dass es keineswegs normal, sondern eine zweifelhafte Mode seiner Zeit war, das Volk über den Tod eines Gladiators abstimmen zu lassen. Die Historiker schätzen, dass nur etwa 20 Prozent der Kämpfe tödlich endeten.

Römische Galeeren wurden von Sträflingen gerudert

Hätten die Macher von *Ben Hur* die Historiker befragt, dann wäre der Held nicht auf eine Galeere geschickt worden, sondern zur Zwangsarbeit in einem Bergwerk oder einem Steinbruch verurteilt worden. Die römischen Kriegsschiffe (die auch noch nicht Galeeren hießen) wurden von Soldaten gerudert, um möglichst viele kampffähige Männer an Bord zu haben. Erst im Mittelalter zogen die Seemächte Sträflinge und Kriegsgefangene als Ruderer für ihre Galeeren heran.

Arminius gewann die Schlacht im Teutoburger Wald

So schrieb der römische Schriftsteller Tacitus (um 55–115). Aber wo war der „saltus teutoburgiensis"? Im 17. Jahrhundert meinte man den Höhenzug Osning als Teutoburger Wald identifiziert zu haben und taufte das Mittelgebirge entsprechend um. Inzwischen sind sich die Historiker ziemlich einig, dass man sich damals geirrt hat und sich der wahre Teutoburger Wald in der Gegend um den Kalkrieser Berg bei Bramsche befindet. Eine richtige Schlacht war das Ganze übrigens wohl auch nicht, da die Germanen die im sumpfigen, unwegsamen Gelände kaum beweglichen Römer nach und nach niedermachten.

Harun al-Raschid hat wirklich gelebt

Der berühmte Kalif von Bagdad ist tatsächlich mehr als eine Märchenfigur aus *Tausendundeiner Nacht*. Er stammte aus der Familie der Abbasiden und regierte von 786 bis 809. Seine Regentschaft gilt als kulturelle Blütezeit. Darüber hinaus soll der Kalif allerdings keineswegs der edle Herrscher aus dem Märchen gewesen sein, sondern ein sehr grausamer Regent, der u. a. seinen Bruder ermordete, Zypern eroberte und Anatolien verwüstete.

Die Wikinger trugen Helme mit Hörnern

🏛 Und die Germanen. Und die Kelten. Zumindest in Darstellungen, die im 19. Jahrhundert oder später entstanden. Schuld daran ist möglicherweise Richard Wagner (1813–83), indem er seinen Bühnenfiguren gehörnte oder geflügelte Helme verpasste. In der Antike dagegen waren Helme so geformt, dass ein Schwert daran abrutschte und nicht an irgendwelchen Hörnern hängen blieb. Kriegstechnisch sinnvoll ist höchstens eine Spitze in der Mitte wie bei der preußischen Pickelhaube. Zwar hat man bronzezeitliche Darstellungen von gehörten Figuren gefunden, doch die Historiker sind sich sicher, dass diese Priester bei Ritualen darstellen.

Ritter waren von Adel

🏛 Schätzungsweise 80 Prozent der Ritterfamilien gehen nicht auf den germanischen Adel zurück, sondern auf sogenannte Ministeriale. Das waren Leibeigene, die im Dienst ihres Herrn in höhere Positionen befördert wurden, etwa Aufseher, Beamte oder auch berittene Soldaten, also Ritter wurden. Ab 1200 be-

griffen sich die Ritter als Stand und nahmen keine Neuen mehr auf. Ritter konnte nun nur noch der werden, dessen Eltern schon „ritterbürtig" waren.

Hansestädte liegen am Meer

🏛 Die Hanse war ein loser Zusammenschluss verschiedener Handelsstädte, der seinen Ursprung im Ostseeraum hatte. Im Laufe des späten Mittelalters schlossen sich ungefähr 200 Städte diesem Bund an. Dies waren vor allem die Hafenstädte der Nord- und Ostsee, aber auch andere große Handelsstädte. Die meisten davon waren aber wenigstens noch über große Flüsse mit dem Meer verbunden. Mit die stärkste Binnenlage hatte Mühlhausen in Thüringen.

Luther nagelte seine 95 Thesen an die Tür der Schlosskirche von Wittenberg

🏛 Alle Berichte über dieses Ereignis sind entweder widersprüchlich oder erst nach Luthers Tod entstanden. Martin Luther (1483–1546) selbst versicherte, er habe seine Thesen am 31. Oktober 1517 an den Erzbischof von Magdeburg und den Kurfürsten von Sachsen geschickt, damit sie dazu Stellung nehmen konnten. Erst danach sei er in die Öffentlichkeit gegangen. Immerhin war er nicht auf öffentlichen Aufruhr aus, sondern wollte eine theologische Diskussion in Gang bringen.

Kolumbus' Zeitgenossen glaubten noch, die Erde sei eine Scheibe

Vielleicht die ganz Ungebildeten. Aber jedem, der eine höhere Schule besucht hatte, war klar, dass die Erde eine Kugel ist. Die Berater des portugiesischen Königs hatten sogar ziemlich genaue Vorstellungen vom Erdumfang. Und deshalb hielten sie Kolumbus' Unterfangen, Indien über eine Westroute zu erreichen, für Unsinn. Denn für eine derartig lange Reise konnten die Schiffe nicht genug Proviant laden. Kolumbus' Glück war, dass er den Erdumfang auf weniger als 65 Prozent seiner tatsächlichen Größe schätzte, sich dann aber dort, wo er Indien vermutete, tatsächlich Land befand. Wenn auch das falsche.

Kolumbus glaubte zeitlebens, den Seeweg nach Indien gefunden zu haben

Weshalb die Karibischen Inseln, die er 1492 entdeckte, immer noch Westindien genannt werden. Christoph Kolumbus (um 1451–1506) glaubte, er habe Inseln entdeckt, die vor der indischen Ostküste liegen würden. Deshalb versuchte er, in drei weiteren Reisen zum indischen Festland vorzustoßen und betrat am 14. August 1502 im heutigen Honduras erstmals amerikanisches Festland. Viele Wissenschaftler der damaligen Zeit aber, die den Erdumfang im Gegensatz zu Kolumbus korrekt berechnet

hatten, zweifelten zunehmend daran, es mit Indien zu tun zu haben. Und das erst recht, nachdem der Portugiese Vasco da Gama 1498 den Seeweg nach Indien in östlicher Richtung gefunden hatte.

Die Indianer verkauften Manhattan für 24 Dollar

Eigentlich für Handelsware im Wert von 60 Gulden, denn der Handelspartner war ein gewisser Peter Minuit (um 1589–1638) von der holländischen Handelskompanie, die sich im 17. Jahrhundert auf der Halbinsel niedergelassen hatte. Er kaufte den dort lebenden Delaware-Indianern 1626 Manhattan und Staten Island ab. Im 19. Jahrhundert rechnete ein Historiker die 60 Gulden in 24 Dollar um. Ob der Wert korrekt ist, ist strittig. Stimmt er, dann entsprächen 24 Dollar aus dem 19. Jahrhundert heute etwa 90 Dollar. Auf alle Fälle war der Betrag lächerlich gering, auch wenn unter den Handelswaren vielleicht Werkzeuge waren, die den Indianern sehr nützlich waren.

Ein Wigwam ist ein Indianerzelt

Ein Wigwam ist eine kuppelartig gebaute Hütte, wie sie die Algonkin-Indianer in den nördlichen Waldgebieten bauten. Das typische Zelt der Plains-Indianer aus langen Stangen und Lederhäuten dagegen hieß Tipi.

*I*n den USA hätte man beinahe Deutsch gesprochen

Entweder 1789 oder 1793 soll auf dem amerikanischen Kongress ein Antrag der Deutschamerikaner, Deutsch zur Amtssprache zu machen, an nur einer einzigen Stimme gescheitert sein. Doch die Historiker, die dieser Legende nachgingen, fanden lediglich einen Antrag von 1794, Gesetzestexte künftig auch ins Deutsche zu übersetzen. Dieser scheiterte tatsächlich an einer Mehrheit von nur einer Stimme. Ein respektables Ergebnis angesichts der geschätzten 9 Prozent deutschsprachiger Einwohner zur damaligen Zeit. Im Übrigen haben die USA bis heute keine offizielle Amtssprache.

*V*iele Piraten trugen Augenklappen

Piraten scheinen früher tatsächlich oft Augenklappen getragen zu haben. Das hatte aber wenig mit Kampfverletzungen zu tun. Wahrscheinlich waren wohl wirklich viele Seeleute auf einem Auge blind, weil sie beim Navigieren mit dem Sextanten häufig in die Sonne blicken mussten. Aber auch Piraten mit zwei gesunden Augen trugen tagsüber Klappen, weil sie glaubten, dass das abgedeckte Auge dafür in der Dunkelheit umso schärfer sehen würde. Es gibt auch die Theorie, dass manche Seeleute früher, wenn sie zwischen der grellen Sonne draußen und dem dunklen Schiffsinneren wechselten, einfach die Augenklappe verschoben, damit sich die Augen nicht erst mühsam auf die geänderten Lichtverhältnisse einstellen mussten.

*D*ie Piratenflagge ziert ein Totenkopf

Die meisten Piraten hatten gar keine Piratenflagge, da es nicht in ihrer Absicht lag, schon vor dem Kapern als Piraten erkannt zu werden. Bei den karibischen Piraten war das jedoch anders. Ab dem 17. oder 18. Jahrhundert begannen sich die einzelnen Freibeuter individuelle Flaggen zuzulegen, ähnlich wie Adlige ein Wappen. Dabei waren Knochen und Messer bevorzugte Gestaltungselemente. Die heute typische Piratenflagge mit Schädel und gekreuzten Knochen verwendete z. B. der Ire Edward England (gest. 1720).

*D*ie Kunst des Tätowierens stammt aus der Südsee

Die ältesten Tätowierungen wurden auf 7000 Jahre alten Mumien aus Südamerika gefunden und auch der über 5000 Jahre alte europäische Ötzi war tätowiert. Vermutlich gab es diese Sitte in der Frühgeschichte überall. Später geriet sie jedoch in Vergessenheit und wurde in der Neuzeit von europäischen Seeleuten in der Südsee wiederentdeckt.

Zar Peter der Große arbeitete als Zimmermann

So erzählt es die Oper *Zar und Zimmermann* von Albert Lortzing (1801–51). Aber wenn auch die Details der Geschichte erfunden sind, so birgt der Kern doch ein Körnchen Wahrheit. 1697 unternahm der junge Zar (1672–1725) eine Reise nach Westeuropa. Diese war nur teilweise eine diplomatische Mission. Vor allem wollte Peter die Wissenschaft und Kultur des Westens kennenlernen. Der Schiffsbau interessierte ihn besonders und dank der Vermittlung des Bürgermeisters von Amsterdam arbeitete er tatsächlich für einige Zeit auf einer der Werften der Stadt.

Fürst Potemkin ließ Potemkinsche Dörfer bauen

Ende des 18. Jahrhunderts kolonisierte Fürst Gregor Alexandrowitsch Potemkin (1739–91) im Auftrag der russischen Zarin Katharina (1729–96), die auch seine Geliebte war, das Schwarzmeergebiet. Er tat das so effektiv, dass seine Neider am Zarenhof behaupteten, er habe der Zarin nur Kulissenwände vorgeführt und immer dieselben jubelnden Bauern von Dorf zu Dorf gekarrt. Der sächsische Gesandte in St. Petersburg verbreitete das Gerücht dann in Deutschland, wo es sich hartnäckig hielt.

Tatsächlich aber trieb Potemkin die Entwicklung des Schwarzmeergebietes bemerkenswert voran und Zarin Katharina war eine viel zu kluge Frau, um sich durch Potemkinsche Dörfer hinters Licht führen zu lassen.

Reiterstandbilder zeigen, wie der Dargestellte ums Leben kam

Steigt das Pferd auf seinen Hinterbeinen, dann soll der Reiter angeblich auf dem Schlachtfeld ums Leben gekommen sein. Steht es auf drei Beinen, wurde er immerhin verwundet. Hat es aber alle vier Füße am Boden, starb der Reiter friedlich im Bett. Gelegentlich sind auch andere Deutungen zu lesen, was ganz einfach daran liegt, dass es keine solche Gesetzmäßigkeit gibt. Die Pferdeposen von Reiterstandbildern sind Modeerscheinungen, nichts weiter. Der eine Herrscher gefiel sich besser auf einem Pferd, das sich kriegerisch aufbäumt, der andere auf einem, das würdig schreitet.

Der Untergang der Titanic war das größte Schiffsunglück aller Zeiten

Beim Untergang der Titanic am 14. Januar 1912 kamen vermutlich etwa 1500 Menschen ums Leben. Es ist das spektakulärste Schiffsunglück aller Zeiten, aber keineswegs das schlimmste. Die meisten

Toten, rund 9000, gab es vermutlich bei der Versenkung der Wilhelm Gustloff am 30. Januar 1945. Doch diese Tragödie steht nicht allein da. Im Zweiten Weltkrieg wurden von allen Kriegsparteien zahlreiche Schiffe mit Tausenden von Menschen an Bord versenkt, z. B. am 7. November 1941 das sowjetische Lazarettschiff Armenija durch die Deutschen. Dabei kamen wahrscheinlich 5000 Menschen um. Das größte Schiffsunglück zu Friedenszeiten dürfte der Zusammenstoß der philippinischen Fähre Doña Paz mit einem Frachter am 20. Dezember 1987 sein. Dabei starben wahrscheinlich mehr als 4000 Menschen.

Der Mensch, der die ersten Verkehrsregeln aufstellte, konnte selbst nicht Auto fahren

Der Mann hieß William Phelps Eno (1858–1945) und war ein New Yorker Geschäftsmann. Ihn ärgerten auch nicht die wenigen Autos, die es zu seiner Zeit in New York gab, sondern die vielen Pferdewagen. Also entwickelte er Verkehrsregeln und Re-

gelsysteme wie das Stoppzeichen, den Zebrastreifen, den Kreisverkehr, die Einbahnstraßen oder Verkehrsinseln. Wegen dieser Verdienste wird er auch als Vater der Verkehrssicherheit bezeichnet. Er selbst war bevorzugt als Reiter unterwegs, bzw. gelegentlich auch im Auto mit Chauffeur.

Adenauer baute die erste Autobahn

Dass Adolf Hitler nicht für den Bau der ersten Autobahnen verantwortlich war, hat sich langsam herumgesprochen. Stattdessen fällt nun oft der Name Konrad Adenauer. Darüber kann man diskutieren. Es hängt davon ab, ob man die nicht öffentliche und gebührenpflichtige Avus (Automobil-Verkehrs- und Übungsstraße), die 1921 durch den Grunewald in Berlin gebaut worden war, als Autobahn gelten lassen will. Oder die 1924 gebaute öffentliche, aber gebührenpflichtige Strecke Mailand–Como, die allerdings nur einen Fahrstreifen in jede Richtung und ein ziemlich hügeliges Profil hatte. Ansonsten ist die heutige A 555 zwischen Köln und Bonn die erste Autobahn. Zu den treibenden Kräften an ihrem Bau gehörte tatsächlich der damalige Kölner Oberbürgermeister Konrad Adenauer, der bei der Einweihung am 6. August 1932 stolz sagte: „So werden die Straßen der Zukunft aussehen." Als die Nazis, die während der Weimarer Zeit noch gegen die Autobahnen agitiert hatten, an die

Macht kamen, ließ Hitler dann die A 555 zur Landstraße herabstufen, zog längst vorhandene Autobahnpläne aus den Schubladen der entsprechenden Ministerien und begann mit großem Trara den Bau der Autobahn Frankfurt–Darmstadt.

Die 20er-Jahre waren golden

In den USA waren die Roaring Twenties zwischen 1920 und 1929 tatsächlich eine Zeit des Booms. Etwa ab 1925 kam der dann auch in Europa an und bescherte sogar der maroden Weimarer Republik relativ gute Jahre. Für Wissenschaftler, Künstler, Intellektuelle und erfolgreiche Geschäftsleute waren sie tatsächlich golden, für das einfache Volk aber oft noch immer ziemlich hart. 1929 machte die Weltwirtschaftskrise der Blütezeit ein Ende und ab 1933 vernichteten die Nazis auch die wissenschaftlichen und kulturellen Errungenschaften der 20er-Jahre.

Die Nazis pflanzten Wälder in Hakenkreuzform, die noch heute zu sehen sind

Jedenfalls waren sie noch bis zum Jahr 2000 zu sehen. In einigen Gegenden Deutschlands kamen die örtlichen Nazis auf die Idee, Bäume in Form von Hakenkreuzen oder anderen Symbolen zu pflanzen. Die Neupflanzungen bestanden etwa aus Lärchen, die im Herbst erst gelb und dann braun werden und sich dann aus der Luft gesehen deutlich von den umliegenden Bäumen abhoben. Nach dem Krieg wurden sie teils gerodet, teils sind sie zugewachsen. Doch 1992 entdeckten Piloten, dass bei Zernikow in der Uckermark noch ein Lärchen-Hakenkreuz wuchs. Erste Rodungen waren nicht gründlich genug, aber seit dem Jahr 2000 ist Schluss mit dem gelb-braunen Spuk.

Im Zweiten Weltkrieg griff die polnische Kavallerie deutsche Panzer an

Polnische Reiter, die mit Lanze und Säbel gegen deutsche Panzer losstürmten: Mit diesem Bild versuchten sowohl der deutsche als auch der russische Kriegsgegner, das polnische Militär lächerlich zu machen. Tatsächlich hatten fast alle Kriegsparteien damals noch Kavallerieeinheiten, die für die Aufklärung oder in schwierigem Gelände eingesetzt wurden. Die polnische Kavallerie etwa war mit Maschinengewehren und Panzerfäusten ausgerüstet. Meistens bewegte sie sich nur zu Pferd, kämpfte dann aber als Infanterie zu Fuß. Lanzen wurden gar nicht mehr eingesetzt. Am 1. September 1939 griff sie eine deutsche Infanterieeinheit an, wurde dann aber von Panzern gestellt. So kam es zur Panzerschlacht von Krojanty. In Auseinandersetzungen zwischen deutschen und polnischen Kavallerieeinheiten gewannen übrigens die Polen – was ihnen leider nichts nützte.

1948 haben alle mit 40 Mark angefangen

Am 20. Juni 1948 trat in den deutschen Westsektoren die Währungsreform in Kraft. Jeder Einwohner erhielt 40 neue Mark – wenn er dafür 60 alte Reichsmark abgeben konnte. Im August konnte man dann noch einmal 30 alte gegen 20 neue Mark eintauschen. Doch damit waren nicht alle gleich. Sparguthaben wurden nämlich auch umgetauscht, allerdings mit einem schlechten Kurs. Für 100 alte gab's nur 6,50 neue Mark. Wer über viel Sachwerte verfügte, war besser dran. Auch wer Gläubiger hatte, war besser gestellt als der normale Sparer. Schuldner mussten nämlich für 100 Mark Schulden immerhin 10 neue Mark zurückzahlen. Gehälter jedoch wurden 1:1 umgestellt. Wer also einen gut bezahlten Job hatte, verdiente auch ziemlich schnell viele neue Mark.

Der Bundeskanzler ist der höchste Mann im Staat

Der Bundeskanzler ist zwar der mächtigste Politiker in der Bundesrepublik, das Staatsoberhaupt aber und damit der ranghöchste Vertreter der Bundesrepublik Deutschland ist der Bundespräsident.

Das Grundgesetz wurde in Bayern nie ratifiziert

Das ist tatsächlich der Fall. Am 19. Mai 1949 stimmte die CSU-Mehrheit im Bayerischen Landtag gegen die Annahme des Grundgesetzes, weil man sich eine noch stärkere Stellung der Länder wünschte. Allerdings reichte eine Zustimmung von zwei Dritteln aller Länder, um das Grundgesetz zur – auch in Bayern gültigen – Verfassung der Bundesrepublik Deutschland zu machen. In einer zweiten Abstimmung erklärten die Abgeordneten dann schließlich, die Rechtsverbindlichkeit des Grundgesetzes auch in Bayern anerkennen zu wollen.

Adenauer war Erfinder und züchtete Rosen

Der erste Bundeskanzler Konrad Adenauer (1876–1967) war ein leidenschaftlicher Tüftler und Hobbygärtner, aber Rosen züchtete er nicht. Sein erstes Patent bekam Adenauer 1915 für ein Schrotbrot aus Mais, das rheinischem Roggenbrot ähnelte, sein zweites 1918 für eine Sojawurst. Anderen Erfindungen, wie z. B. dem Blendschutz für Fußgänger, dem von innen beleuchteten Stopfei, dem ebenfalls illuminierten Toaster, der Elektrobürste zur Schädlingsbekämpfung oder einer neuartigen Tülle für Gartengießkannen, blieben sowohl Patentschutz als auch durchschlagender Erfolg verwehrt.

Aus dem Gefängnis von Alcatraz konnte nie jemand fliehen

Offiziell gab es jedenfalls keinen erfolgreichen Fluchtversuch aus dem Hochsicherheitsgefängnis in der Bucht von San Francisco, das von 1934 bis 1963 in Betrieb war. Wohl wurden 14 Ausbrüche verzeichnet, aber mindestens 13 davon scheiterten. Entweder wurden die Ausbrecher erwischt, erschossen oder sind ertrunken. Drei Männer, die im Juni 1962 in einem aus Regenmänteln gebastelten Schlauchboot hatten fliehen können, wurden jedoch nie gefunden – weder tot noch lebendig. Man nimmt allerdings an, dass auch sie ertrunken sind. Kürzlich hat ein US-Fernsehteam bewiesen, dass die Flucht theoretisch hätte glücken können. Außerdem gab es einen Häftling, der die Bucht durchschwamm und erst auf dem Festland wieder geschnappt wurde.

Der große Stromausfall von New York führte zu einem Babyboom

Neun Monate nach dem großen Stromausfall vom 9. November 1965 stießen Journalisten der *New York Times* auf zwei Krankenhäuser, in denen gerade außergewöhnlich viele Babys geboren wurden. Hatten also viele Menschen den Stromausfall genutzt, um sich wieder mal ihrem Partner anstatt dem Fernseher zu widmen? Die Zeitung machte eine große Geschichte daraus. Doch spätere Nachprüfungen der kompletten Geburtenstatistik von New York ergaben keine außergewöhnlich hohen Zahlen für August 1966.

Lady Di war eine Prinzessin

Die verstorbene Gattin des englischen Thronfolgers Charles (geb. 1948) durfte zwar den Titel „Her Royal Highness, The Princess of Wales" führen, aber das war ein reiner „Courtesy Title" (Höflichkeitstitel), der nur aussagt, dass sie die Gattin des Prince of Wales war. Ähnlich wie die Gattin eines Doktors früher als „Frau Doktor" angeredet wurde. Um wirklich Prinzessin zu sein, hätte Lady Di von der Königin in diesen Stand erhoben werden müssen.

Die Begriffe „Ossi" und „Wessi" sind ein Wendeprodukt

In Westberlin waren sie schon lange vor der Wiedervereinigung gebräuchlich. Vor allem Touristen und Neuberliner aus Westdeutschland, die die Insellage der Stadt und die Grenzkontrollen durch die DDR nicht gelassen nahmen, wurden als Wessis abqualifiziert. Der Ossi spielte dagegen keine so große Rolle. Im Übrigen bestehen die meisten alteingesessenen Westberliner noch heute darauf, dass sie weder Ossis noch Wessis sind.

Mit der Wiedervereinigung kamen fünf neue Länder zur Bundesrepublik hinzu

Es waren sechs: Brandenburg, Mecklenburg-Vorpommern, Sachsen, Sachsen-Anhalt, Thüringen – und Berlin. Schließlich war vorher nicht nur Ost-, sondern auch Westberlin kein Bestandteil der Bundesrepublik Deutschland. Mit der Wiedervereinigung vom 3. Oktober 1990 wurden die beiden Stadtteile zum neuen Bundesland Berlin.

Die EU sitzt in Brüssel

In Brüssel tagen der Rat und die Kommissionen der Europäischen Union. Da in den Kommissionen Gesetze und Verordnungen ausgearbeitet werden, gilt die belgische Hauptstadt als Hort der oft sehr ungeliebten EU-Bürokratie. Das EU-Parlament dagegen sitzt in Straßburg, der Gerichts- und Rechnungshof sowie das Generalsekretariat des Parlamentes in Luxemburg.

Eine Republik ist dasselbe wie eine Demokratie

Eine Republik ist ein Staat, dessen Staatsführung gewählt wird, außerdem darf diese nicht nur aus einer Person (König) bestehen. Diese Wahl muss jedoch nicht demokratisch verlaufen. Es gibt auch autoritäre Republiken, Volksrepubliken, islamische Republiken, Adelsrepubliken etc., in denen es nur ein eingeschränktes Wahlrecht gibt, bzw. nur ein eingeschränkter Personenkreis zur Wahl steht. Die eigentlichen Machtpositionen werden dann nur von einem kleinen Gremium (z. B. Führung der Einheitspartei, Mullahs, Adelsclique) besetzt.

Deutschland zahlt heute noch Schulden vom Ersten Weltkrieg zurück

Das klingt nach rechter Hetze, doch es ist tatsächlich etwas dran. Es geht allerdings nicht um die Reparationszahlungen, die Deutschland nach dem Ersten Weltkrieg den Alliierten zu leisten hatte – die wurden 1932 beendet –, sondern um Anleihen in Milliardenhöhe, die die deutsche Regierung zuvor aufgenommen hatte, um diese Reparationen zu bedienen, aber auch um ihren Haushalt zu finanzieren. Diese Anleihen, die international gehandelt wurden, wurden unter den Nazis nur ganz eingeschränkt zurückgezahlt, sodass die Schulden nach dem Zweiten Weltkrieg immer noch bestanden. Auf der Londoner Schuldenkonferenz 1953 erließen die Alliierten Deutschland die Hälfte dieser Schulden. Der Rest wurde dann abbezahlt. 251 Millionen Euro allerdings, die durch Zinsforderungen während der Abzahlungsphase zustande kamen, stellte die deutsche Regierung mit Rückendeckung der Alliierten bis zu einer möglichen Wiedervereinigung zurück. Also wurde diese Summe 1990 plötzlich fällig. Bis 2010 können die Gläubiger diese Rechte geltend machen.

Skinheads sind immer rechts

Um 1970 begannen sich Jugendliche in den britischen Arbeitervierteln die Köpfe zu rasieren und dazu möglichst schwere Stiefel und Jacken zu tragen. Viele davon waren schwarz. Sie wollten sich sowohl von modebewussten Jugendlichen als auch von den Hippies mit ihren langen Haaren und bunten Kleidern absetzen. Doch die Skinheadbewegung spaltete sich bald in extrem unterschiedliche Richtungen auf. Es gibt die gewaltbereiten, rechtsradikalen Skinheads – intern Boneheads genannt –, aber auch unpolitische, linke, linksradikale und sogar homosexuelle Skinheadgruppierungen. Im Übrigen stimmt es auch nicht, dass rechte Skinheads an weißen und linke an roten Schnürsenkeln zu erkennen sind.

Es gab noch nie einen Krieg zwischen zwei Demokratien

Diese These geht auf Immanuel Kants Schrift *Zum ewigen Frieden* (1795) zurück und wurde seitdem in der Friedensforschung viel diskutiert. Es lassen sich jedoch

Ausnahmen finden: z. B. die Kriege zwischen Indien und Pakistan um Kaschmir oder die Nahostkriege zwischen Israel und den arabischen Staaten. Beide Seiten hatten in diesen Konflikten demokratisch gewählte Regierungen. Kritiker wenden jedoch ein, dass es sich nicht um etablierte oder liberale Demokratien handeln würde.

Coca-Cola hat den Weihnachtsmann erfunden

Ursprünglich gab es den heiligen Nikolaus, einen Bischof, der im 4. Jahrhundert in Myra in der heutigen Türkei lebte. Sein Fest am 6. Dezember wurde traditionell mit Geschenken für die Kinder gefeiert. Im 19. Jahrhundert wurde dann vor allem in den USA aus dem Bischof ein fröhlicher Kerl mit Rauschebart und Rentierschlitten namens Santa Claus. Etwa ab 1920 trug er meistens ein rot-weißes Kostüm. 1931 ließ

der Coca-Cola-Konzern dann für eine Anzeige einen Santa Claus mit roter Knollennase, Stulpenstiefeln, Quastenmütze und „coca-cola-rotem" Anzug mit weißem Pelzbesatz malen. Dafür, dass aus Santa Claus der Weihnachtsmann wurde, ist jedoch der Protestantismus verantwortlich. Da die Anhänger der Reformation Heiligenverehrung ablehnten, wurde der Brauch, die Kinder zu beschenken, vom 6. auf den 24. Dezember verlegt. Die Briten erfanden im 17. Jahrhundert als Ersatz für den verpönten Heiligen Nikolaus einen grün gekleideten Father Christmas, der dann später mit Santa Claus zum modernen Weihnachtsmann verschmolz.

Den Rattenfänger von Hameln gab es wirklich

Die Sage vom Rattenfänger, der im Jahr 1284 die Hamelner Kinder entführte, dürfte mit großer Wahrscheinlichkeit einen historischen Hintergrund haben. Vermutlich war der Rattenfänger ein Werber, der junge Menschen als Siedler für die noch spärlich bewohnten ostdeutschen Regionen angeworben hat. Ein Sprachwissenschaftler will herausgefunden haben, dass junge Leute aus Hameln sich wahrscheinlich in Brandenburg, speziell in der Prignitz und der Uckermark, niederließen. Später ist wohl das traumatische Ereignis, dass fast die ganze junge Generation den Ort verlassen hatte, von den Zurückgebliebenen in den Racheakt eines betrogenen Rattenfängers umgedeutet worden.

Den Froschkönig muss man küssen

Damit er sich in einen wunderschönen Prinzen verwandelt. So kann man es in Grimms Märchen *Der Froschkönig* lesen. Allerdings nur, wenn man eine abgewandelte Version vor sich hat. Im Original schleudert die Prinzessin den Frosch, der so hartnäckig darauf besteht, von ihrem Teller zu essen, aus ihrem Becher zu trinken und in ihrem Bett zu schlafen, voller Ekel an die Wand. „Als er aber herabfiel", heißt es im Märchen, „war er kein Frosch mehr, sondern ein Königssohn mit schönen freundlichen Augen."

Agatha Christies *Mausefalle* läuft seit 1952 ununterbrochen

Und zwar im St. Martin's Theatre im Londoner West End. Inzwischen sind das über 23.000 Aufführungen. Und – so eine Verfügung der Autorin Agatha Christie (1890–1976) – erst sechs Monate nach der Absetzung des Stückes in London darf es in den USA oder Australien aufgeführt werden. Gleiches gilt inzwischen für eine Verfilmung. Doch noch ist das Ende der *Mausefalle* in London nicht in Sicht.

Eva hat Adam mit einem Apfel verführt

Äpfel haben in der Bibel keine Rolle gespielt. Dort ist nur zu lesen, dass Eva Adam eine Frucht vom Baum der Erkenntnis zu essen gab. Auch von Verführung ist nicht die Rede. „Sie nahm von der Frucht und aß und gab auch ihrem Mann neben ihr und auch er aß", heißt es da schlicht. Später interpretierte man das verhängnisvolle Obst dann als Apfel, vielleicht weil „malum" im Lateinischen sowohl „das Böse" wie „Apfel" heißen kann oder weil bei den Griechen Äpfel ein Attribut der Liebesgöttin Aphrodite waren.

Das Jahr 0 ist das mutmaßliche Geburtsjahr Jesu

Heute gehen die meisten Forscher davon aus, dass Jesus von Nazareth in vorchristlicher Zeit geboren wurde, wahrscheinlich zwischen den Jahren 7 und 4. v. Chr. Ganz sicher aber wurde er nicht im Jahr 0 geboren, denn das gab es nie. Als man die christliche Zeitrechnung einführte, legte man das Jahr 1 A. D. (Anno Domini = Jahr des Herrn) als mutmaßliches Geburtsjahr Jesu fest. Als man dann in der Neuzeit auch negative Jahreszahlen einführte, war das Jahr 1 v. Chr. das Jahr vor 1 A. D. Für eine Zählung n. Chr. (nach Christus) hätte man nun eigentlich das Jahr 1 A. D. zum Jahr 0 machen müssen, das Jahr 2 A. D.

zum Jahr 1. n. Chr. usw. Doch das geschah nicht. „A. D." und „n. Chr." wurden einfach als identisch betrachtet, sodass auf 1 v. Chr. das Jahr 1 n. Chr. folgt.

Ochse und Esel waren bei Jesu Geburt dabei

Das behauptet nicht einmal die Bibel. Erst eine Schrift aus dem 4. oder 5. Jahrhundert, das sogenannte *Evangelium des Pseudo-Matthäus*, erzählt, Maria habe ihren Sohn Jesus, der in einer Höhle zur Welt kam, nach drei Tagen in einen Stall getragen, damit ihm dort Ochse und Esel huldigen konnten. Denn schließlich sei beim Propheten Jesaja zu lesen: „Der Ochse kennt seinen Besitzer und der Esel die Krippe seines Herrn." Da die Geschichte von Ochse und Esel derart windig war, verbot das Konzil von Trient 1545, Krippendarstellungen mit Ochse und Esel. Durchsetzen konnte es sich mit dem Verbot jedoch nicht.

Die Pharisäer waren Heuchler

In den vier Evangelien werden die Pharisäer als religiöse Heuchler dargestellt. Doch die meisten Religionswissenschaftler gehen davon aus, dass das nicht stimmt. Vielmehr gab es zu der Zeit, in der die Evangelien niedergeschrieben wurden, also im späten 1. Jahrhundert, massive Probleme zwischen den Pharisäern und den jungen christlichen Gemeinden. Das führte wohl zu einer verzerrten Darstellung. Andere Quellen dagegen zeigen, dass die Pharisäer zwar sehr gesetzestreu und fromm waren, aber nicht beanspruchten, dass andere ihre Anschauungen teilten. Außerdem deckten sich viele Lehren Jesu mit den Anschauungen der Pharisäer.

Saulus wurde zum Paulus bekehrt

In seiner Jugend verfolgte der Apostel Paulus die Christen. Das gibt er in seinen Briefen selber zu. Erst ein Erlebnis auf dem Weg von Damaskus bekehrte ihn vom Feind der Christen zum eifrigsten christlichen Missionar. Doch es stimmt nicht, dass er deswegen seinen Namen änderte. Als jüdischer Bürger des Römischen Reiches hatte er einen jüdischen Namen (Saul) und einen römischen (Paulus). In Israel verwendete er den jüdischen Namen, auf seinen späteren Missionsreisen in Kleinasien, Griechenland und Rom den römischen.

Die christliche Morallehre kannte sieben Todsünden

Habsucht, Gefräßigkeit, Unkeuschheit, Faulheit, Neid, Arroganz und Wut werden oft als die sieben Todsünden bezeichnet. In der mittelalterlichen Morallehre galten sie jedoch nicht als Sünden, sondern als Hauptlaster, die besonders leicht zu schweren Sünden führen. Nicht das „Habenwollen" beispielsweise ist die Sünde, sondern das Unrecht, das man anderen antut, wenn man seine Gier nach Besitz nicht zügeln kann.

C + M + B heißt Caspar, Melchior und Balthasar

Die Segensformel C + M + B eingerahmt von der Jahreszahl, die die Sternsinger am 6. Januar über die Türen der Häuser schreiben, ist eine Abkürzung für „Christus mansionem benedicat" (Christus segne dieses Haus). Nach diesen Anfangsbuchstaben hat man dann irgendwann die Heiligen Drei Könige, die in der Bibel übrigens eine ungenannte Zahl von Sterndeutern sind, in Caspar, Melchior und Balthasar benannt. Meistens wird Caspar als der dunkelhäutige angesehen. Obwohl alle drei Namen orientalischen Ursprungs sind, wurden den Königen bei den Christen des Orients andere Namen gegeben, in Syrien etwa Larvandad, Hormisdas und Gushnasaph.

Mormonen dürfen mehrere Frauen heiraten

🏛 Bereits im Jahr 1890 wurde die Vielweiberei offiziell als Bestandteil des mormonischen Glaubens abgeschafft. Daraufhin spalteten sich fundamentalistische Gruppen ab, die weiterhin Polygamie betrieben und dies heute immer noch tun. Oft werden dabei sogar noch sehr junge Mädchen in Ehen gezwungen. Diese Gruppen schotten sich extrem nach außen ab, sodass Strafverfolgungen schwierig sind.

Yoga ist eine indische Gymnastik

🏛 Yoga (Sanskrit: Anspannung) ist ein Teil der hinduistischen Religion. Es stellt ein System von körperlichen und geistigen Übungen dar, mit deren Hilfe man zur Erleuchtung und damit zur Erlösung kommen soll. Yoga wurde ab etwa 500 v. Chr. entwickelt und gilt als einer der sechs klassischen Wege zur Erleuchtung. Die gymnastischen Yogaübungen sind dabei nur ein Teil des gesamten Yogas.

Diogenes lebte in einer Tonne

🏛 Ein Mann, der so wenig materielle Bedürfnisse habe wie der legendäre Philosoph Diogenes (um 404–323 v. Chr.), so schrieb der römische Politiker Seneca (um 4 v. Chr.–63 n. Chr.), könne auch in einer Tonne leben. Vermutlich entstand dadurch die Vorstellung, Diogenes habe auf einem Friedhof in einer Tonne gelebt und sich von Abfall ernährt. Sicher ist nur, dass er vom Betteln lebte, denn Diogenes lehnte einengende Konventionen wie Privateigentum, Staat und Ehe radikal ab.

Hedonismus bedeutet das reine Lustprinzip

🏛 Und ein Hedonist ist jemand, der ein genussbetontes Leben führt und nur tut, was ihm Spaß macht. Das gilt jedenfalls heute. Der Begründer des Hedonismus jedoch, der griechische Philosoph Epikur (um 342–270 v. Chr.), erklärte, mit „hedone" (griech.: Lust) meine er nicht „die Lüste der Wüstlinge und das bloße Genießen". Vielmehr sei größtmögliche Einfachheit die Grundlage für ein lustvolles Leben, denn dann könne man z. B. ein Festmahl weit mehr genießen als jemand, der daran gewöhnt ist.

Bei Problemen hilft es, „darüber zu reden"

🏛 Das wird vor allem bei Partnerschaftsproblemen oft als Allheilmittel propagiert. Doch der US-Eheforscher John Gottman (geb. 1942) analysierte die Diskussionen von Ehepaaren und kam zu dem Ergebnis, dass Gespräche sogar eine negative Wirkung haben können, wenn die Partner nur daran interessiert sind, ihren eigenen Standpunkt zum wiederholten Mal klarzumachen – in dem Glauben, der andere hätte den einfach noch nicht verstanden. Sein Rat: Partner mit Problemen sollten sich vorerst nicht über ihre Probleme unterhalten, sondern sich an gute und positive Momente ihrer Partnerschaft erinnern. Erst wenn sich jeder wieder sicher ist, dass der andere um dieser Partnerschaft willen wirklich an der Lösung der Probleme interessiert ist, mache es – so Gottman – wieder Sinn, über die Probleme zu reden.

Der Knigge ist ein Benimm-Ratgeber

🏛 Das schon. In seinem Buch *Über den Umgang mit Menschen* gibt Adolph Freiherr von Knigge (1752–96) Ratschläge, wie man sich gegenüber den verschiedensten Menschengruppen höflich und taktvoll benimmt, etwa gegenüber Ranghöheren oder Untergebenen, gegenüber schwierigen Menschen oder auch unter Eheleuten. Worauf er kein Wort verschwendet, sind Dinge, die man heute oft mit Knigge assoziiert wie Tischmanieren, korrekte Anreden, Dresscodes und dergleichen. Insofern hat das Buch mehr von einem Psycho-Ratgeber als von einem Benimm-Handbuch.

Geil war mal ein sehr unanständiges Wort

🏛 Das war es vor den 1980er-Jahren tatsächlich und viele ältere Erwachsene zucken immer noch zusammen, wenn heute „geil" als geläufiger Ausdruck der Begeisterung verwendet wird. Dabei ist der heutige Gebrauch näher am Original dran. Im Mittelalter nämlich stand „geil" für eine überschäumende, ausgelassene Fröhlichkeit, während mit „lustig" eine moralisch anstößige Begierde umschrieben wurde. Etwa ab dem 15. Jahrhundert änderte sich das. Harmlose Fröhlichkeit war nun „lustig", während Geilheit eine zügellose und eindeutig negativ bewertete sexuelle Begierde war.

Tschüss kommt von Adios

🏛 Die lockere Verabschiedung „Tschüss" ist tatsächlich eine Verballhornung des spanischen Adios oder des französischen Adieu, die beide wörtlich „zu Gott" bedeuten und ihren Ursprung in der mittelalterlichen Auffassung haben, dass das ganze

Leben letztendlich ein Weg zu Gott ist. Tschau oder ciao kommt von dem italienischen Wort „schiavo" (Sklave). Die ursprüngliche Bedeutung ist dabei, genauso wie bei Servus, „Ihr Diener".

Das Gegenteil von durstig gibt es nicht

Als Tatsache gibt es das natürlich schon. Und man kann diese Tatsache auch in Worten ausdrücken, indem man sagt, dass man nicht durstig oder der Durst gelöscht ist. Aber es gibt tatsächlich kein Wort, das den Zustand eines gelöschten Durstes ausdrückt, so wie etwa „satt" für befriedigten Hunger spricht. Es gab sogar schon Wettbewerbe, ein solches Wort zu schaffen, wo beispielsweise sitt, siff, getränkt oder gestillt vorgeschlagen wurden. Aber keines hat sich durchgesetzt, was darauf schließen lässt, dass es auch kein großes Bedürfnis nach einem solchen Wort gibt. Im Englischen kann man sated oder quenched sagen und in den skandinavischen Sprachen gibt es ebenfalls Worte für „undurstig", aber auch sie werden äußerst selten gebraucht.

Karacho ist ein spanisches Wort für Schwung und Tempo

Denn schließlich sagt man etwa, dass Autos mit Karacho um die Ecke fahren. Doch in Spanien ist carajo ein sehr derbes Schimpfwort bzw. eine umgangssprach-

liche Bezeichnung für das männliche Glied. In Deutschland kam das Wort kurz vor dem Ersten Weltkrieg im Soldatenjargon auf.

Handy ist ein englisches Wort für ein schnurloses Telefon

Es ist ein deutsches, wenn auch englischstämmiges Wort. In Großbritannien werden nämlich Handys als mobile phone bezeichnet, in den USA als cellphone. „Handy" ist in diesen Ländern ein Adjektiv und bedeutet handlich bzw. praktisch. Ebenso ist ein Oldtimer in der englischen Sprache kein altes Auto, sondern ein alter Mensch. Ein Beamer ist kein Projektor, sondern ein Auto oder Motorrad von BMW. Und ein shooting star eine Sternschnuppe.

Ein Chauvi ist ein Frauenfeind

Der Ur-Chauvinist war Nicolas Chauvin, ein Soldat Napoleons. Dessen Hass gegen alles Antinapoleonische war im Frankreich seiner Zeit so legendär, dass Chauvin in Karikaturen und Lustspielen zum Synonym für blind ergebene Soldaten wurde. Daraus wurde das Wort „chauvinisme", das anfangs für fanatischen Nationalstolz bei gleichzeitiger Herabsetzung anderer Nationen stand. Inzwischen verwendet man den Begriff Chauvinismus überall, wo eine Gruppe sich einer anderen von Natur aus überlegen sieht, also z. B. auch für Männer, die auf eine Vorrangstellung gegenüber den Frauen pochen.

*I*n Hannover wird das beste Hochdeutsch gesprochen

Das meinte jedenfalls ein Schriftsteller im Jahr 1790. Er empfahl den Berlinern, sich die Braunschweiger und Hannoveraner zum Vorbild zu nehmen, weil sie angeblich das feinste Deutsch sprachen. Ursprünglich sprach man jedoch in Süd- und Mitteldeutschland hochdeutsche Dialekte, in Norddeutschland niederdeutsche. Ab dem 16. Jahrhundert bildete sich dann langsam eine gemeinsame Hoch- oder Schriftsprache heraus, die auf dem Hochdeutschen basierte, speziell auf dem Ostfränkischen und Südthüringischen. Scheinbar gab man sich in der ursprünglich niederdeutsch sprechenden Beamtenstadt Hannover dabei am meisten Mühe. Auch in der Folge entwickelte sich dort – wie auch in manchen anderen ehemals niederdeutschen Gegenden – kein stark von der Schriftsprache abweichender hochdeutscher Dialekt.

Chinesisch ist die Sprache, die die meisten Menschen sprechen

Betrachtet man nur die Muttersprache, dann stimmt das. Schließlich gibt es über 1,3 Milliarden Chinesen in der Volksrepublik China, über 22 Millionen auf Taiwan und dazu noch etliche Auslandschinesen, die alle eine chinesische Sprache sprechen. Selbst wenn man nur die häufigste der chinesischen Sprachen zählt, nämlich Mandarin, dann stehen etwa 850 Millionen Muttersprachlern ungefähr 440 Millionen gegenüber, die mit Englisch aufwachsen. Lässt man auch Fremdsprachenkenntnisse gelten, dann dürfte Englisch an der Spitze liegen. Es gibt jedoch keine verlässlichen Daten und die Schätzungen, wie viele Menschen Englisch sprechen: Sie reichen von etwa 700 Millionen bis 1,8 Milliarden.

Chinesen können kein „R" sprechen

Sie tun sich jedenfalls schwer damit, weil ihre Sprache keinen Laut kennt, der unserem „R" entspricht. Genauso ergeht es den Japanern. Doch es gibt keine angeborenen Gründe, warum sie es nicht lernen können. Wie mühsam es allerdings ist, sich Laute anzueignen, die es in der eigenen Sprache nicht gibt, weiß jeder Deutsche, der sich schon mit dem englischen „th", Nasallauten oder gar afrikanischen Klicklauten herumgeschlagen hat. Es ist also höchst arrogant, die Chinesen mit ihrer Tendenz, r wie l auszusprechen, zu veräppeln.

Unsere Ziffern sind arabisch

Europa hat die Ziffern 0 bis 9 im 14. Jahrhundert von den Arabern übernommen. Doch diese haben sie nicht erfunden, sondern im 10. Jahrhundert aus Indien importiert. Allerdings werden die Ziffern sowohl in Indien als auch in Arabien ganz anders geschrieben. Übernommen wurden nämlich nicht die Schriftzeichen, sondern das zugrunde liegende Prinzip, das Dezimalsystem mit der 0 als Platzhalter. Dieses entstand in Indien spätestens im 7. Jahrhundert.

SOS steht für „save our souls"

Das Notrufsignal SOS ist keine Abkürzung für irgendetwas. Die Buchstabenfolge wurde von der Internationalen Konferenz für drahtlose Telegrafie allein deshalb zum internationalen Notrufsignal erklärt, weil sie so einprägsam ist. Gemorst besteht SOS nämlich aus drei kurzen, drei langen und wieder drei kurzen Signalen.

O. k. ist eine Abkürzung von „all correct"

Vermutlich ja. Jedenfalls wurde die älteste schriftliche Erwähnung in einem Artikel der *Boston Morning Post* von 1839 gefunden: „o. k. – all correct", ist da zu lesen. Grammatikalisch ist das natürlich hanebüchen, doch genau das war damals Mode. Man schuf mehrere solche Abkürzungen, die auf einer falschen Schreib-

weise von Alltagsausdrücken beruhten. Etwa k. g. für „know go" (no go = geht nicht) oder k. y. für „know yuse" (no use = zwecklos). Es gibt aber auch noch ein paar andere Erklärungsversuche, etwa eine Abkürzung für „zero kills" (keine Toten) oder das Telegrafensignal „open keys" (empfangsbereit), das deutsche „ohne Korrektur", eine Verballhornung des afrikanischen Wortes „woukay" (in Ordnung) oder des indianischen „okeh" (ja, genau).

In den USA baute man manipulative Botschaften in Kinofilme ein

Ja, man hat es getan. Im Jahr 1957 behauptete ein gewisser James Vicary, er habe in Filmen alle fünf Sekunden Botschaften wie „Iss Popcorn!" oder „Trink Coca-Cola!" aufblitzen lassen und damit den Colaverkauf um 20, den von Popcorn um 50 Prozent gesteigert. Vicary gab später zu, dass die Sache erlogen und nur ein PR-Gag für seine Werbefirma gewesen sei. Doch die öffentliche Erregung war derart hoch, dass man ausprobierte, ob derartige eingeblendete Botschaften Menschen tatsächlich manipulieren können. Das Resultat: Es funktioniert nicht.

Im Fernsehen kommen gute Filme immer gleichzeitig

Nicht immer. Aber alle Fernsehsender orientieren sich natürlich an Marktanalysen, wann die meisten Zuschauer vor dem Fernseher sitzen und zeigen dann ihre attraktivsten Produktionen. Deshalb täuscht der Eindruck nicht, dass gute Filme oft gehäuft auftreten und sich gegenseitig Konkurrenz machen.

Derrick forderte ständig: „Harry, hol schon mal den Wagen."

Der Satz gehört zu jeder Persiflage der ZDF-Krimiserie *Derrick* (1974–98), ist jedoch in keiner einzigen Folge gefallen. Tatsächlich stammt er aus der Vorgängerserie *Der Kommissar*. Da allerdings der Adressat Harry, gespielt von Fritz Wepper (geb. 1941), von *Derrick* übernommen wurde und auch dort ähnlich herablassend wie im *Kommissar* behandelt wurde, blieb der Satz an ihm kleben.

Loriots Steinlaus fand sich in Fachlexika

1976 imitierte der Komiker Loriot (geb. 1923) den Zoologen Bernhard Grzimek (1909–87) mit einem Vortrag über die Steinlaus, die einen unersättlichen Hunger auf Steine hat. 1982 gelang es jemandem, einen Artikel über die Steinlaus in das medizinische Wörterbuch *Pschyrembel* einzuschleusen. Als das ruchbar wurde, löschte die Redaktion den Eintrag, nahm ihn allerdings nach heftigen Leserprotesten wieder auf und erweiterte ihn sogar. Es gibt eine

Reihe ähnlicher, aber nicht so bekannt gewordener Lexikonscherze, etwa über den fiktiven 21. Sohn von Johann Sebastian Bach in einer Musikenzyklopädie.

Mozart hieß mit Vornamen Amadeus

Mozart (1756–91) wurde auf den Rufnamen Wolfgang getauft und zudem noch Johannes Chrysostomus (nach dem Tagesheiligen) und Theophilus (nach seinem Taufpaten) getauft. Auf einer Italienreise begann er sich dann Amadeo zu nennen, die italienische Form des griechischen Theophilus (dt. Gottlieb). Später benutzte er auch gern Amadé. Amadeus ist ein einziges Mal belegt. Daneben gab sich der verspielte Künstler auch alle möglichen anderen Fantasienamen, mit denen er z. B. Briefe unterschrieb. Rufname blieb aber Wolfgang oder Wolferl. Ganz falsch ist es, das Kind Mozart Amadeus zu nennen, wie es in der Zeichentrickserie *Little Amadeus* geschieht.

Happy Birthday ist urheberrechtlich geschützt

Das Geburtstagslied *Happy Birthday* wurde 1893 von zwei Schwestern verfasst, die in einem Kindergarten in Kentucky arbeiteten. Da die jüngere der beiden, Patty Smith Hill,

aber erst 1946 im Alter von 78 Jahren starb und der Urheberschutz in Deutschland erst 70 Jahre nach dem Tod des Urhebers endet, ist *Happy Birthday* noch bis 2016 geschützt. Privat darf man das Lied zwar singen, aber für öffentliche Darbietungen sind Gebühren fällig. In den USA dauert das Copyright sogar noch bis 2030, ist aber umstritten, da die Schwestern ursprünglich einen anderen Text verwendeten und die Melodie ziemlich große Ähnlichkeiten mit anderen, älteren Kinderliedern aufweist. Trotzdem kassiert der Time-Warner-Konzern, der inzwischen die Rechte besitzt, rund 2 Millionen Dollar Lizenzgebühren pro Jahr.

Ein Labyrinth ist das Gleiche wie ein Irrgarten

In einem Labyrinth kann man sich nicht verirren. Es gibt nur einen einzigen, allerdings verschlungenen Pfad, der ins Innere führt. In manchen Kulturen soll der Weg durch ein Labyrinth zum Meditieren und Finden der eigenen Lebensmitte anregen. In einem Irrgarten dagegen gibt es zahlreiche Sackgassen, sodass der eigentliche Weg schwer zu finden ist.

Darwin predigte das Recht des Stärkeren

Das tat er nicht. Der Biologe Charles Darwin (1809–82) war vom „survival of the fittest" überzeugt, ein Schlagwort, dass allerdings sein Zeitgenosse, der Philosoph Herbert Spencer (1820–1903), prägte. Der Fitteste aber ist keineswegs der Stärkste, sondern derjenige, der am besten an die Umstände, unter denen er lebt, angepasst ist. Das englische „to fit" bedeutet hier nämlich „passen". Allein die Tatsache, dass es viel mehr kleine, schwache Tierarten gibt als Raubtiere, zeigt, dass in der Natur die Stärksten eher selten gut genug angepasst sind, um zu überleben, da ständiger Kampf (unnötige) Risiken und Anstrengungen mit sich bringt.

Olympische Spiele sind das Gleiche wie eine Olympiade

Olympische Spiele sind die Wettspiele, die Olympiade ist ein Zeitraum von vier Jahren, der mit dem Beginn von Olympischen Spielen anfängt und mit dem Start der nächsten endet. Denn im alten Griechenland teilte man die Vergangenheit nicht nach Jahren, sondern nach Olympiaden ein.

Gefoulte Spieler sollten Elfmeter nicht selbst schießen

Diese alte Weisheit gilt nur noch bei Sportreportern, jedoch nicht bei Spielern.

Gehören die gefoulten Spieler zu den guten Elfmeterschützen im Team, dann schießen sie in der Regel selbst und treffen meist auch. Zwischen 1993 und 1997 beispielsweise verschossen in der Bundesliga nur drei gefoulte Spieler einen Elfmeter. Die Gefoulten standen damit sogar besser da als die Nichtgefoulten. Danach sank die Trefferquote der Gefoulten etwas. Eine andere Erhebung, die den Zeitraum von 1993 bis 2003 betrachtete, kam auf eine Trefferquote von 75 Prozent bei den Nichtgefoulten und nur 71,3 Prozent bei den Gefoulten. Vielleicht hatte sich herumgesprochen, dass Gefoulte im Schnitt besser treffen, sodass sich nun auch gefoulte Spieler am Strafstoß versuchten, die keine Elfmeterexperten waren.

Der 5-Meter-Raum ist 5 Meter tief

Fußball kommt aus Großbritannien und dort rechnet man nicht in Metern, sondern in Yards. Das hat zur Folge, dass der Torraum, in dem der Torwart nicht attackiert werden darf, 6 Yards (5,49 Meter) tief ist. Der 16-Meter-Raum ist 18 Yards (16,45 Meter) tief. Der Elfmeterpunkt jedoch ist 12 Yards und damit tatsächlich ziemlich genau 11 Meter (exakt: 10,97) von der Torlinie entfernt.

Auf der Olympiaflagge steht jeder Ring für einen Erdteil

Und der blaue für Europa. Doch zumindest dieser Zusatz stimmt nicht. Die fünf Ringe stehen zusammen für die fünf Erdteile. Jede Nation soll sich aber in dem Teil der Flagge wiederfinden, der farblich einem Teil ihrer Landesflagge entspricht. Rechnet man den weißen Untergrund dazu – und der Olympia-Vater Pierre de Coubertin (1863–1937) tat das –, dann ist tatsächlich jede aktuelle Landesflagge mit mindestens einer Farbe vertreten.

Wer den WM-Pokal im Fußball dreimal gewinnt, darf ihn behalten

Das galt früher. Darum befand sich der Coupe Jules Rimet, um den ab 1930 gespielt wurde, ab 1970 auch in Brasilien (WM-Titel 1958, 1962, 1970). Befand, weil er 1983 gestohlen wurde und der brasilianische Fußballverband deshalb nur noch über eine Kopie verfügt. Seit 1974 wird um den FIFA-WM-Pokal gespielt. Den darf der Gewinner bis zur nächsten WM mit nach Hause nehmen. Danach bekommt er eine Kopie. Auch Argentinien, Brasilien, Deutschland und Italien, die ihn bisher je zweimal gewonnen haben, müssten ihn beim nächsten Sieg wieder hergeben.

Register

C

D